William Kelly

– sein Leben und Werk

William Kelly

– sein Leben und Werk

(1821 - 1906)

Gedenkt eurer Führer,
die das Wort Gottes zu euch geredet haben, und,
den Ausgang ihres Wandels anschauend,
ahmt ihren Glauben nach
(Heb 13,7).

Aus verlässlichen Quellen zusammengestellt von
Edwin N. Cross †

CSV

Christliche Schriftenverbreitung
Postfach 10 01 53, 42490 Hückeswagen

Die englische Originalausgabe erschien 2004 unter dem Titel „The Irish Saint and Scholar – a biography of William Kelly“ im Verlag Chapter Two, London

Die Bibelstellen sind nach der im CSV-Verlag erschienen „Elberfelder Übersetzung“ (Edition CSV Hückeswagen) angeführt.

1. Auflage 2010

Übersetzt aus dem Englischen von G. Naujoks, F. u. C. Ulrich, D. Reusch
Satz und Layout: Christliche Schriftenverbreitung
Druck: BasseDruck, Hagen
ISBN: 978-3-89287-389-1

www.csv-verlag.de

Inhaltsverzeichnis

Vorwort zur deutschen Ausgabe

Der Ire William Kelly (1821-1906) war ein bekannter und befähigter Bibelausleger. Er verkündigte intensiv das Wort Gottes und schrieb zahlreiche Auslegungen, die bis heute in verschiedenen Sprachen erhältlich sind. Christen auf der ganzen Welt haben seine klaren und tiefgründigen Erklärungen schätzen gelernt und viel von diesem begabten Bruder profitiert.

Deshalb freuen wir uns, die erste Biografie über William Kelly in deutscher Sprache herausbringen zu können. Wir sind dem Autor Edwin Cross dankbar, dass er uns die Erlaubnis zur Übersetzung des englischen Originals gegeben hat.

Edwin Cross hat umfangreiches Material gesichtet und viele Detailinformationen in die Biografie einfließen lassen, sodass der Leser sich ein genaues Bild von Kellys Leben und seiner Zeit machen kann.

In der vorliegenden Biografie wird der Ausdruck „Brüder" oft auf solche Gläubige beschränkt, die zu der sogenannten Brüderbewegung gezählt werden. Diese Formulierung wurde der Einfachheit halber übernommen und soll nichts davon wegnehmen, dass alle Gläubigen Brüder in dem Herrn Jesus sind, der einmal selbst gesagt hat: „Einer ist euer Lehrer, ihr alle aber seid Brüder" (Matthäus 23,8).

Es ist unser Gebet und Wunsch, dass die Biografie über William Kelly den Leser dahin führt, das Buch vermehrt zu lesen, das William Kelly sein ganzes Leben lang freudig und eifrig studiert hat: die Bibel.

Die Mitarbeiter

Anmerkung des Autors

Irland ist sprichwörtlich die Insel der Heiligen[1] und Gelehrten. Eins der besten Beispiele für einen Mann, der diese Bezeichnung verdient, ist William Kelly. Ein volles Jahrhundert ist vergangen, seit William Kelly nach einem langen Leben des Dienstes für Christus zu seiner Ruhe eingegangen ist; dennoch gibt es bislang keine angemessene Biografie über ihn – bis auf eine kleine Broschüre mit dem Titel *William Kelly as I knew him* von W. G. Turner und *Memorys of the Life and Last Days* von Dr. Heyman Wreford (1850-1935). Viele erwarteten seinerzeit einen umfassenderen Bericht über sein Leben und Werk. „Niemand ist in der Lage, solchen, die ihn nicht kannten, zu zeigen, wer er war; niemand konnte solchen, die ihn kannten, zeigen, wer er war, sodass sie zufrieden wären", schrieb W. G. Turner. Da bisher keine Biografie erschienen ist, habe ich versucht, diese Lücke zu füllen, die viele empfinden, die heute noch Nutznießer seines Dienstes sind. Ich hoffe, dass dieses Buch dazu beiträgt, eine seit langem bestehende Nachfrage zu befriedigen. Wer das *Wörterbuch der Hymnologie* von John Julian[2] gelesen hat, wird feststellen, dass William Kelly nicht mit dem irischen Liederdichter Thomas Kelly (1769-1854) verwechselt werden darf, der – natürlich lange vor William Kellys Zeit – ebenfalls am Trinity-College ausgebildet wurde.

---

1 Kelly deutete seine Meinung zu dieser Bezeichnung an, als er 1903 einen Vortrag über Hiob hielt: „Wissen Sie, es gibt einen stolzen kleinen Winkel in Europa, der sich selbst ‚die Insel der Heiligen' nennt."

2 Der britische Geistliche John Julian (1839-1913) schrieb A *Dictionary of Hymnology*, ein Wörterbuch, das den Ursprung und die Geschichte christlicher Kirchenlieder aller Zeiten und Nationen beschreibt. Es wurde erstmals 1892 von John Murray, London, herausgegeben. (Übs.)

Seine geistlichen Lieder haben in nahezu alle Liederbücher der sogenannten „Plymouth-Brüder" Eingang gefunden, obwohl er nicht zu ihnen gehörte.

Dieses Buch ist eine Zusammenstellung von Informationen aus veröffentlichten und unveröffentlichten „Biografien". Ich habe auch einige andere Quellen zurate gezogen, einschließlich Material, das Dr. David Brady von der John-Rylands-Universitätsbibliothek, Universität von Manchester, freundlicherweise zur Verfügung gestellt hat. Auch Timothy Stunt und anderen bin ich dankbar: für ihre bereitwillige Hilfe beim Lesen des Manuskripts und für viele wertvolle Vorschläge und notwendige Verbesserungen. Weitere Danksagungen im Blick auf die Quellen finden sich am Ende des Buches nach dem Literaturverzeichnis.

Da ich in Blackheath aufgewachsen bin, habe ich schon früh von William Kelly gehört, und dieser prägende Einfluss ist heute ganz deutlich. Bei den „Brüdern", mit denen meine Familie verbunden ist, kursieren verschiedene Geschichten. Um zu zeigen, wer William Kelly war, werde ich im Buch gelegentlich vom eigentlichen Bericht abschweifen und auf interessante Einzelheiten eingehen, jedoch immer in der Hoffnung, dass diese Details der Lebensgeschichte William Kellys Charakter verleihen und sie interessant gestalten, da das Leben vieler Personen und verschiedene Gegebenheiten miteinander verflochen sind.

Einige zitieren vielleicht noch immer Spurgeons beißende Bemerkung, Kelly sei „ein Mann, der für das Universum geboren wurde, seinen Verstand aber durch den Darbysmus eingeengt hat". Aber eine genauere Studie über Kelly erweist diese kritische Bemerkung als nicht stichhaltig. Es gab andere Bemerkungen von solchen, die kein Verständnis hatten über den Platz, den die „Brüder" im Gehorsam zur Schrift einnahmen. In *Commentating and Commentaries* schrieb C. H. Spurgeon (1834-1892): „Mr. Kellys autoritativer Stil hat für uns keine Bedeutung. Wir nennen diese Vorträge nicht ‚auslegend', sondern ‚irritierend'." Später (im Jahr 1890) schrieb er: „Ich kann nicht sagen, dass ich meine Meinung über das ‚Brüdertum' geändert habe; aber mit vielen ‚Brüdern' pflege ich uneingeschränkt brüderlichen Umgang. Ich denke, dass ich von Charles Stanley geliebt wurde und dass Mr. Kelly mich auf liebenswürdigste Weise schätzt; ich empfinde für beide – im Andenken an Ersteren und auch für den Letztgenannten, der noch unter uns weilt – das Gleiche. Heute bin ich vielleicht besser in der Lage als früher, ihre Absonderung zu verstehen; aber ihrem Verständnis von Dienst stimme ich nicht zu." (Kelly selbst betrachte Spurgeon als einen gewissenhaften und eifrigen Prediger des Evangeliums.)

Ich hoffe, dass diese Zeilen den Leser ermuntern, „Kelly zu lesen", und dass das Lesen der Bücher Kellys ihn wiederum dazu anspornt, das beste Buch überhaupt zu lesen. Es wäre erfreulich, wenn meine Leser auf diese Weise ermutigt würden, ihre Bibeln eifriger und begeisterter zu lesen und ihre unermesslichen Tiefen zu erforschen.

Edwin N. Cross †

1
Einführung

William Kelly wurde in einer Zeit geboren, als England gerade begann, sich von den Napoleonischen Kriegen zu erholen. Die Schlacht von Waterloo lag erst fünf Jahre zurück und Napoleon war gerade auf St. Helena[3] gestorben. Etwa zwei Jahre vor Kellys Geburt kam Georg IV. als Thronfolger an die Macht. Unter den Herrschern auf dem britischen Thron gehörte er zu denen, die am wenigsten Achtung und Anerkennung verdienten. Überall im Land kamen Forderungen nach Reformen und Freiheit für das Volk auf. Der Innenminister, Addington, und sein noch mächtigerer Kollege, Lord Castlereagh, erkannten die unruhige Lage im Land und befürchteten, dass die aufkommenden Unruhen in offenen Aufstand ausbrechen könnten. Törichterweise brachten sie jedoch eine höchst unbeliebte und verhasste Maßnahme ins Parlament ein, die als *Six Acts* bekannt ist. Sie hofften, auf diese Weise die Unruhen wirksam verhindern zu können, doch führte sie nur dazu, die wachsende Unzufriedenheit zu vergrößern.

Diese Maßnahme drohte denjenigen, die für irgendeine Art von Sozialreform eintraten, mit schweren Strafen und war sehr repressiv. Das einfache Volk war außer sich über die Härte gegenüber allem und jedem, der es wagte, gegen die Politik der Regierung zu protestieren. Dem Innenminister und Lord Castlereagh gelang es jedoch, die unbeliebte Maßnahme im Parlament durchzusetzen.

Als Castlereagh kurz darauf starb, wurde seine Beisetzung zu einem willkommenen Anlass, dass der Hass gegen ihn selbst und das von ihm geförderte Gesetz auf beschämende

3 Es wird berichtet, dass es dort im Jahr 1873 eine „Brüderversammlung" gab.

Weise ausbrach: Als der Leichenzug auf dem Weg zur Beisetzung durch die Straßen von Westminster zog, wurde er dort tatsächlich mit Freudenrufen begrüßt - so gewaltig war der Hass, der durch Castlereaghs Politik entstanden war.

Man befürchtete, dass das Vorbild der Französischen Revolution (1789-1799), die noch gar nicht so lange vorbei war, der Funke wäre, der das Pulverfass zur Explosion bringen würde - ein Pulverfass von aufgestautem Groll, den Tausende über die Ungerechtigkeit des neuen Gesetzes empfanden. Sowohl politisch als auch kirchlich war eine Zeit des Übergangs gekommen. Diejenigen, die eher besonnen und sachlich waren, zeigten sich besorgt und beunruhigt über die gewaltbereite und bedrohliche Stimmung bei den Massen und über die Uneinsichtigkeit der herrschenden Klassen, was die Auswirkungen dieser Stimmung im Volk betraf.

In einer abgelegenen Landgemeinde machte sich einer der herausragendsten Studenten Oxfords, John Keble (1792-1866), Gedanken über den Zustand in Kirche und Staat. Allerdings erregten die Ergebnisse seiner Überlegungen erst einige Jahre später das Land, als er im Juli 1833 auf der Kanzel der Universitätskirche St. Mary the Virgin in Oxford predigte und seine Gedanken unter dem Titel *National Apostasy* (Nationaler Abfall) veröffentlichte. Als Folge dessen kamen zwei große religiöse Bewegungen auf und beeinflussten die religiösen Ansichten im Land radikal.

Zu diesem Zeitpunkt war die evangelikale Erweckung im Begriff, sich in ruhiger, exklusiver und selbstgefälliger Orthodoxie einzurichten. Auch die methodistische Bewegung war dabei, ihre ursprüngliche Lebendigkeit und Begeisterung zu verlieren. Einige Jahre vorher waren beide Bewegungen von dem Feuer der Verfolgung angefacht worden, das inzwischen jedoch verloschen war. Indes begannen kirchliche Stürme aus Oxford und Plymouth zu blasen und die religiösen Taubenschläge durcheinanderzubringen. Die Stürme sollten auf die englisch sprechende Christenheit einen Einfluss ausüben, der über alles hinausging, was seit der Reformation im 16. Jahrhundert bekannt war.

Eine dieser Bewegungen war die Traktat-Bewegung[4] (*Tractarian Movement*), die später als Oxford-Bewegung (*Oxford Movement*) bekannt wurde; die andere war die Plymouth-Bewegung (*Plymouth Movement*) oder, wie sie oft genannt wird, die Brüderbewegung (*Brethren Movement*). Beide nahmen unmerklich Gestalt an, und viel ist über diese Bewegungen geschrieben geworden. Nach mehr als eineinhalb Jahrhunderten ist die Kraft, die von ihnen ausging, immer noch spürbar. Beide Bewegungen entsprangen einer dringenden Notwendigkeit: Zum einen unterdrückte die britische Regierung die irischen Bistümer, und zum anderen erging eine Anordnung des Erzbischofs William Magee[5] aus Dublin an den irischen Klerus. Diese Anordnung führte dazu, dass die irische Innenmission eingestellt wurde, da bei der Aufnahme von Konvertiten nun ein Treueid auf den König Georg vorgeschrieben war.

---

4 Der Oxford-Bewegung wurde dieser Name zu dem Zeitpunkt gegeben, als die *Tracts for the Time* (von John Henry Newman) herausgegeben wurden. Das erste Traktat wurde 1833 veröffentlicht. William Kelly betrachtete die Traktarianer als „des Teufels Nachahmung der ‚Brüder'" (das ist ein Zitat, zu der keine Quellenangabe gefunden werden konnte, das aber Kelly zugeschrieben wird, und zwar von John R. Barber in *The Hearts and Minds of J. N. Darby and E. B. Pusey – a Comparative Study*, 1998). [Die Oxford-Bewegung, deren Geburtsstunde eine Predigt von John Keble war, versuchte, katholische Prinzipien in die anglikanische Kirche einzuführen. Zu ihr gehörten Männer wie John Keble, John Henry Newman und Edward Bouverie Pusey, die alle in Oxford lehrten. (Übs.)]

5 *A charge delivered at his Triennial and Metropolitan visitation, in St. Patrick's Cathedral, Dublin on Tuesday the 10th of October*, The University Press Dublin for C. P. Archer, 1827.

Wenn der Legislative solche Verordnungen von der öffentlichen Meinung aufgezwungen werden, „ist *Abfall* dann ein zu hartes Wort, um den Charakter einer solchen Nation zu beschreiben?“ Das war die Frage, die John Keble stellte.

Ursprünglich waren die beiden bedeutendsten Persönlichkeiten der jeweiligen Bewegungen Geistliche der anglikanischen Staatskirche (und beide lehnten einen solchen erastianischen[6] Einfluss des Staates auf die Kirche ab): Der eine, John Henry Newman[7] (1801-1890), widersetzte sich energisch der Unterdrückung der irischen Bistümer durch die britische Regierung; der andere, John Nelson Darby, lehnte die Anordnung des Erzbischofs strikt ab.

Viele gottesfürchtige Männer mit wachem Verstand und großartigen natürlichen Fähigkeiten zog es zu diesen Bewegungen. Unter ihnen ragten zwei Männer heraus, die einander in vieler Hinsicht ähnlich waren: John Keble, der bereits erwähnte Traktarianer, und William Kelly, der eng mit John Nelson Darby zusammenarbeitete. Sowohl Keble als auch Kelly waren beide demütig und zurückhaltend, obwohl jeder von ihnen damals an der Universität die höchsten Ehren erlangt hatte.

6 Als Erastianismus bezeichnet man die theologische Richtung, die die Kirche der Staatsgewalt unterordnen will. Der Name geht auf den reformierten Schweizer Theologen Thomas Erastus (1524-1583) zurück. (Übs.)

7 John Henry Newmans jüngerer Bruder Francis William Newman hielt sich zu den „Brüdern“ und ging mit A. N. Groves in die Missionsarbeit nach Bagdad. Laut Kelly (*Lectures on the Epistle of Jude*, S. 133) fiel er vom Glauben der Auserwählten ab. Kelly beschreibt ihn als den größten Ungläubigen der Gegenwart! – [John Henry Newman war zuerst Pfarrer der anglikanischen Kirche, wandte sich aber später dem Katholizismus zu und wurde schließlich sogar Kardinal. (Übs.)]

Einer ihre Zeitgenossen sagte:

> Wo der persönliche Charakter die Hauptquelle des Einflusses auf andere ist; wo der Arbeiter, der in treuem Dienst vorwärtsdrängt, nichts davon weiß, dass sich auf seinem erhobenen Angesicht Herrlichkeit widerspiegelt, dass sich das Feuer seiner Sehnsucht in den Herzen ringsum verbreitet und sich durch die fast unmerkliche Wirkung von Geist zu Geist das Gewissen läutert, dass sich die Begeisterung erwärmt und dem Bestreben neuen Auftrieb gibt - dort wird ein Leben, ein Bericht, ein Lebensportrait am meisten benötigt. Die Hauptwirkung geht nicht von einem solchen Bericht aus, sondern manches Herz wurde durch den Umgang mit einer lebendigen Person geformt, und manche Wegrichtung änderte sich dadurch.

Diese Beschreibung traf in jeder Hinsicht auf Kelly und Keble zu.

In diesem Band befassen wir uns ausschließlich mit William Kelly. Für einen Biografen ist es nicht leicht, der wahren Persönlichkeit eines Menschen auf die Spur zu kommen, dessen Leben bereits vorüber ist. Ich möchte seinen Charakter nicht verbindlich festlegen, da es wirklich unmöglich ist, ohne Unvoreingenommenheit ein Urteil abzugeben. Das spärliche zur Verfügung stehende historische Material und die Erinnerungen derjenigen, die Kelly nur aus ihrer Kindheit kannten (die ich zwar kannte, die aber nun bereits heimgegangen sind), sind kaum verlässliche Quellen. Ebenso wie sein Mentor Darby hinterließ Kelly keine Tagebücher für unsere Studien. Seine Bücher und seine erhalten gebliebenen Briefe sind unsere Hauptquellen, um etwas über diesen bescheidenen Mann zu erfahren. Kelly würde vor allen Dingen wollen, dass wir unsere Bibel und Christus besser kennenlernen, denn das war immer das Hauptanliegen seines schriftlichen und mündlichen Dienstes.

Dieses Buch möchte diesen bemerkenswerten Lehrer ein wenig vorstellen. Mit dem Wunsch, so viel wie möglich von dem, was wir über Kelly wissen, weiterzugeben, legen wir diesen Band als vorläufige Studie über einen begabten geistlichen Mann vor, dessen Leben meiner Meinung nach unvergleichlich bleibt. Ich erinnere mich gut, dass H. L. Heijkoop (1906-1995) sagte, dass sowohl Darby als auch Kelly in besonderer Weise vom Herrn gebraucht wurden, um die Wahrheiten der Schrift über die Versammlung und ihre Berufung, die lange in Vergessenheit geraten waren, wieder aufleben zu lassen. Ein gewisser „TMT" aus Montreal schrieb 1890 über William Kelly, dass, „was die Erkenntnis der Wahrheit betrifft, nur Darby ihm überlegen war, aber dass er unübertroffen darin war, die Wahrheit verständlich zu erklären". Nach allem, was ich von Kelly gelesen habe, bin ich überzeugt, dass er diese Beschreibungen verdient. Sein Leben zu betrachten, bedeutet, den Weg zu berücksichtigen, den er gegangen ist. Der Biograf hofft, dass der Leser zu der Quelle geführt wird, die Kelly selbst motivierte, und dass er in Gehorsam dem Weg folgt, den Christus jedem Kind Gottes zeigt. Ein Leben mit all seinen Fehlern zu skizzieren, mag wohl die Neugier befriedigen, aber ausführlich über Unzulänglichkeiten und Schwächen des Fleisches zu berichten, erbaut niemanden. Mein Quellenmaterial darf in dieser Hinsicht von künftigen Forschern gern zurate gezogen werden.

2
Irland und Sark

Dublin, Downpatrick und die Wicklow-Hügel bilden den Schauplatz der Geburt, Kindheit und Jugend von William Kelly. Er wurde im Mai 1821[8] bei Ballyfrenis in der Gemeinde Donaghadee nahe Millisle in der Grafschaft Down, Irland, geboren und war der einzige Sohn eines nordirischen Gutsbesitzers, der ebenfalls William hieß. Am 9. Juni 1821 wurde er in der presbyterianischen Kirche in Millisle getauft. Der Vater starb am 14. April 1823 im Alter von fünfundzwanzig Jahren, als sein Sohn erst zwei Jahre alt war. William und seine einzige Schwester Sarah, die später einen kanadischen Geistlichen heiratete, wurden von ihrer liebevollen Mutter und einer Tante aufgezogen, die beide in ärmlichen Verhältnissen lebten. Seine Schulzeit verbrachte er in Downpatrick bei einem Lehrer namens Lee; anschließend besuchte er die Schule von Pfarrer John Hanna im nahe gelegenen Ballymacruise.

---

8 Zu meiner Überraschung entdeckte ich, dass Kellys Geburtsdatum von mehreren Biografen unterschiedlich angegeben wurde. E. E. Whitfield gibt das Jahr 1820 an und W. G. Turner scheint der gleichen Meinung zu sein, während H. W. Pontis und das *Dictionary of National Biography* das Jahr 1821 angeben (nach Informationen, die von F. E. Race zur Verfügung gestellt wurden). M. L. Taylor gibt Juni als den Geburtsmonat an. Die Volkszählung von 1901 weist sein Alter mit 79 nach. Sein Grabstein trägt die Inschrift: „… entschlafen 1906 im Alter von 84 Jahren." Die Archive des Trinity-College geben als Jahr seiner Geburt den Zeitraum zwischen dem 22. Oktober 1822 und dem 14. Oktober 1823 an, das Handwörterbuch irischer Biografien dagegen erst mit 1826!

In den Jahren 1831 bis 1836 wurde er in der Dr.-Moses-Nelson-Akademie unterrichtet.[9] Am 14. Oktober 1836 trat er schließlich als gebührenzahlender Student (*pensioner*[10]) ins Trinity-College[11] in Dublin ein. Die Aufnahmeprüfungen in den Jahren 1830 bis 1856 beschränkten sich zwar auf klassische Texte, waren aber dennoch sehr umfangreich. Sie umfassten die ersten fünf Bücher des Neuen Testaments, acht der vierundzwanzig Bücher der Ilias sowie Teile von Xenophon und Lukian, sechs Bücher der Aeneis sowie eine Auswahl von Horaz, Juvenal, Livius, Sallust und Terenz. Wir können davon ausgehen, dass „der durchschnittliche Studienanfänger bei der Immatrikulation in griechischer und lateinischer Grammatik ziemlich gut ausgebildet war und eine repräsentative Auswahl alter Literatur zumindest flüchtig kannte".[12]

---

9 *Letters*, 3. Mai 1900: „Ich wurde an der Dr.-Nelson-Schule in Downpatrick unterrichtet und graduierte am Trinity-College in Dublin. Aber ich nahm nicht an der Gemeinschaft teil, obwohl man mich als Ehrenmann ansah." Kelly wurde etwa von 1831 bis 1836 von Pfarrer James Nelson unterrichtet, dem Sohn von Dr. Moses Nelson (1739-1823).

10 Ein „Pensionär" (pensioner) bezeichnete die soziale Stellung und die finanzielle Situation der Familie des angehenden Studenten. „Pensionäre" bezahlten eine festgesetzte jährliche Summe von 15 Pfund und stammten gewöhnlich aus der Mittelklasse. William Kellys Vater wurde als „Gentleman" (Ehrenmann, Mann von Stand) bezeichnet. Interessanterweise beschrieb Kelly sich selbst so, als bei der Volkszählung 1881 nach seinem Beruf gefragt wurde, obwohl er sich 1871 in Guernsey als „Diener des Evangeliums, ‚Brüder'" bezeichnet hatte!

11 Auch Joseph Scriven (1820-1886), der Autor des berühmten Chorals „*What a friend we have in Jesus*" (Welch ein Freund ist unser Jesus), wurde in der Grafschaft Down geboren und besuchte das Trinity-College.

12 McDowell, R. B. & Webb, D. A., *Trinity College, Dublin, 1592-1952, An Academic History*, Cambridge University Press 1982.

Am Trinity-College in Dublin wurde Kellys natürliche Begabung für die klassischen Sprachen (Hebräisch, Griechisch, Latein) gefördert. Da er darüber hinaus sehr fleißig war, betrachtete man ihn bald als einen sehr vielversprechenden Studenten, der den Ruhm und das Ansehen der Universität mehren würde. Der Collegekalender des Jahres 1841 beschreibt ausführlich die Kurse, die Kelly in den Geisteswissenschaften belegte: Mathematik, Griechisch und Latein. Er scheint auch mit Hebräisch ziemlich gut vertraut gewesen zu sein.

Schon früh zeigte Kelly eine angeborene Liebe zum Studieren. Für jemand, der so jung war wie er, besaß er die seltene Gabe der Weisheit, seine große Gelehrsamkeit nicht herauszukehren. „Wenn man Genie hat, wird Fleiß das Genie vervollkommnen; wenn man kein Genie hat, muss Fleiß an seine Stelle treten" - das war die Maxime des Malers Sir John Reynolds, und William Kelly folgte dieser schweren und anstrengenden, aber sicheren und verlässlichen Straße.

Er selbst bemerkte später einmal dem jungen Sonntagsschullehrer W. G. Turner[13] gegenüber: „Genie ist 99 Prozent harte Arbeit und tiefe Hingabe an die eigenen Studien." Seine Laufbahn am Trinity-College zeigte dies sehr anschaulich, und schließlich wurde sein unermüdlicher Fleiß mit hoher Auszeichnung gekrönt: 1841 graduierte Kelly als „Bachelor of Arts" (Hochschulabschluss der Geisteswissenschaften) mit höchsten Ehren in den alten Sprachen.

13 W. G. Turner lebte später in Blackheath Hill 106, nicht weit entfernt von Crooms Hill. In Hausnummer 10 lebte F. E. R[aven], Staatssekretär am Royal Naval College, Greenwich, der eine ganz andere Linie verfolgte als der Herausgeber F. E. R[ace], der dieselben Initialen trug: F. E. R.

Als der Rektor Kelly zu seiner akademischen Brillanz freundlich beglückwünschte, bot er ihm eine Stelle im Hochschulkollegium an und gab ihm zu verstehen, dass er in der Welt ein Vermögen machen würde, wenn er dieses Angebot annähme. „In welcher Welt, Sir?"[14], war Kellys Rückfrage.

Er war erst 20 Jahre alt, aber seine Antwort ließ tief in sein Inneres blicken und zeichnete fast prophetisch sein ganzes späteres Leben vor: *in* der Welt, aber nicht *von* der Welt zu sein. Die große finanzielle Einbuße achtete er für nichts um Christi und um seiner Herde willen. Der Einfluss der evangelikalen Religionslehre, in der er als Nordire unterrichtet worden war, hatte einen tiefen Eindruck bei ihm hinterlassen: Die evangelikale Bewegung war sehr aufs Jenseits ausgerichtet und ließ in dem gottesfürchtigen jungen Mann schon sehr früh den Wunsch erwachen, Geistlicher in der irischen Staatskirche zu werden. Wir werden später sehen, warum dieser Wunsch nie Wirklichkeit wurde; als Kelly die Universität verließ, stand dieser Wunsch jedoch ganz oben.

Im Sommer 1837 besuchte Dr. Pusey (1800-1882), der führende Vertreter der anglikanischen Hochkirche, die Kanalinseln und blieb einen Monat auf Sark und Guernsey.[15] Zu diesem Zeitpunkt erreichte die Traktat-Kontroverse gerade ihren Höhepunkt; später führte Pusey einige charakteristische Besonderheiten der Traktat-Bewegung in den Gottesdienst der kleinen Kirche bei La Manoir ein. Obwohl Kellys Aufenthalt auf Sark nur kurz war, wird er zweifellos den

---

14 Diese Geschichte wurde auf verschiedene Weise erzählt. Ich habe sie aus *Souvenez-vous de vos Conducteurs*. Siehe auch *The Witness Magazine*, August 1975, S. 307, und *William Kelly as I knew him, W. G. Turner*, S. 8-11.

15 H. P. Liddon, Life of Edward Bouverie Pusey, 1893-1894, Bd. 2, S. 23-25.

puseyitischen[16] Einfluss auf die örtliche anglikanische Kirche bemerkt haben.

Es ist übrigens noch erwähnenswert, dass Kellys angeheirateter Neffe es ein halbes Jahrhundert später mit dem Ansehen seines Onkels am Trinity-College aufnehmen konnte. Der damalige Rektor bemerkte einmal einem Freund der Familie Kelly gegenüber: „Wir betrachten Malcolm als eine der Hauptzierden unseres Colleges." Später galt besagter Malcolm Montgomrey unter den „Brüdern" ebenfalls als höchste Autorität für die griechische Sprache. Er teilte die Haltung seines Onkels, dass weltliche Ehren und Auszeichnungen nur von begrenztem Wert sind, wenn man höhere Dinge kennengelernt hat.[17]

Als Kelly die Universität verließ, wusste er zeitweise nicht, wie es weitergehen sollte, denn mit 20 Jahren war er für eine Ordination in der irischen Kirche zu jung. Er beschloss, für die Übergangszeit eine Anstellung als Lehrer zu suchen und sein spezielles „theologisches Lesen" beizubehalten. Stets sah er es als Fügung Gottes an, dass gerade zu dieser Zeit der Lehnsherr von Sark, Seigneur Ernest Le Pelley[18] (1801-1849), zufällig Nordirland besuchte, um einen Hauslehrer für seine junge Familie zu suchen. Er hatte fünf Kinder im Schulalter und zwei kleine Jungen. Als Pelley sich an die Universitätsverwaltung wandte, hörte er von dem hochbegabten Studenten des damaligen Jahrgangs und äußerte den Wunsch, Kelly kennenzulernen. Daraufhin lud

16 Puseyismus: nach Pusey benannte Bewegung, die katholische Elemente in die anglikanische Kirche einführen wollte. Die Anhänger wurden auch Traktarianer genannt. (Übs.)

17 Kellys erster Sohn William Henry (geb. 1858) besuchte 1875 ebenfalls das Trinity-College in Dublin.

18 Ernest Le Pelleys Amtszeit dauerte von 1839 bis 1849.

er ihn herzlich nach La Manoir auf Sark ein. Kellys Schwierigkeiten hinsichtlich seines Lebensunterhaltes waren damit gelöst. Im Nachhinein betrachtete er diese völlig unerwartete Gelegenheit stets als einen höchst wichtigen Abschnitt auf der Pilgerreise seines Lebens. Als er später davon berichtete, wagte der junge W. G. Turner Shakespeare zu zitieren: „There's a divinity that shapes our ends, rough-hew them how we will." („... dass eine Gottheit unsere Zwecke formt, wie wir sie auch entwerfen.") Kelly antwortete lächelnd: „Ich bin kein Shakespearekenner", und meinte, er würde die Beschreibung des Dichters Cowper, wie Gott die Herrschaft in unserem Leben ausübt, bevorzugen: „God moves in a mysterious way, His wonders to perform" („Gott lässt oftmals geheimnisvoll Sein Wunderwerk geschehen"). Die Reise von Irland mit den arbeitsreichen Jugendtagen in Dublin, von Downpatrick und den Wicklow-Hügeln nach der entfernt liegenden Insel Sark[19] im stürmischsten Teil des Ärmelkanals war im frühen 19. Jahrhundert nicht leicht zu bewältigen.

---

19 Die Lebensumstände auf der Insel Sark waren zweifellos völlig gegensätzlich zu denen in Irland. Auch heute noch sind keine Kraftfahrzeuge auf Sark erlaubt, und im 19. Jahrhundert gab es noch nicht einmal Finanzbeamte. Der örtliche Dialekt war sicherlich weit verbreitet. Hier ein Auszug aus dem Gleichnis vom Sämann in Sarker Mundart: „3 L'chen qui sème s'n allit s'mai; 4 Et tàndis qu' i s'maitt une partie d'la s'menche quitt le long du ch'mìnn et l's oesiaux du ciel vìndrint et i la màndgirent. 5 Une aûtre quitt dans d's endréts roquieurs, où alle n'avait pas fort de terre; ..." (Sarkesisch wurde vermutlich erstmals im Jahr 1862 schriftlich niedergelegt, und zwar durch HIH Prinz Louis Lucien Bonaparte, der Guernsey in diesem Jahr besuchte.) [Louis Lucien Bonaparte (1813-1891), ein Neffe Napoleons, war Sprachwissenschaftler und lernte mehrere Sprachen. Sarks frühere Sprache, Sercquiais, war ein Dialekt der normannischen Sprache, die wie Französisch zu den in Frankreich gesprochenen Langues d'oïl zählt. (Übs.)]

Trinity-College in Dublin, Irland:
immer noch ein blühendes akademisches Zentrum

Doch in Kellys Fall war diese Reise die erste von mehreren Etappen auf seinem Weg nach London, wo er einen Großteil seines Lebens verbrachte und viel Arbeit für den Herrn tat. Er glaubte fest an die leitende Hand Gottes und betrachtete diese Etappen seiner Pilgerreise als direkte Führung des Einen, der das Ende von Anfang an kennt und während der ganzen Reise führt. Von Dublin also nach Sark; von dort nach Guernsey, wo er die nächsten dreißig Jahre lebte; dann nach London, wo er in Blackheath und Lee den Rest seines Lebens verbrachte - dies ist die Geschichte seiner irdischen Pilgerreise.

„Nur wenige Inseln bieten auf kleinem Raum so viel romantischen Reiz wie die Insel Sark. Ihre herrlichen Klippen und Höhlen sind bemerkenswert, und sie ist gewiss die schönste Insel unter den schönen Gärten des Meeres - den Kanalinseln." Sark liegt im Amtsbezirk von Guernsey und ist Teil dieses Dekanats. Es gibt eine hübsche Pfarrkirche mit einem ernannten Geistlichen, der auf unbefristete Zeit

Hilfspfarrer ist, und eine mit Stiftungsgeldern finanzierte Schule, wo die Kinder in Französisch und Englisch unterrichtet werden. Die Wesleyaner (Methodisten) haben ebenfalls eine Kapelle[20] auf der Insel. Im Jahr 1831 hatte Sark 177 Einwohner; bis 1840 kamen noch etwa 250 Bergarbeiter aus Cornwall, um Kupfer abzubauen.

Hier auf den Kanalinseln erlebte Kelly als junger Hauslehrer das, was er stets als das herausragende und wichtigste Ereignis seines Lebens betrachtete: die Kenntnis der persönlichen Seelenrettung.

Die Volkszählung auf Sark von 1841 gibt an, dass Kelly in La Manoir lebte, wo er als Privatlehrer angestellt war. Diese wenigen Jahre auf Sark formten Kelly entscheidend; sie waren mit angenehmer Arbeit und unbeschwerter christlicher Gemeinschaft gefüllt.

William Kelly war von Jugend auf religiös und gewissenhaft; seine Kenntnisse in Hebräisch und Griechisch nahmen zu und förderten sein Interesse als Gelehrter, die Heilige Schrift in ihren Originalsprachen zu lesen. Obwohl er von Kind auf mit dem vertraut war, was die Evangelikalen jener Tage als „Heilsplan" bezeichneten, hatte er sich bisher noch nicht persönlich dafür interessiert. Den entscheidenden Schritt hatte Kelly noch nicht getan, als er seine Stellung in Sark antrat: Er war noch nicht von einer allgemeinen Kenntnis über Christus zu einem speziellen Wissen über Ihn als persönlichen Heiland gelangt.

Nachdem er die Gewohnheit des Bibellesens offensichtlich weiterentwickelt hatte, war er durch einen Vers in Offenbarung 20,12 angesprochen worden: „Und ich sah die Toten, die Großen und die Kleinen, vor dem Thron stehen, und Bücher wurden geöffnet; und ein anderes Buch wurde

20 Ebenezer wurde 1796 erbaut und war eine der ersten Methodistenkapellen auf den Kanalinseln.

geöffnet, welches das des Lebens ist. Und die Toten wurden gerichtet nach dem, was in den Büchern geschrieben war, nach ihren Werken." Doch die Last der Sünde wurde ihm erst weggenommen, als eine Christin, Miss Acland[21], ihn auf einige Verse im ersten Johannesbrief hinwies: „Wenn wir das Zeugnis der Menschen annehmen - das Zeugnis Gottes ist größer; denn dies ist das Zeugnis Gottes, das er bezeugt hat über seinen Sohn. Wer an den Sohn Gottes glaubt, hat das Zeugnis Gottes in sich selbst; wer Gott nicht glaubt, hat ihn zum Lügner gemacht, weil er nicht an das Zeugnis geglaubt hat, das Gott bezeugt hat über seinen Sohn" (1. Joh 5,9.10). Als er sechzig Jahre später während eines öffentlichen Vortrags in Blackheath diesen Text aus dem Johannesbrief zitierte, bemerkte er dazu:

> Ich erinnere mich an die gottgewirkte Erleichterung und Befreiung, die diese Worte vor mehr als sechzig Jahren meiner Seele gaben, als ich zwar bekehrt, aber durch das Bewusstsein der Sünde tief beunruhigt und geübt war, sodass mir die Ruhe in dem Herrn Jesus genommen wurde. Doch dieser Vers verscheuchte jeden Zweifel, und ich musste mich nun schämen, das Zeugnis Gottes infrage gestellt zu haben. Gott benutzte diesen Vers, um die Wahrheit auf mich anzuwenden, sodass ich nicht mehr auf mich selbst blickte, obwohl ich den Wert des Sühnungstodes Christi für den Sünder nicht bezweifelt hatte. Es kommt nicht darauf an, ob ich selbst die Wirksamkeit des Blutes völlig erkenne, sondern ich darf mich im Glauben darauf stützen, dass Gott das Blut sieht und es seinem ganzen Wert gemäß einschätzt.[22]

21 Die einzige Quelle für ihren Namen ist W. G. Turners Biografie *William Kelly as I knew him*.

22 Aus: W. Kelly, *Was von Anfang war. Betrachtungen über die Briefe des Apostels Johannes*, Heijkoop-Verlag, Schwelm, 1982, S. 406.

Mit diesen Worten erklärte William Kelly die große Wende, die der erste Schritt war auf dem Weg, der Mann Gottes zu werden, der er wurde.

Einige Monate später ereignete sich auf der Insel Sark ein drittes wichtiges Ereignis: Kelly untersuchte die damals üblichen kirchlichen Praktiken sorgfältig im Licht des Neuen Testaments, das er immer in der Originalsprache studierte. Dabei kam er zu folgendem Ergebnis:

> Es ist ganz offensichtlich, dass die einzig wesentliche Frage die Frage nach dem Willen des Herrn ist - unabhängig davon, was andere tun mögen. Es geht nicht darum, andere dazu zu bringen, meiner Erkenntnis gemäß zu wandeln, sondern es geht darum, dass ich selbst nicht in ihrer Dunkelheit wandle. Dies ist der springende Punkt: nicht dass ich mich mit anderen beschäftige und ihnen vorschreibe, was sie tun sollen, sondern dass ich meine eigene Sünde ebenso wie die gemeinsame Sünde empfinde und doch durch Gnade den Entschluss fasse, um jeden Preis dort zu sein, wo ich den Herrn ehren und Ihm gehorsam sein kann.[23]

Mit diesen Worten erklärte er, warum er schließlich die Staatskirche verließ. Er hatte erkannt, dass es in allen religiösen Gesellschaften, sowohl in der Staatskirche als auch bei den Dissentern, nur zwei Möglichkeiten gab, wenn man den Lehren der Gesellschaft folgen wollte: Entweder

---

23 Aus W. G. Turner, *William Kelly: A reminiscent appreciation.* M. L. Taylor zitiert in seiner Dissertation *Born for the Universe,* S. 81, aus William Kellys erster Broschüre *Reasons for Leaving the Established Church* (Gründe, um die etablierte Kirche zu verlassen; ca. 1841), in dem er „eine sorgfältige Untersuchung der gegenwärtigen kirchlichen Gebräuche" vorlegt. Ich konnte diese Veröffentlichung nicht ausfindig machen.

musste man einige biblische Grundsätze aufgeben oder Dinge hinnehmen, die offensichtlich nicht schriftgemäß waren und daher dem Willen des Herrn entgegenstanden. Nachdem Kelly sich einmal vom anglikanischen System abgewandt hatte, änderte er niemals mehr seine kirchliche Stellung, „hinauszugehen, außerhalb des Lagers, seine Schmach tragend“ (Heb 13,13). Er betrachtete es als ausreichende Begründung für das christliche Gewissen und für den Verstand, „in der Lehre der Apostel und in der Gemeinschaft“ (Apg 2,42) zu bleiben.

Daher beschloss er im Stillen, sich mit einer sehr kleinen Gesellschaft von gleichgesinnten Gläubigen zu verbinden. Sie versammelten sich schlicht zum Namen des Herrn Jesus, indem sie ganz auf seine Verheißung vertrauten (Mt 18,20), dass Er in ihrer Mitte anwesend ist. Er stellte fest, dass diese Gläubigen sich nicht anmaßten, eine höhere Kenntnis zu besitzen oder gar „geistlicher“ als andere Christen zu sein. Sie freuten sich einfach an den geistlichen Segnungen und genossen die glückliche Gemeinschaft mit dem Herrn. Das alles kannte er bis dahin nicht.

Jemand aus der Acland-Familie half dem jungen Lehrer dabei, die Schlichtheit des biblischen Weges wertzuschätzen, wie Christen sich zur Anbetung und zum Dienst versammeln. An einem Sonntag ging William Kelly zum ersten Mal zu einer Versammlung zum Abendmahl, zum Brotbrechen, so wie Apostelgeschichte 20,7 berichtet: „Am ersten Tag der Woche aber, als wir versammelt waren, um Brot zu brechen …“ Zuerst war er verwirrt, da gerade an diesem Morgen keine anderen Brüder in der winzigen Versammlung anwesend waren. Er hatte geistlich zwar viel Licht und Hilfe aus den Schriften J. N. Darbys und anderer Brüder erhalten, hatte jedoch tatsächlich noch nie einen „Bruder“ getroffen. Sofort fiel ihm die Verantwortung zu, die Gebete und die Wortverkündigung in der Versammlung zu übernehmen. Dieses

Ereignis prägte sich tief in seine Erinnerung ein.[24] Er hatte den Schritt getan und es gab kein Zurück. Als er später darüber nachdachte, schrieb er am 6. April 1902 einem Freund in einem Brief:

> Als ich vor etwa sechzig Jahren die englische Staatskirche verließ, versammelte ich mich mit zweien oder dreien in einem Raum eines Privathauses. Ich betrachtete es als Vorrecht, das weit über St. Pauls oder Westminster Abbey hinausging. Es war das feste, unerschütterliche Zeichen, dass wir zu Christus im Himmel gehörten und dass wir, wie Er, nicht von der Welt waren. Welch eine Gnade angesichts des ruinierten Zustands der Kirche!

Und als er Thomas Weston in Dublin 1883 schrieb, um ihn zu ermutigen, erinnerte er sich:

> Als ich zum ersten Mal dieses Teil und dieses Vorrecht hatte, mich nach biblischen Grundsätzen zu versammeln, schloss ich mich einigen - sehr wenigen - an, die Seiner gedachten und in einem Privathaus versammelt waren, gerade so wie Sie es jetzt tun.

Die kirchliche Atmosphäre war damals sehr drückend, und düstere Wolken standen am Himmel. Der aufziehende Sturm in der Oxford-Bewegung hatte in den Monaten vor John Henry Newmans Trennung von der anglikanischen Kirche an Intensität zugenommen und fiel mit der ersten großen unheilvollen Trennung in der „Brüderbewegung" zusammen. In beiden Bewegungen war die Atmosphäre geladen.

---

24 Er bezieht sich auf diese Begebenheit in *Lectures on Jude* (Vorträge über das Buch Judas), wo er zugibt, dass „ich es (d. h. die Wahrheit der Kirche) nicht verstand, als ich begann, das Brot zu brechen".

Neben Darby war auch Kelly maßgeblich an der Trennung unter den „Brüdern“ beteiligt. Es ging nicht um Traktarianer oder Newtonianer als solche, sondern ihrer Überzeugung nach standen die Wahrheit Gottes und die Ehre Christi auf dem Spiel. Kelly war der rechte Mann zur rechten Zeit: Seine besondere Gabe der Schriftauslegung wurde sehr schnell über die Grenzen der Kanalinseln, wo er sie bisher ausgeübt hatte, hinaus bekannt.

3
Guernsey

Der Amtsbezirk von Guernsey, wo William Kelly in den nächsten dreißig Jahren lebte (1842-1871/72), bot ihm im Dienst für den Herrn ein weiteres Arbeitsfeld als Sark. In Val Nord, St. Peter Port, gab es eine kleine Versammlung. Dort kam er zu der Überzeugung, dass er sich vollzeitig in den Dienst des Herrn stellen sollte und dass der Herr seine Schritte nach Guernsey lenkte. Also verließ er Sark und ging nach Guernsey, wo er zuerst in Mount Durand lebte. Hier auf Guernsey fand er den größten irdischen Schatz, den ein Mann finden kann: eine gute Frau. Er begegnete Elizabeth Montgomrey von Cordier Hill, St. Peter Port, und verliebte sich in sie. Am 21. Februar 1848 heirateten sie auf dem Standesamt in St. Peter Port. Wie er stammte auch Elizabeth aus Nordirland; sie war eine Dame aus dem nordirischen Zweig des schottischen Stammbaums der Montgomreys und von normannischer Abstammung. In ihr fand William Kelly eine ausgezeichnete Hilfe, um sich in St. Peter Port, der Hauptstadt der Insel, ein Heim aufzubauen.

William und Elizabeth Kelly ließen sich in Millbrook Cottage, Vrangue Road, nieder. Ihre Ehe wurde mit zwei Töchtern gesegnet: Die erste Tochter Frances Elizabeth wurde am 15. November 1848 geboren, die zweite Tochter Mary fast ein Jahr später am 5. November 1849. Obwohl ihr neues Heim klein und bescheiden war, war es durch Gastfreundschaft gekennzeichnet. Aber das gemeinsame Leben und die alltägliche Arbeit wurden schlagartig beendet. Bereits als junger Mann erlebte Kelly eine Tragödie: Nicht lange nach der Geburt ihrer zweiten Tochter Mary nahm der Herr die junge Ehefrau zu sich. Kelly war nun mit erst 29 Jahren Witwer. Obwohl der Tod seiner Frau zweifellos einen großen persönlichen Verlust für ihn bedeutete und einige seiner Arbeiten erschwerte, ließ Kelly sich dadurch nicht aufhalten. Nach dem schweren Schlag brauchte er Hilfe im Haushalt, damit sein Dienst mit unvermindertem Eifer weitergehen konnte. Trotz all seiner häuslichen Pflichten und trotz seiner Trauer hielt er daran fest, dass der Herr, dem er diente, für alle seine Bedürfnisse ausreichte. Von diesem Zeitpunkt an trat er niemals wieder eine bezahlte Arbeitsstelle an.

Um ihm im Haushalt zu helfen und ihn so in die Lage zu versetzen, seinen Dienst auszuüben, kam seine Schwester, Sarah Blackwood[25]. Ihre Hilfe war nur vorübergehend, denn nach Gottes Vorsehung lernte Kelly auf einer seiner Vortragsreisen in den Versammlungen die vielseitig gebildete Elizabeth Emily Gipps (1831-1884) kennen.[26] Nach langer Verlobungszeit heirateten sie schließlich Anfang des Jahres 1857. Elizabeth war eine gottesfürchtige Frau mit großer Begabung. Ihre Familie[27] war wie die der Montgomreys eng verbunden mit der geistlichen Bewegung, in der Kelly einer der führenden Brüder war.

---

25 Die Volkszählung von Guernsey aus dem Jahr 1851 zeigt, dass sie bereits mit 28 Jahren Witwe war.

26 Mackintosh schrieb Darby in einer Nachschrift am 10. Februar 1853 aus Westport in Irland: „... ich bekam einen Brief von unserem lieben Kelly aus Guernsey. Er wird heiraten."

27 Ihr Vater, Henry Gipps (verst. 1830), anglikanischer Pfarrer in St. Peter's, Hereford, hatte eine Miss Plumptre geheiratet. Sie war die Schwester des ersten Lord Methuen und eine Cousine von John Charles Ryle (1816-1900), der 1880 Bischof von Liverpool wurde. Gipps verfügte über ein unabhängiges Einkommen und hatte eine höchst bemerkenswerte akademische Karriere in Cambridge. Er war ein eifriger Prediger des Evangeliums und Ausleger der Lehren des Neuen Testaments. Die Zusammenkunft in Barton Hall in Hereford zog außerordentlichen Nutzen aus dem Samen, den Gipps ausstreute. Zeitweise waren in dieser Zusammenkunft auch Fregattenkapitän der Navy P. H. Hall, W. Yapp, Captain W. Rhind, R. N. Thos. Maunsell und E. J. Isbell.

Die Eheschließung mit seiner zweiten Frau veranlasste ihn, sich in Lisle Terrace niederzulassen. Dort lebte er mit seinen beiden Töchtern aus erster Ehe und seinem Sohn William Henry[28], der 1858 noch in St. Peter Port geboren worden war. Auch einige Hausangestellte lebten mit im Haus, so wie es damals üblich war. Von dort aus zog die Familie in eine größere Wohnung nach Rohais House, Upper Rohais Road. Hier vergrößerte sich die Familie, und der Herr schenkte ihnen noch vier Töchter: Charlotte, Emma, Fanny und Helen. Außer ihren eigenen Kindern lebten noch zwei Neffen bei ihnen: der 18-jährige James[29] und der 15-jährige Malcolm Montgomrey aus Amerika. Der größer gewordene Haushalt brauchte drei Angestellte. Als letztes Kind wurde ihnen 1873 ein Sohn geboren: George Pemberton. In diesen glücklichen häuslichen Verhältnissen konnten Kellys viele Freunde bewirten.

Etwa zwei Jahre nach dem Umzug von Sark nach St. Peter Port auf Guernsey ging der nun 24-jährige William Kelly zu einem kurzen Besuch nach Plymouth und traf dort in einer Buchhandlung[30] in der Whimple Street zu seiner großen Freude einen Mann, dessen Leben in den nächsten vierzig Jahren sehr eng mit seinem eigenen verbunden sein sollte: John Nelson Darby. Während der vergangenen Jahre hatte Kelly sehr gründlich und gewissenhaft die Werke Darbys studiert, der damals für einige Aufregung in

---

28 William Henry Kelly ging in England zur Schule; danach trat er um 1875 ins Trinity-College in Dublin ein. Aus seinem schriftlichen Dienst ist vor allem folgendes Werk interessant: *The Church of God and the Sects*, herausgegeben ca. 1885 von W. H. Broom. Er schrieb und veröffentlichte auch geistliche Gedichte. Der vielversprechende William Henry ging noch vor seinem Vater heim.

29 James starb am 12. Februar 1880 und wurde auf dem Friedhof in Charlton beigesetzt [Plan A174B].

30 Aller Wahrscheinlichkeit nach legte er hier den Grundstock für seine nicht unbedeutende Bibliothek, die er sogar im Alter noch vergrößerte.

den kirchlichen Kreisen sorgte. Daraufhin hatte Kelly den großen Wunsch, einmal den Autor persönlich kennenzulernen. Das Zusammentreffen in dieser Buchhandlung war ein großer Tag in Kellys Leben.

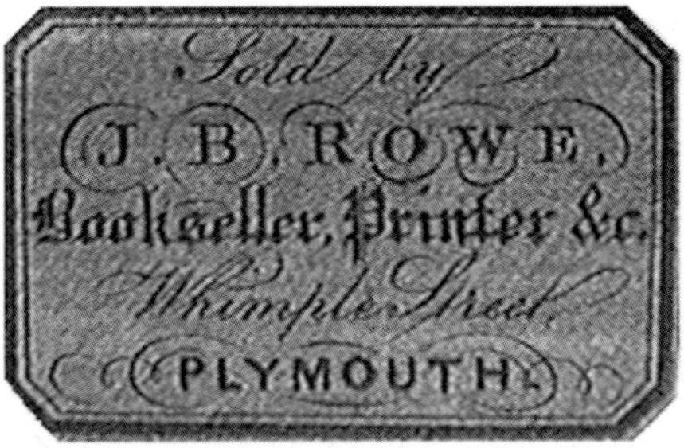

J. B. Rowes Buchaufschrift

Später schrieb er:

> Ich erinnere mich an mein erstes Treffen mit John Nelson Darby im Sommer 1845 in Plymouth. Bis dahin war es mir nicht vergönnt, ihn zu sehen, obwohl ich bereits seit Jahren in Gemeinschaft war. Gerade für ihn empfand ich, vor allen anderen, wegen seiner Liebe und seines Zeugnisses für Christus einen tiefen Respekt und innige Zuneigung. Ich lebte damals auf den Kanalinseln, wo ich begann, mit drei Schwestern das Brot zu brechen, bevor ich überhaupt jemals einen Bruder sah. Wir trafen uns bei J. B. Rowe in der Whimple Street, und er begrüßte mich sehr freimütig und herzlich.

Dieses scheinbar zufällige Treffen war ein weiterer geistlicher Meilenstein auf Kellys irdischer Pilgerreise und eine seiner liebsten Erinnerungen.

Das Gespräch mit Darby vertiefte den Eindruck, den er bereits durch seine eigenen einsamen Studien gewonnen hatte. Kurz nach diesem ersten Kontakt hatte er die Gelegenheit, eine große Brüderkonferenz in London zu besuchen. Hier konnte Kelly einen Vortrag seines neuen Bekannten hören, der bald sein lebenslanger Freund wurde.

Dieser Vortrag[31] von Darby machte einen unauslöschlichen Eindruck auf Kelly, sodass er etwa sechzig Jahre später, als er mit Turner in Erinnerungen schwelgte, mit Nachdruck sagte: „Es war ein äußerst beeindruckender Vortrag."

Kelly war unermüdlich dabei, überall auf den Kanalinseln zu predigen und zu lehren sowie Gastfreundschaft zu pflegen und überall da, wo es nötig war, seelsorgerlich tätig zu sein. Im Jahr 1851 predigte er zum Beispiel zusammen mit Sir Lancelot Brenton (einem Übersetzer der Septuaginta[32]) auf Alderney.[33] Im September desselben Jahres korrespondierte er mit E. B. Elliott, einem anerkannten Führer der protestantischen Schule und Gelehrten der Prophetie, der damals

31 Darby sprach auf dieser Konferenz zum ersten Mal am Nachmittag des dritten Tages. Es waren sehr viele führende Brüder anwesend, aber offensichtlich war es Darbys Beitrag, der einen bleibenden Eindruck bei Kelly hinterließ. Darbys Rede war die Antwort auf die Frage eines Ex-Quäkers, der durch sie Hilfe erhielt über „die höchste Wahrheit, die er so lange ersehnt hatte" (*John Nelson Darby as I knew him*, S. 9).

32 Brentons Parallel-Übersetzung der Septuaginta (1844) ist immer noch erhältlich. Lancelot Charles Lee Brenton war der Sohn des Vizeadmirals Sir Jahleell Brenton (1770-1844) und ursprünglich Pfarrer der anglikanischen Kirche. Er trennte sich von der Kirche von England wegen der Frage, ob offenkundige Sünder christlich beerdigt werden sollten. In einer Predigt wandte er sich 1831 gegen diese Praxis. Kelly erwähnte, dass Francis William Newman 1831 Darby mit Brenton (und G. V. Wigram und B. W. Newton) bekannt machte (*The Bible Treasury*, Juni 1883).

33 *Letters*, 16. Juni 1851.

John Nelson Darby (1800-1882)

ebenfalls Guernsey besuchte und ein häufiger Gast im Hause Kelly war. In einem Brief an seinen Freund erinnerte Elliott daran, wie „Will" (so wurde Kelly von seinen Freunden genannt) häufig von einer Anhöhe in Guernsey nach einem Dampfer Ausschau hielt, wenn er einen Freund erwartete. Oft waren Besucher im Haus und es war nicht leicht, allein einen Haushalt zu führen und zugleich den wichtigen Dienst zu erfüllen, den der Herr ihm gab.

Auch John Nelson Darby gehörte zu denen, die Kellys Gastfreundschaft erfuhren. Auf seinen Reisen zum und vom Kontinent hielt er sich in der lebhaften Familie auf; für sich selbst hatte er entschieden, um Christi willen auf ein eigenes Familienleben zu verzichten. Kelly berichtet, dass Darby einmal während einer gemeinsamen Mahlzeit im Verlauf des Gesprächs sagte: „Ich möchte Ihnen gern sagen, wie ich lebe. Ihretwegen habe ich heute mehr gegessen als üblicherweise. Sonst esse ich gewöhnlich samstags einen kleinen warmen Braten, sonntags esse ich kalt, montags esse ich kalt, desgleichen dienstags, mittwochs und donnerstags. Freitags habe ich nichts gegen ein Kotelett oder ein Steak einzuwenden, und am Samstag schließt sich der Kreis wieder."[34] Kelly erinnert sich in *John Nelson Darby as I knew him* (John Nelson Darby - wie ich ihn kannte) daran, dass Darby ihm einen Besuch abstattete, als das Haus neu eingerichtet war, und „geflissentlich einen vor ihm liegenden Löffel oder eine Gabel betrachtete". Kelly schrieb: „Zum Glück bestand ich die Musterung und er sagte nichts: Das Besteck war nur versilbert" (d. h. nicht aus reinem Silber). Kelly schrieb damals, dass er ebenso wie Darby als junger Christ ein Asket war und durch seine Gleichgültigkeit äußeren Dingen gegenüber so stark abgenommen hatte, dass ihm der Arzt genau das als notwendig verschrieb, was er in Selbstverleugnung aufgegeben hatte.

Während Kelly immer noch auf Guernsey war, wirkte der Herr auf höchst mächtige Weise und ließ Irland besonderen Segen zuteilwerden. In den Jahren 1859/60 hatte eine Erweckungsarbeit begonnen, deren Auswirkungen in Nordirland bis heute bestehen. Darby besuchte Irland 1859 zweimal, aber Kelly hatte auf seinem eigenen Arbeitsfeld genug mit der Herausgabe seines Buches über die Offenbarung zu tun. Darby schrieb ihm 1859 aus Irland, um Kellys Fragen zur Übersetzung und Auslegung von Offenbarung 7 zu beantworten. Ende des Jahres 1860 erklärte er ihm aus Chaux de Fonds in der Schweiz brieflich andere Stellen.

Kellys Umzug nach Guernsey spornte ihn zu dieser erstaunlichen literarischen Arbeitsleistung an, die bemerkenswerterweise das nächste halbe Jahrhundert anhalten sollte. Hier auf Guernsey lud ihn der neutestamentliche Gelehrte Dr. Samuel Prideaux Tregelles (1813-1875) ein, auf dem Gebiet der biblischen Textkritik mitzuarbeiten - eine große Ehre für einen solch jungen Mann und eine Wertschätzung seiner

34 William Kelly, *John Nelson Darby as I knew him*, S. 4-5.

Fähigkeit auf diesem Fachgebiet der geistlichen Studien.[35] Auf Guernsey erschien 1860 auch sein erstes großes Werk: *The Revelation of John* (Die Offenbarung des Johannes; 1868/69 erschien die zweite Auflage) mit einer eigenen Übersetzung der Offenbarung.[36] Frederick Henry Scrivener (1813-1891), der bekannte Verfechter des Textus Receptus, spricht in seiner *Plain Introduction to the Criticism of the New Testament 1861* mit uneingeschränkter Achtung von Kellys Übersetzung der Offenbarung. Als Darby erstmals seine eigene Übersetzung der Heiligen Schrift ins Englische (die *New Translation*) herausgab, schrieb er im Vorwort zur Offenbarung: „Wenn der Leser findet, dass meine Übersetzung in hohem Maße der Übersetzung von Mr. Kelly ähnelt, dann kann ich mich nur darüber freuen, da ich meine Übersetzung ein oder zwei Jahre vor dem Erscheinen seiner Übersetzung angefertigt habe, und bis zum heutigen Tag hat er meine Übersetzung nie gesehen."[37] Kellys Arbeit wurde auch von Professor Georg Heinrich August von Ewald (1803-1875) aus Göttingen als „die beste englische Arbeit dieser Art, von der ich jemals Kenntnis bekommen habe", empfohlen.[38] Es war das erste griechische Werk, das jemals auf Guernsey gedruckt wurde.[39] Solche Anerkennungen und Auszeichnungen stellten William Kelly schnell in die vorderste Reihe jener aufstrebenden jungen Schriftsteller, deren Werke über biblische Themen damals in der religiösen Welt

35 Tregelles hatte 1845 fünf Monate beharrlich versucht, Zugang zum Codex Vaticanus zu erhalten.

36 Kelly schrieb vier Übersetzungen der Offenbarung: die erste im Jahr 1850 und die letzte 1901.

37 Darby schrieb weiter, dass seine eigene Übersetzung des Neuen Testaments einige Jahre bei ihm ruhte.

38 Ewald beschreibt diese „sehr nützliche englische Arbeit" in *Jahrbücher*, Nr. 11, S. 247 ff. (Göttingen, Dieterich, 1861).

39 1996 wurde die Auslegung der Offenbarung als Faksimile von Chapter Two, London, neu aufgelegt.

Aufmerksamkeit erregten. Aus seiner Feder erschienen nacheinander Rezensionen, Artikel, Broschüren und umfangreichere Bände, die sich alle durch Gelehrsamkeit, Einfachheit, Klarheit und Wortgewandtheit auszeichneten. Man erkannte ihn als begabten Bibelgelehrten von beachtlichem Format an und als jemand, der in Kontroversen entschieden seinen Standpunkt vertrat. Die Presse war voll von Buchbesprechungen, und die Rezensionen seiner Auslegungen waren sehr positiv. Die Zeitung *The Guardian* erklärte: „Die Auslegungen von Mr. Kelly sind schon so lange bekannt, dass man nicht erklären muss, welche Hilfe den Lesern damit geboten wird. Sie zeichnen sich im Allgemeinen durch Ehrfurcht und Einsicht in die geistliche Bedeutung der Schrift aus." In einer anderen Rezension wird ebenfalls von seiner „Einsicht in die geistliche Bedeutung der Schrift" gesprochen. *The Baptist Times* schrieb: „Mr. Kelly war ein wahrer Schriftgelehrter, ein Mann von hervorragender Geisteskraft, gottesfürchtig und mit Lehrbegabung ... Wenn er der deutschen Bibelkritik nicht zustimmte, dann nicht deswegen, weil er vernachlässigt hätte, ihren Standpunkt abzuwägen." Auch kirchliche Führer empfahlen sein Werk. Der Bischof von Durham bemerkte zu Kellys *Exposition of the Gospel of Mark* (Auslegung des Markusevangeliums), das Buch sei „eine Arbeit, in der, wie man es heute selten findet, wahre Gelehrsamkeit und Geisteskraft verbunden sind mit ehrfürchtigem Glauben an das geschriebene Wort Gottes". Alle Rezensionen zu diesem Buch stimmten darin überein, dass er „eine Gabe der Auslegung" habe. „Er war dem Geist, der uns das Wort Gottes gab, gehorsam; er öffnet die inspirierten Seiten mit uneingeschränkter Liebe zu dem Herrn, von dem sie sprechen ... Es ist eine Freude, eine Arbeit wie diese zu finden, die sowohl Lieblichkeit als auch Kraft miteinander vereint", schrieb die Zeitung *The Christian* um 1909.

Zwischen Januar 1854 und April 1857 hatte er etwa hundertzwanzig Artikel für den *Christian Annotator*[40] geschrieben, die viel Aufmerksamkeit erregten. Einige Artikel waren umfangreiche Beiträge, die die Aufmerksamkeit eines fachkundigen Bibliografen auf sich ziehen sollten. Viele Artikel wurden später bearbeitet und in Reids *Bible Witness and Review for the presentation and defence of revealed truth* veröffentlicht, die 1877, 1878 und 1881 in drei Bänden herausgegeben wurden.

Als Kelly im Alter von 27 Jahren für zwei Jahre die Schriftleitung von *The Prospect* (Der Ausblick; 1848-1850) übernahm, war das ein weiterer Schritt auf seiner frühen Laufbahn. Diese Zeitschrift trug den Untertitel *The days are at hand, and the effect of every vision* - ein Zitat aus der Prophezeiung Hesekiels 12,23: „Nahe sind die Tage und das Wort jedes Gesichts." Sie widmete sich der Auslegung prophetischer Themen.[41] Was Größe und Format betraf, sah das Heft wenig einladend aus, und es hatte auch den Nachteil, sehr eng bedruckt zu sein. Dennoch erreichte es während Kellys zweijähriger Chefredaktion eine gute Auflagenhöhe und fand weite Verbreitung.

---

40 *The Christian Annotator* wurde herausgegeben von Dr. L. H. J. Tonna (1812-1857).

41 In der Zeitschrift wurden auch die prophetischen Fantasien solcher Männer besprochen, die vom rechten Weg der Schrift abgekommen waren. Zum Mormonismus, der zu jener Zeit in England sehr aktiv war, bemerkte Kelly: „Der Mormone beabsichtigt Irreführung. In dieser Weise wird das Wort in Psalm 43,1; 53,19 und 52,4(6) verwendet, ebenso an anderen Stellen der Schrift. Spalding, der Schreiber des Buches Mormon, das später von Smith herausgegeben wurde, war Prediger und ... mag das Buch absichtlich verwendet haben, um seine Fantasien zu stützen ..." (S. 192). Zum vollständigen Bericht über Spa(u)lding siehe *The Inquirer* (Oktober 1840, S. 480-482).

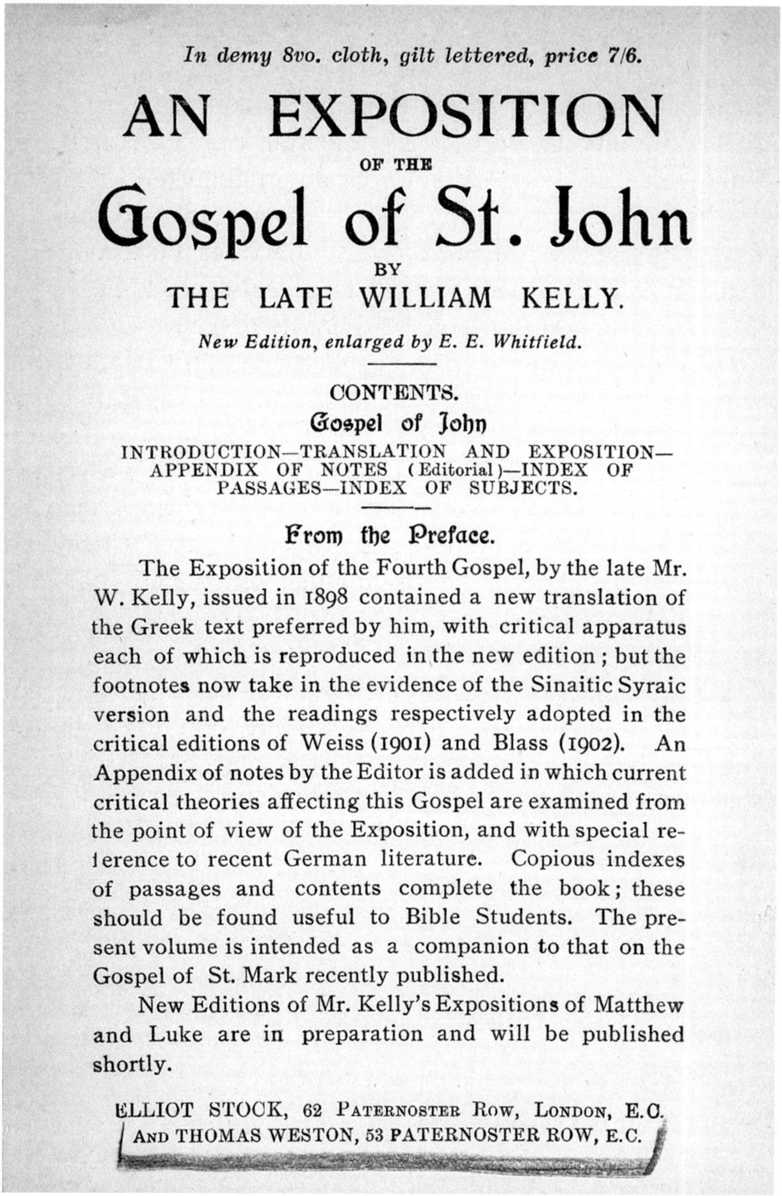

In demy 8vo. cloth, gilt lettered, price 7/6.

AN EXPOSITION

OF THE

Gospel of St. John

BY

THE LATE WILLIAM KELLY.

New Edition, enlarged by E. E. Whitfield.

CONTENTS.

Gospel of John

INTRODUCTION—TRANSLATION AND EXPOSITION—APPENDIX OF NOTES (Editorial)—INDEX OF PASSAGES—INDEX OF SUBJECTS.

From the Preface.

The Exposition of the Fourth Gospel, by the late Mr. W. Kelly, issued in 1898 contained a new translation of the Greek text preferred by him, with critical apparatus each of which is reproduced in the new edition; but the footnotes now take in the evidence of the Sinaitic Syraic version and the readings respectively adopted in the critical editions of Weiss (1901) and Blass (1902). An Appendix of notes by the Editor is added in which current critical theories affecting this Gospel are examined from the point of view of the Exposition, and with special reference to recent German literature. Copious indexes of passages and contents complete the book; these should be found useful to Bible Students. The present volume is intended as a companion to that on the Gospel of St. Mark recently published.

New Editions of Mr. Kelly's Expositions of Matthew and Luke are in preparation and will be published shortly.

ELLIOT STOCK, 62 PATERNOSTER ROW, LONDON, E.C.
AND THOMAS WESTON, 53 PATERNOSTER ROW, E.C.

Kellys Bücher erhielten gute Rezensionen und waren weithin geschätzt

In vielen Ländern nah und fern wurde es mit großem Interesse gelesen: in Neuschottland, Irland, Frankreich, Demerara (Britisch-Guayana[42]), der Schweiz und auch in Großbritannien. Auf diese Weise wurden die Schriften vieler „Brüder" der damaligen Zeit weit verbreitet. Zu ihnen gehörten John Nelson Darby (1800-1882); James Butler Stoney (1814-1897); John Gifford Bellett (1795-1864); Charles Henry Mackintosh (1820-1896); Sir Edward Denny (1796-1889); Jacques-Isaac-Benjamin Rossier[43] (1803-1885), der Vater von Henri L. Rossier (1835-1928); William Trotter (1818-1865) und andere bedeutende zeitgenössische Schreiber über die Prophetie. Die Herausgabe der Zeitschrift brachte eine rege Korrespondenz mit sich, zum Beispiel mit George Vicesimus Wigram (1805-1879, zwanzigstes Kind des reichen Kaufmanns Sir Robert Wigram), Andrew Jukes (1816-1901) aus Hull und Robert Cleaver Chapman (1803-1902) aus Barnstaple. Es gibt auch einen Brief von Darby aus Montpellier, datiert vom April 1850, der nicht in den drei Bänden der Briefe Darbys zu finden ist.

Die Zeitschrift wurde in Guernsey von dem Drucker Stephen Barbet in der New Street herausgegeben und erschien an jedem ersten und dritten Montag des Monats. Im ersten Jahr, in dem sie von Louis Koenigsberg, Market Street, verkauft wurde, kostete sie 1 Shilling im Vierteljahr, zahlbar im Voraus. Im Jahr 1850 stieg der Preis auf 1 Shilling und Sixpence, und die Zeitschrift wurde vor Ort von William Leeg,

42 Der Staat an der Nordküste Südamerikas heißt seit seiner Unabhängigkeit von Großbritannien im Jahr 1966 Guyana. (Übs.)

43 Manchmal wird sein Name mit J.-B. Rossier angegeben, woraus manche schlussfolgern, dass er Jean-Baptiste genannt wurde. Dafür scheint es keine Quelle zu geben. In *Gedenket eurer Führer* nennt Arend Remmers ihn Jean Isaac Benjamin. Jaques-Isaac-Benjamin wurde am 13. Februar 1803 in Châtelaine, Genf, geboren. Am 17. Juli 1829 heiratete er Anne-Françoise-Elise-Julie-Elisabeth Monnet. Er ließ sich in Vevey nieder, wo er am 28. März 1885 starb.

Market Street 24, sowie von vielen Händlern überall auf den Britischen Inseln verkauft.[44]

Als die Herausgabe der Zeitschrift eingestellt wurde, gab es weder eine Vorankündigung noch wurde irgendein Grund dafür genannt; Hinweise aus anderer Quelle deuten jedoch an, dass finanzielle Engpässe die weitere Herausgabe verhinderten. In seinem Brief vom 8. November 1849 schrieb Kelly: „Falls der Herr es mir ermöglicht, *The Prospect* weiter herauszugeben, ohne Schulden zu machen, würde ich das gern tun." Er schrieb weiter: „Hier auf Guernsey werden wir durch die Stürme in England nur wenig gestört." Soweit ich schlussfolgern kann, wirkten sich die damaligen Schwierigkeiten zwischen Plymouth und Bristol wahrscheinlich auf das Überleben von *The Prospect* aus. Schließlich kam es zu einem abrupten Ende im September 1850. Außerdem war es für einen jungen Witwer mit zwei kleinen Kindern nicht leicht, all seinen Verpflichtungen und seinem Dienst so nachzukommen, wie er es sich gewünscht hätte.

---

44 Als *The Prospect* kürzlich als Faksimile herausgegeben wurde, wurde die Zeitschrift von den Kritikern gut aufgenommen. In *Bibliotheca Sacra* bemerkte ein Rezensent: „Dieses Faksimile des ersten von zwei Bänden, William Kellys erste Zeitschrift, … leistet der christlichen Welt einen wirklichen Beitrag, besonders denen, die sich für die Wahrheit des Wiederkommens des Herrn interessieren. Es bietet einen Auszug der frühen Schriften der Führer der Plymouth-Brüder, wie Kelly, Darby, Mackintosh und anderen, und ermöglicht den Bibliotheken, ihren periodisch erscheinenden Zeitschriften Material hinzuzufügen, das vorher nicht verfügbar war. Band 1 enthält neben anderen bedeutenden Artikeln auch Kellys vollständige *Notes on the Apocalypse* (Bemerkungen über die Offenbarung). Der Schwerpunkt der Monatszeitschrift war die Rückkehr Jesu Christi auf die Erde vor dem Tausendjährigen Reich, um die Verheißungen Gottes zu erfüllen – eine Wahrheit, die, wie Kelly bemerkte, in den letzten Jahren unter den Kindern Gottes bemerkenswerterweise und umfassend wiederbelebt wurde. Die Neuauflage dieser Monatszeitschrift kann als Hilfsmittel für biblische, theologische und historische Studien empfohlen werden."

Eine günstige Gelegenheit, die Herausgabe einer christlichen Zeitschrift weiterzuführen, bot sich ihm, als Professor Alexander W. Wallace[45] im Begriff stand, die Verantwortung für *The Bible Treasury* abzugeben. Er lud William Kelly 1856 ein, an einer Artikelserie mitzuarbeiten, und übergab ihm im Januar 1857 die Verantwortung für die Herausgabe der Zeitschrift. Von Anfang an war die Zeitschrift ein Erfolg; hier fand und behielt Kelly für das nächste halbe Jahrhundert sein geistliches Publikum. Es war ein Glaubenswagnis für einen so jungen Mann, aber „von dem HERRN werden die Schritte des Mannes befestigt" (Ps 37,23), und bald gewann *The Bible Treasury* das Herz seiner Leser. Der Erzbischof von Taunton, Denison, drückte einige Jahre später seine Meinung folgendermaßen aus: „Es ist die einzige lesenswerte christliche Zeitschrift." Doch wenn der Herausgeber es um der Wahrheit willen für notwendig hielt, verschonte er keinesfalls die Lehrmeinung, die der ehrwürdige Erzbischof vertrat.

In dem ersten Heft, das von der neuen Schriftleitung herausgegeben wurde, beschreibt Kelly das Ziel des neuen Unterfangens offen mit diesen Worten:

> Der Name der Zeitschrift ist kein Name, den ich gewählt haben würde, denn er könnte von solchen, die unfreundlich gesinnt sind, für anmaßend gehalten werden. Die Zeitschrift war mir unbekannt, bis die erste oder zweite Nummer in den Händen ihrer Leser war. Zur dritten Nummer trug ich den ersten Artikel einer Serie bei. Ab der achten Nummer hatte ich die Herausgabe übernommen, kurz nachdem mir die volle Verantwortung

45 Wallace hatte *The Bible Treasury* nur sechs Monate lang herausgegeben (ab Juni 1856), bevor er die Verantwortung an Kelly übertrug (siehe: Arend Remmers, *Gedenket eurer Führer*, S. 76). (Übs.)

> übergeben worden war. Der Titel ist Geschmackssache, und obwohl ich ihn nie mochte, sehe ich keinen hinreichend schwerwiegenden Einwand gegen ihn, denn eine Änderung des Namens hätte gewiss Verwirrung verursacht. Falls das Werk eine armselige Schatzkammer [*treasury*; im Englischen ein Wortspiel mit dem Namen der Zeitschrift, *The Bible Treasury* = Die Schatzkammer der Bibel; (Übs.)] sein wird (was meiner Ansicht nach eigentlich nur der Fall sein kann), so ist jedenfalls die Bibel durch Gottes Gnade eine reiche, unfehlbare Quelle.

Kelly selbst beurteilte 1868 *The Bible Treasury* mit folgenden Worten:

> Während der letzten elf Jahre ist das prophetische Wort nicht vernachlässigt worden. Gleichzeitig war es stets unser Wunsch, jeden Bereich der Heiligen Schrift zu behandeln und keine Wahrheit auszulassen, die Gott zu unserer Belehrung offenbart hat. Die Person und das Werk Christi, die Erwartungen Israels von alters her, die Zukunftsaussichten der Welt, die Hoffnung des Christen und der Kirche, die Haushaltungen und das Königreich Gottes: Alle diese Themen sind behandelt worden; manche von ihnen öfter und von verschiedenen Schreibern und immer mit Blick auf den praktischen Gewinn für die Seele.
>
> Auslegungen der Heiligen Schrift (Altes und Neues Testament, Teile der Schrift sowie ganze Bücher) haben stets einen großen Platz eingenommen und werden das, wie ich hoffe, immer tun. Auch aktuelle Fragen sind besprochen worden, und gelegentlich wurden Bücher rezensiert oder es wurde auf Bücher hingewiesen, die diese Themen behandeln. Man sucht auf diesen Seiten nicht vergeblich nach Ermahnungen für Gläubige oder nach einem Aufruf, der sich an Ungläubige richtet. Kritische Fragen, Fehler der Les-

arten im Griechischen oder Hebräischen, Richtigstellungen von Übersetzungen und Korrekturen der vorherrschenden Auslegung mögen vielleicht eine Gruppe von Lesern nicht so sehr interessieren; doch diese Themen hatten in dieser Zeitschrift stets einen herausragenden Platz, weil wir schon immer vor allem das Ziel hatten, gerade solche Leser zu berücksichtigen, die den Wunsch haben, in den Dingen Gottes zu wachsen. Nun, Fehler im Text, in der Lesart oder in der Auslegung beschäftigen uns in demselben Maß, wie wir das Wort Gottes wertschätzen. Solche Ausführungen sind also für solche gedacht, die das Wort über alles schätzen, denen jede neue Einsicht in die tatsächliche Bedeutung außerordentlich wertvoll ist und die auch die Beseitigung von Verständnishürden für wichtig halten.

Was die Autoren betrifft, so sind sie für den Gläubigen nicht von Interesse und haben keine Bedeutung für die Herrlichkeit Christi; daher werden ihre Namen weggelassen. Jedoch sollten Diskussionen über unnütze Fragen sicherlich vermieden werden und Themen, die zu Streitigkeiten führen können, keinen Platz finden. Arbeiten von wirklichem Wert sind natürlich gestattet, gleichgültig wer sie verfasst hat – außer von solchen, die einen bösen Lebenswandel führen oder Christus gegenüber gleichgültig sind und so das gute Zeugnis seines Namens zerstören. Möge der gnädige Herr die Arbeit mehr und mehr zu seiner Verherrlichung und zur Auferbauung von Seelen gebrauchen. „Denn es wird eine Zeit sein, da sie die gesunde Lehre nicht ertragen werden“ (2. Tim 4,3).

Obwohl die Zeit auf Guernsey in Kellys Leben mit einer Vielzahl von äußeren Tätigkeiten angefüllt war, vernachlässigte er doch nie die Interessen der örtlichen Versammlung der Gläubigen, mit der er so eng verbunden war. Immer bestritt er bescheiden, ein Ältester, Bischof oder Aufseher der Herde zu sein, doch seine größte Freude war es stets, den Schafen auf der Weide Gottes zu dienen. Viele erkannten dankbar an, dass er sie mit guter geistlicher Speise versorgte.

Kelly kümmerte sich um alle Routineaufgaben, die auf ihn zukamen, wie das Predigen unter freiem Himmel und Beerdigungen. Berichte darüber existieren noch unter denen, die sich in der verbliebenen Zusammenkunft auf Guernsey versammeln. Andrew Miller[46] (1810-1883) schrieb in dem Buch *The Brethren* über die Arbeit am Evangelium: „Mr. Darby spricht immer noch gern von seinen Predigten unter freiem Himmel, in Scheunen und an anderen Orten, bis ihm die Fürsorge und Unterweisung der Heiligen keine Zeit mehr dafür ließen." Er fügte hinzu: „Mr. Kelly, den wir vor allem als Lehrer kennen, predigte auf Guernsey gewöhnlich unter freiem Himmel, wenn sich eine große Menschenmenge versammelte."

Einmal brachte William Kelly das Evangelium sogar einem grausamen Mörder (John Charles Tapner[47]), der vor seiner öffentlichen Hinrichtung stand. Mit Geistlichen kümmerte sich Kelly eine Zeit lang um den Verbrecher, ohne dass dieser jedoch ein Zeichen von Frieden zeigte. Die Lokalzeitung berichtete, dass Tapner das Verbrechen gestanden habe und hoffe, „durch Gottes Gnade in eine glücklichere Welt zu kommen". Im selben Jahr erschien Kellys Broschüre *'The Powers that be', the source of their Authority and the obligations of Christians towards them; with remarks on Capital Punishment*[48]

46 Andrew Miller wohnte in London, Arundel Square 18, N, und besuchte die Zusammenkünfte in William Street North, Caledonian Road (1873 und 1877).

47 Siehe *Guernsey Star* vom 9. Februar 1854 und Kellys Brief an Mackintosh vom Januar 1854.

48 Veröffentlicht 1854 in London von W. H. Broom, 12 Seiten.

(„Die Machthaber“, die Quelle ihrer Autoriät und die Verpflichtung der Christen ihnen gegenüber; mit Anmerkungen zur Todesstrafe) - wahrscheinlich aufgrund der Debatte, die über diese Hinrichtung auf der Insel geführt wurde. In seiner Abhandlung zeigte er den wesentlichen Unterschied zwischen dem Erbarmen Gottes in dem Evangelium für Sünder und der Grundlage der Gerechtigkeit, auf die sich die irdische Regierung stützt.

Man hat oft überrascht festgestellt, dass ein solch gelehrter Mann wie Kelly in seinem öffentlichen Dienst so einfach sein konnte - ob er nun das Evangelium verkündete, die Bibel auslegte oder ob es sich um noch komplexere Aufgaben handelte. Die Arbeit trug Früchte, und bis 1872 gab es vier ziemlich große Versammlungen auf Guernsey: in Val Nord, Torteval, St. Sampson Quai und Carteret und eine auf Jersey in Minden Hall (die um 1877 nach Belmont Hall umzog). Die Val-Nord-Versammlung hatte achthundert Geschwister und Sitzplätze für neunhundert Personen. Mir liegt kein Bericht vor, wann die Zusammenkünfte auf Sark aufhörten, und auch nicht, ob in Alderney, wo viel evangelistische Arbeit getan wurde, eine Versammlung entstand.[49]

49 Jede Insel hatte damals ihre eigene Mundart des Franco-Normannischen. Im 19. Jahrhundert war die Mundart Guernseys sehr verbreitet; Englisch wurde nur in der Hauptstadt St. Peter Port gesprochen. In St. Sampson verständigte man sich in den meisten Versammlungen auf Französisch; auf Jersey war Französisch ebenfalls Amtssprache. Bevor Darbys Pau-Vevey-Übersetzung im Jahr 1859 veröffentlicht wurde, gebrauchte man in den Versammlungen auf dieser Insel die Martin-Übersetzung; tatsächlich besaßen die „Brüder“ noch bis etwa 1985 Exemplare dieser Übersetzung, und sogar heutzutage werden in der Versammlung auf Guernsey gelegentlich noch französische Choräle aus *Hymnes et Cantiques* (bearbeitet von H. L. Rossier) gesungen.

Kelly verabscheute die weitverbreitete intellektuelle Klugheit und Redegewandtheit als wertlos. Sein öffentlicher Dienst und auch seine Gespräche im Privatleben waren sowohl durch das Wort der Weisheit als auch durch geheiligten, gesunden Menschenverstand gekennzeichnet. Er war sich der Gefahr in der sehr schwierigen nachtraktarianischen Ära bewusst, die durch John Henry Newmans und Mannings Abkehr von der anglikanischen Staatskirche und ihrer Hinwendung zur römisch-katholischen Kirche eingeläutet wurde.

Dr. Edward Bouverie Pusey (1800-1882, Regiusprofessor[50] für Hebräisch und Domherr von Christ Church), John Keble und einige andere der frühen Traktat-Bewegung blieben in der Staatskirche; aber einige andere stellten mit der offenen Zustimmung des Dekans von Westminster, Arthur Stanley[51] (1815-1881), eifrig ihr liberales soziales Evangelium vor, unter ihnen der Theologe Frederick Denison Maurice[52] (1805-1872) und Pfarrer Charles Kingsley[53] (1819-1875) sowie ihre Anhänger, die später führende Persönlichkeiten wurden. Die Evangelikalen schienen ihr würziges Salz und viel Einfluss verloren zu haben, und zur selben Zeit befanden sich die „Brüder" mitten in ihrer ersten großen Trennung.

50 Inhaber einer königlichen Professur. (Übs.)

51 Arthur Penrhyn Stanley war liberaler Theologe. Er war Regiusprofessor für Kirchengeschichte in Oxford. Ab 1864 bis zu seinem Tod 1881 war er Dekan von Westminster. (Übs.)

52 Englischer Theologe und einer der Gründer des christlichen Sozialismus, Christian Socialism. Der „christliche Sozialismus" versuchte, „soziale" Grundsätze des Christentums auf die moderne Industriegesellschaft anzuwenden. (Übs.)

53 Charles Kingsley gehörte zu den wichtigsten Personen des Christian Socialism. Seit 1844 war er Pfarrer in Eversley, ab 1860 Regiusprofessor für moderne Geschichte an der Cambridge-Universität, später Canon von Westminster Abbey. Nach anfänglichem Kontakt mit der Oxford-Bewegung wandte er sich später sehr kritisch gegen alles, was mit dem Katholizismus zu tun hatte. (Übs.)

Früher war man über ihren schnell wachsenden Einfluss in kirchlichen Kreisen bestürzt, da sich sehr viele Geistliche und Pfarrer sowohl von der Staatskirche als auch von den Dissentern ihnen angeschlossen hatten. Nun herrschte auf allen Seiten beträchtliche Verwirrung, und eine klare Stimme war nötig, um das grundlegende Zeugnis der göttlichen Inspiration der Heiligen Schrift zu bestätigen wie auch die Tatsache, dass wahre Christen einer anderen Welt angehören.

Dr. Pusey selbst nahm schnell die besorgniserregende Situation wahr und legte zu diesen Themen ein sehr deutliches Zeugnis ab, das allerdings durch seine entschieden kirchenväterlichen und mittelalterlichen Tendenzen etwas geschwächt wurde. Hierzu können wir Kelly selbst zitieren als einen der Gelehrten, die diese Dinge in den frühen 1850er-Jahren kommentierten:

> Ich habe Dr. Puseys Veröffentlichung über die früheren der kleinen Propheten gelesen. Seine Forschungen über die hebräische Mundart sind beachtenswert; aber er ist viel zu sehr von den kirchenväterlichen und mittelalterlichen Auslegern beeinflusst. Mit seiner Ehrfurcht vor der Heiligen Schrift und mit seiner Frömmigkeit stimmen wir überein. In aller Bescheidenheit meine ich jedoch, dass er gerade in dem Bereich Schiffbruch erleidet, wo man es am wenigsten erwartet. Seine Sicht von der Kirche tadle ich nicht als zu hoch; vielmehr erkläre ich nachdrücklich, dass sie meiner Meinung nach unendlich niedriger ist als das, was das Neue Testament uns lehrt. Das gilt besonders für die Entfaltung des Geheimnisses, das der Apostel Paulus uns durch den Geist in Bezug auf Christus und die Kirche aufzeigt. Denn die heutige Kirchlichkeit zeigt nur das Bestreben, das System wiederzubeleben, das früh von der apostolischen Lehre abgewichen ist und das wir hauptsächlich bei den sogenannten Kirchenvätern finden.

Während dieser Zeit begann William Kelly auch, gelegentlich Besuche in London zu machen, um dort zu lehren und zu predigen. Dies brachte ihn in den 1860er-Jahren in persönlichen Kontakt mit Hunderten, die seine Schriften bereits kannten und ihn nun selbst gerne sehen und hören wollten. Vermutlich fand der erste Besuch im späten Frühling 1866 statt, als er den ersten Vortrag einer Reihe von insgesamt elf Vorträgen hielt; etwa zwischen dem 31. Mai und dem 20. Juni. Sie zogen eine beachtliche Zahl von Besuchern an und hinterließen einen tiefen Eindruck bei den zahlreichen Hörern. Seine Vorträge wurden mitstenografiert, und während dieser Vortragsreihe erhob sich eine rege Nachfrage nach einer Veröffentlichung dieser Vorträge. Kelly und seine Frau formulierten diese Aufzeichnungen in eine schriftliche Ausdrucksweise um; oft arbeiteten sie bis in die frühen Morgenstunden. Am Ende des Jahres wurden diese Notizen in Buchform als *Lectures Introductory to the Study of the Gospels* (Einführende Vorträge zu den Evangelien) herausgegeben und fanden beträchtlichen Absatz.[54] Im Mai 1868 ergab sich die Gelegenheit für einen zweiten Besuch in London.[55] Der rege Zuspruch, den die Anschlussserie von zwölf Vorträgen fand, zeigte, wie sehr die Auslegungsgabe des Vortragenden anerkannt wurde. Einer, der mehrere dieser Vorträge besucht hatte, erinnerte sich

54 Sie wurden auch ins Französische übersetzt und erschienen 1883 in der Schweiz.

55 Vielleicht interessiert es den Leser, dass Kellys Bibel, die er damals benutzte, in unserem Archiv aufbewahrt wird. Es ist eine Bagster Polyglott AV [King James Authorized Version, auch KJV abgekürzt (Übs.)]. Sie trägt die Inschrift des Besitzers: „William Kelly, Guernsey 1867", und hat außerdem einige Anmerkungen. In Daniel 11 und Sacharja 5 gibt es einige mikroskopisch kleine Anmerkungen in Tinte und in verschiedenen anderen Büchern einige verblasste Bleistiftanmerkungen. Am interessantesten ist die Unterscheidung der verschiedenen Sprecher im Hohelied. Wie Darby benutzte auch Kelly zum Predigen oder Lehren die vierte Auflage der AV.

daran, dass die abendlichen Versammlungen überfüllt waren und dass man wirkliche Hilfe aus dem Wort empfing, das ihnen so meisterhaft dargereicht wurde.

In rascher Folge hielt er nun die Vorträge der dritten und abschließenden Reihe. Die *Lectures Introductory to Acts, the Catholic Epistels & the Revelation* (Einführende Vorträge zur Apostelgeschichte, zu den katholischen Briefen und zur Offenbarung), die Kelly zwischen dem 21. April und dem 14. Mai 1869 in London hielt, wurden im Dezember des gleichen Jahres veröffentlicht. Im nächsten Jahr erschienen: *Lectures Introductory to the study of Paul's Epistles* (Einführende Vorträge zu den Briefen des Paulus); *The Doctrine of the Holy Spirit* (Die Lehre des Neuen Testamentes über den Heiligen Geist); *The Second Coming and Kingdom* (Das zweite Kommen und das Königreich); *The Church of God* (Die Kirche Gottes) und ein umfangreicher Band über die Schöpfung: *Occasional Lectures on Creation*[56] (Gelegenheitsvorträge über die Schöpfung; 1869); etwas später dann *Worship in the hour that now is* (Anbetung in der heutigen Zeit; die Bearbeitung eines Vortrags vom 17. Mai 1870 über christliche Anbetung in Haverstock Room, Kentish); *Lectures Introductory to the study of the Pentateuch* (Einführende Vorträge zu den fünf Büchern Mose; 1871); *Historical books of the Old Testament, Minor Prophets* (Historische Bücher des Alten Testaments, kleine Propheten; 1871); *Ritualism, Rationalism* (Ritualismus, Rationalismus; ein Vortrag, der erstmals 1871 gehalten wurde) sowie neun oder zehn an-

56 Die Mutter von Dr. Alfred H. Burton besuchte mit einer anderen Schwester, Mrs. R. C. L. Bevan, Versammlungen in Hanover Square, West London, wo Mr. Kelly, „ein wohlbekannter Gelehrter und Ausleger der Schrift eine Reihe von Vorträge hielt, um zu beweisen, dass der Schöpfungsbericht im ersten Buch Mose wahr und inspiriert ist". Alfred H. Burton besuchte diese Vorträge und zweifelte danach niemals mehr daran, dass die Bibel das inspirierte und unfehlbare Wort Gottes ist.

dere Themen von allgemeinem Interesse.[57] Obwohl Kelly als Autor sehr beschäftigt war, fand er auch Zeit, Bekannten und Freunden seine Veröffentlichungen zu senden. So schickte er zum Beispiel am 29. Mai 1872 von Guernsey *The Revelation of John edited in Greek* (Die Offenbarung des Johannes, herausgegeben auf Griechisch) „mit den herzlichen Grüßen des Autors an Reverend John Oates“. Auf diese Weise wurden auch diejenigen auf seinen Dienst aufmerksam, die sonst nicht gewagt hätten, einen Versammlungsraum zu betreten.

Bevor wir dieses Kapitel aus Kellys Leben schließen, wollen wir eine weitere Begebenheit aus seinem Leben während seiner Zeit auf Guernsey erwähnen, die vielleicht noch interessanter ist: die Begegnung zweier Männer, die etwa fünfzig Jahre später als Führer in unterschiedlichen Gruppen der „Brüder“ angesehen wurden - Kelly und Lowe. In den 1880er- und 1890er-Jahren konnte man einige sektiererisch gesinnte Brüder über die „Kelly-“ und „Lowe-Partei“ sprechen hören. Keiner der beiden angesehenen Führer hatte jemals dergleichen im Sinn.[58]

---

57 Nicht alle Ausgaben enthielten dieselbe Anzahl von Vorträgen; manche enthielten elf, zwölf oder dreizehn Vorträge.

58 In Übereinstimmung mit den Grundsätzen der Schrift sehnten sie sich nach einer Wiederaufnahme der Gemeinschaft zwischen den getrennten Gruppen. Im Jahr 1893 schrieb Kelly: „Ich konnte jetzt, so wie immer, mit ihnen zusammenkommen zur Beugung und zum Gebet, damit wir wieder vereint werden, denn es gibt bei uns keine wirklichen Unterschiede in Lehre oder Grundsatz … Groß wäre meine und ihre Freude über Satans Niederlage und über den Triumph der Gnade für Christus und die Kirche.“ Im August 1898 schrieb Kelly seinen Aufruf an die Brüder im Hinblick auf diese schwere Übung. Bei Chapter Two Trust sind Fotokopien erhältlich. In gewisser Weise wurde dieser Bruch 1926 und dann weiter im Jahr 1940 geheilt. In den 1950er- und 1970er-Jahren wurde dann auch die Gemeinschaft mit einigen Splittergruppen wieder aufgenommen.

William Joseph Lowe
(1839-1927)

Die erste Begegnung zwischen Lowe und Kelly ereignete sich folgendermaßen: William Joseph Lowe (1839-1927), achtzehn Jahre jünger als Kelly, war ein brillanter und vielseitig gebildeter junger Mann, der bereits im Alter von erst 21 Jahren einen wichtigen Posten in Madras[59] erhielt. Vor seiner Abreise verbrachte er drei Wochen Urlaub auf Guernsey, wo er Kelly begegnete und ihn hörte. Sie waren beide voneinander so beeindruckt, dass sich aus der Bekanntschaft schnell eine Freundschaft entwickelte, die auf dem gemeinsamen Interesse an göttlichen Dingen beruhte. Seitdem sprach Lowe von dieser Begegnung als von einem der großen, prägenden Einflüsse in seinem Leben. Bei mehreren Gelegenheiten äußerte er sogar, dass dies in mancher

59 Seit 1996 heißt die indische Stadt an der Ostküste Südindiens Chennai. (Übs.)

Hinsicht der Wendepunkt seiner Laufbahn war, die in der Tat bemerkenswert war.

W. J. Lowe, von Beruf Bauingenieur, besaß sowohl künstlerische als auch große sprachliche Begabung: Er sprach neun oder zehn Sprachen fließend, und seine beruflichen Aussichten in Indien waren in der Tat sehr vielversprechend. Das Klima forderte jedoch bald seinen Tribut an seiner Gesundheit und seiner Kraft, und nach einigen Jahren fühlte er sich gezwungen, seine Arbeit in Indien aufzugeben.

Bei seiner Rückkehr nach England führte ihn einer seiner ersten Besuche nach Guernsey, um William Kelly zu sehen – den Mann, dem er geistlich so viel verdankte. Dann begann ein Leben von fast apostolischem Dienst: Im Dienst Christi besuchte er Belgien, Frankreich, Deutschland, die Schweiz und andere Teile des Kontinents und weitete seine Besuche schließlich nach Kanada und in die Vereinigten Staaten aus. Auf diese Besuche werden wir in diesem Buch später noch eingehen. Er leistete J. N. Darby unschätzbare Hilfe bei der Übersetzung des Neuen Testaments ins Französische, die Darby offen und dankbar anerkannte und würdigte. W. J. Lowe selbst wurde, wie schon bemerkt, niemals müde, anzuerkennen, was er dem scheinbar zufälligen Zusammentreffen mit William Kelly während seines Urlaubs auf Guernsey verdankte. Es gibt jedoch im Leben eines Kindes Gottes keine Kleinigkeiten. Eine große Tür dreht und bewegt sich durch eine sehr kleine Türangel. Wie oft sehen wir im Rückblick, dass scheinbar unbedeutende Ereignisse unser Leben und unsere Arbeit geformt haben. „Denn vor den Augen des Herrn sind eines jeden Wege“ (Spr 5,21).

Darby, Kelly, Lowe und die Tausende, die von ihrem Leben und ihrer Lehre geprägt wurden, erkannten, dass Dinge, die weder vom Wort Gottes unterstützt werden noch seinem prüfenden Licht standhalten, in die Christenheit eingedrungen waren und von Gläubigen Zustimmung erfuhren. Cyprian[60] warnte schon in den frühen Tagen der Kirche davor, dass „Antiquität" nicht Autorität ist, sondern vielleicht nur ein alter Irrtum. Neues Licht ist womöglich nur alte Dunkelheit. Die Wolkensäule der Führung und Vorsehung Gottes in William Kellys Leben brachte ihn nun auf den Weg zum letzten und längsten Abschnitt seiner Pilgerreise: nach Blackheath, wo er die nächsten fünfunddreißig Jahre wohnte. Dieser Lebensabschnitt war vielleicht der wichtigste, weil sich hier Umstände ergaben, die ihn dazu zwangen, in kirchlicher Hinsicht gewissenhaft Stellung zu beziehen, was ihn von vielen seiner ältesten und am meisten geschätzten Freunde trennte.

60 Cyprian war Bischof von Karthago. Er gehörte zu den Kirchenvätern der westlichen Kirche und war einer der bedeutendsten Schriftsteller der Alten Kirche. Um 200 in Nordafrika geboren, wurde er 258 vom römischen Prokonsul zum Tod verurteilt. (Übs.)

4
Blackheath

Blackheath liegt fünf Meilen südöstlich von London und gehörte einige Jahre, bis der Londoner Grafschaftsrat gegründet war, zur Grafschaft Kent. Es muss in der Geschichte Londons zur Zeit der Römer eine wichtige Rolle gespielt haben, da man hier Münzen mit den Namen der Kaiser Claudius und Gallienus fand. Bei Ausgrabungen im Jahr 1710 entdeckte man eine große Anzahl von Urnen, unter denen sich zwei Gefäße aus feuerrotem Ton mit ungewöhnlichen Formen befanden: eins kugelförmig, das andere zylindrisch. Die etwa 46 cm hohe zylindrische Urne enthielt sehr viel Asche und sechs oder sieben sehr unleserliche Münzen. Auf zwei von ihnen konnte man die Namen der beiden oben erwähnten Kaiser jedoch eindeutig erkennen. Die kugelförmige Urne mit einem Umfang von etwa zwei Metern enthielt ebenfalls sehr viel Asche und sechs oder sieben Münzen; aber unterhalb des Abschlusswulstes an der Öffnung waren die Worte *Marcus Aurelius III.* grob eingeritzt.

Auch die Dänen belagerten Blackheath zeitweise (1011-1013). Seit dem letzten Viertel des 14. Jahrhunderts[61], als sich Wat Tyler, Jack Straw und ihre Anhänger dort ansiedelten[62], erlebte Blackheath zahlreiche Kämpfe und wurde Schauplatz für triumphale Prozessionen und glanzvollen Prunk. In der Tat ist jeder Zentimeter dieses Fleckens mit historischen Er-

61 Sowohl während des englischen Bauernkrieges 1381 als auch während der Rebellion von Jack Cade 1450 lagerten die Rebellen auf der Heide. Der Aufstand in Cornwall 1497 wurde von Heinrich VII. in einem Kampf in Blackheath niedergeschlagen.

62 Wat Tyler und Jack Straw waren Anführer während des englischen Bauernkrieges 1381. (Übs.)

eignissen durchtränkt. John Ball[63] predigte dort. Seit dem Jahr 1400 stellten Könige, Königinnen und Kardinäle in festlichen Aufmärschen all ihren Prunk und Pomp, den der weltliche und kirchliche Stand aufzubieten hatte, zur Schau. Die Nähe Blackheaths zu den königlichen Palästen in Eltham und Greenwich und zur Watling Street, einer römischen Straße, die die Heidelandschaft zwischen Dover und London durchquert, bot hierfür ideale Voraussetzungen. Weitaus interessanter mag jedoch der kleine Hügel sein, der als „Whitefields Mount" bekannt ist und noch heute an den großen Evangelisten Whitefield erinnert, der gemeinsam mit John Wesley vor Tausenden in Blackheath predigte.[64]

Blackheath im 18. Jahrhundert

63 John Ball (1335-1381) war Priester und predigte während des englischen Bauernaufstandes Freiheit, soziale Gleichheit, Demokratie und Kommunismus. Später erhielt er Kanzelverbot, wurde exkommuniziert und 1381 während des Bauernkrieges hingerichtet. (Übs.)

64 Siehe Tagebucheintrag von John Wesley vom 19. Mai 1739.

All-Saints-Kirche mit Blick auf die drei „Scheunen"

Morden-College, 1695 von Sir John Morden (1623-1708) gegründet, liegt auf derselben Seite von Blackheath wie Kidbrooke Grove, wo die Familie Kelly sich häuslich niederließ. Auf der anderen Seite der Heide liegt der Greenwich-Park so reizvoll am Ufer der Themse, dass Humphrey Graf von Gloucester ihn während der Regierungszeit Heinrichs des VI. im 15. Jahrhundert einen „angenehmen Ort zum Verweilen" oder einen „Lustgarten" nannte.[65] Der Park verwahrloste und an seiner Stelle wurde 1675 das königliche Observatorium gebaut.

Die etwa 100 Hektar große Heidelandschaft um Blackheath war eine Attraktion für solche, die großzügigen Wohnraum für den Mittelstand suchten: Sie bot guten und weiten Lebensraum für eine Familiengründung und war von London aus dennoch bequem mit dem Zug zu erreichen. Der alte Bahnhof, der 1849 eröffnet wurde, steht heute immer noch und hat sich seit meiner Kindheit – fast möchte ich sagen: seit seiner Erbauung – nicht sehr verändert. Die Heidelandschaft wurde durch die reichen Landbesitzer und die Einflüsse der Kirche sehr in Mitleidenschaft gezogen. Das gesamte Land musste mehrere Eingriffe erdulden. Unter ihnen war architektonisch der wohl attraktivste Eingriff die Errichtung der *All Saints Anglican Church* (1867) – attraktiv allerdings erst, als der Bau der Kirchturmspitze vollendet war.

Für die Bewohner von Blackheath glich diese Kirche drei Scheunen. Kelly spricht dieses Thema in einem seiner Vorträge an, obwohl er selten, wenn überhaupt, eine politische Aussage wagte, da er sich durchweg von der Parteipolitik fernhielt. Als er während eines Vortrags 1903 in Blackheath Hiobs Klage zitierte, dass sie „die Grenzen verrücken" (Hiob 24,2), führte er Folgendes aus:

> Dies ist keinesfalls ungewöhnlich. Wir können das im Augenblick überall um uns herum in London beobachten. Es gibt Leute, die unberechtigterweise von diesem Land Besitz ergriffen und uns das Gemeineigentum von Blackheath weggenommen haben. In verschiedenen Gegenden kann man sehen, wo Leute auf die eine oder andere Weise unbefugt eingedrungen sind; sie haben sich genommen, was ihnen nicht gehört. Aber das geht nun schon so

65 Humphrey nannte ihn „Placentia" oder „manor of Pleasaunce".

> lange, dass das Gesetz sie nicht belangen kann. Sie sind im Besitz des Landes, und wir wissen, dass dies den Juristen ein Dorn im Auge ist. Obwohl es dem Gesetz widerspricht, hat man dennoch keine Handhabe gegen sie. Und diese Ungereimtheiten gehen immer noch weiter – und das trotz aller Missbilligung des Gesetzes. Würden wir in Cornwall oder Südirland leben, wäre kein Mensch darüber verwundert; dort gibt es jede Menge solcher ungewöhnlichen Vorgänge. Aber es spielt sich hier in London vor unseren Augen ab.[66]

In Blackheath Village, das mit zahlreichen historischen Ereignissen verknüpft ist, versammelten sich die „Brüder" in der Alexandra Hall (heute Lloyds Bank) an der Ecke Bennett Park und Cresswell Park. Bald hatten sie jedoch ihr eigenes Versammlungslokal zwischen Bennett Park 16-18[67], mit dem William Kelly bis zum Ende seines Lebens eng verbunden war. Die „Brüder" nutzten diesen Ort vom Zeitpunkt seiner Erbauung im Jahr 1873, bis sie 1920 in den Raum in Granville Park auf der anderen Seite der Heide umzogen. Ein ortsansässiger Historiker[68] gibt an, dass das Gebäude 1958 auf mysteriöse Weise niederbrannte und an seiner Stelle ein Häuserblock mit Wohnungen errichtet wurde. Die nahegelegene Rink Hall wurde 1870 gebaut und wird heute durch das Postgebäude ersetzt; sie diente gelegentlich als Ausweichmöglichkeit für Konferenzen, wenn das übliche Versammlungslokal hierfür nicht mehr ausreichend Platz bot.

---

66 Siehe *Eleven Lectures on the Book of Job* (Elf Vorträge über das Buch Hiob) von W. Kelly, S. 176, posthum von F. E. Race 1917 herausgegeben (und von Kelly nicht mehr revidiert – diese Vorträge sind daher ein Zeugnis seines durch und durch faszinierenden Redestils).

67 F. E. Race komponierte einen Choral, den er nach Bennett Park benannte.

68 Siehe Neil Rhind, *Blackheath Village and Environs*, 1790-1970, S. 65.

Alexandra Hall, Bennett Park, Blackheath Village

Die 1863 erbaute Alexandra Hall wurde für evangelistische Veranstaltungen benutzt und bot bis zu fünfhundert Menschen Platz. Sie wurde von dem Homöopathen Dr. Robert McKilliam (1837-1915) aus Aberdeen für Verkündigungen angemietet und bis 1896 auch als Apotheke genutzt. Gelegentlich predigte dort auch Dr. W. T. P. Wolston (1840-1917), der in Schottland (Charlotte Square 46, Edinburgh) wohnte. In einer dieser Evangelisationen bekehrte sich der aus Limerick stammende Dr. Joseph Kidd (1824-1918) zu Christus. Seine Bekehrung veränderte ihn so tiefgreifend, dass er in Blackheath als großer Menschenfreund bekannt wurde.[69] Auch andere aus seiner Familie wurden errettet, nachdem sie Predigten

69 Ebd., S. 63.

von Dr. Wolston gehört hatten. Napoleon Noel (1853-1932), der ein Buch über die Geschichte der „Brüder" schrieb[70], notierte in seinem Tagebuch: „Eine von Dr. Kidds Töchtern bekehrte sich", als Wolston eines Abends in der Alexandra Hall über das Thema „Zachäus, steige eilends herab!" predigte. McKilliam[71] war der Herausgeber der prophetischen Zeitschrift *The Morning Star*, die von Januar 1894 bis 1915 erschien. Arno Clemens Gaebelein besuchte auf seine Einladung hin 1895 die Versammlung in Bennett Park; deshalb vermute ich, dass er mit großer Wahrscheinlichkeit einen von Kellys öffentlichen Vorträgen gehört haben muss. Auf jeden Fall spiegeln zahlreiche seiner Werke seine hohe Wertschätzung für William Kelly wider. Gaebelein schrieb in seiner Autobiografie, dass er in den Schriften William Kellys, neben den Schriften anderer Brüder wie J. N. Darby, F. W. Grant, C. H. Mackintosh und J. G. Bellett, die Nahrung für seine Seele fand, die er brauchte. Er schätzte diese Männer, neben den Aposteln, für ihre gesunde geistliche Lehre.[72]

William Kellys Umzug nach Blackheath im Jahr 1871 und sein Besuch der Zusammenkünfte dort wurden von den Brüdern sehr begrüßt, da sein Einfluss und seine Fähigkeiten

70 *The History of the Brethren*, herausgegeben von Chapter Two. (Übs.)

71 McKilliam wurde in Aberdeen (Ostschottland) geboren und bekehrte sich schon in jungen Jahren zu Christus. Er studierte Medizin an der Aberdeen-Universität und machte seinen Abschluss im Alter von 21 Jahren. 1862 heiratete er Helen Milne. Sie waren 51 Jahre verheiratet und hatten drei Söhne und drei Töchter. Er wurde Ältester in der Free Church of Scotland, obwohl er noch verhältnismäßig jung für dieses Amt war. Da seine Lehre über die Wiederkunft des Herrn nach Ansicht der Free Church zu ausgeprägt war, verließ er die Kirche und begann eine neue Arbeit in Huntly. 1880 kam er nach Blackheath, wo er die Praxis von Dr. Tate übernahm. Er wurde am 12. Februar 1915 auf dem Friedhof in Lee beigesetzt (*Believers Pathway Magazine*, Bd. 36, Nr. 424, April 1915, S. 54).

72 Siehe *Half a Century, the autobiography of a Servant*, 1930, S. 85.

als Lehrer jetzt im Alter von 50 Jahren weithin anerkannt waren. Es scheint, als sei der neue Versammlungsraum in Bennett Park mit über fünfhundert Sitzplätzen schon mit Blick auf seinen Dienst gebaut worden. Am ersten Sonntag, an dem Napoleon Noel die Versammlung in Blackheath besuchte, hörte er William Kelly über Paulus predigen, der Timotheus bat, ihm seinen Mantel, die Bücher und vor allem die Pergamente mitzubringen. Noel machte in seinen privaten Aufzeichnungen zwar eine kurze Notiz über die Versammlung in Blackheath, gibt aber keine näheren Angaben darüber, ob er dort auch mit seiner Familie und den fünf Kindern war.

H. Forbes Witherby, ein ziemlich begabter Autor, besuchte ebenfalls die Versammlung in Blackheath. Die Witherbys wohnten in Lee Terrace 48, nicht allzu weit von Bennett Park entfernt. Dieser Versammlungsraum war aber auch für andere offen. Auch Andrew Millers Sohn, Thomas B. Miller[73] (1840-1905), predigte dort. In späteren Jahren bereitete er William Kelly sehr viel Kummer, weil er in der Frage der christlichen Gemeinschaft extreme Offenheit praktizierte. Noel schrieb in sein Tagebuch, dass Miller in der Versammlung ein Lied (*Will you be there and I?*) vorschlug, es aber fast ganz allein singen musste, da es dort unbekannt war. In dem neuen Raum predigte auch Dr. Hugh Herbert Snell[74] (1817-1892), der einst in Gemeinschaft mit den „offenen Brüdern" war. Neben etlichen begabten Rednern kamen auch viele andere uns nicht bekannte Menschen hierher, um an diesen segensreichen Versammlungen teilzunehmen.[75]

73 Er war der Schwiegersohn von Thomas Neatby. Im Jahr 1877 wohnte er in London in Steels Road 15, Haverstock Hill.

74 Im Jahr 1877 wohnte Snell in Sheffield (Grafschaft South Yorkshire), Eyre Street 17, 1882 in Montgomery Mount (Nordamerika).

75 Zum Beispiel der ortsansässige Unternehmer Aaron Eckton, der dort ungefähr von 1850 bis 1900 lebte. Er wohnte fast direkt gegenüber dem

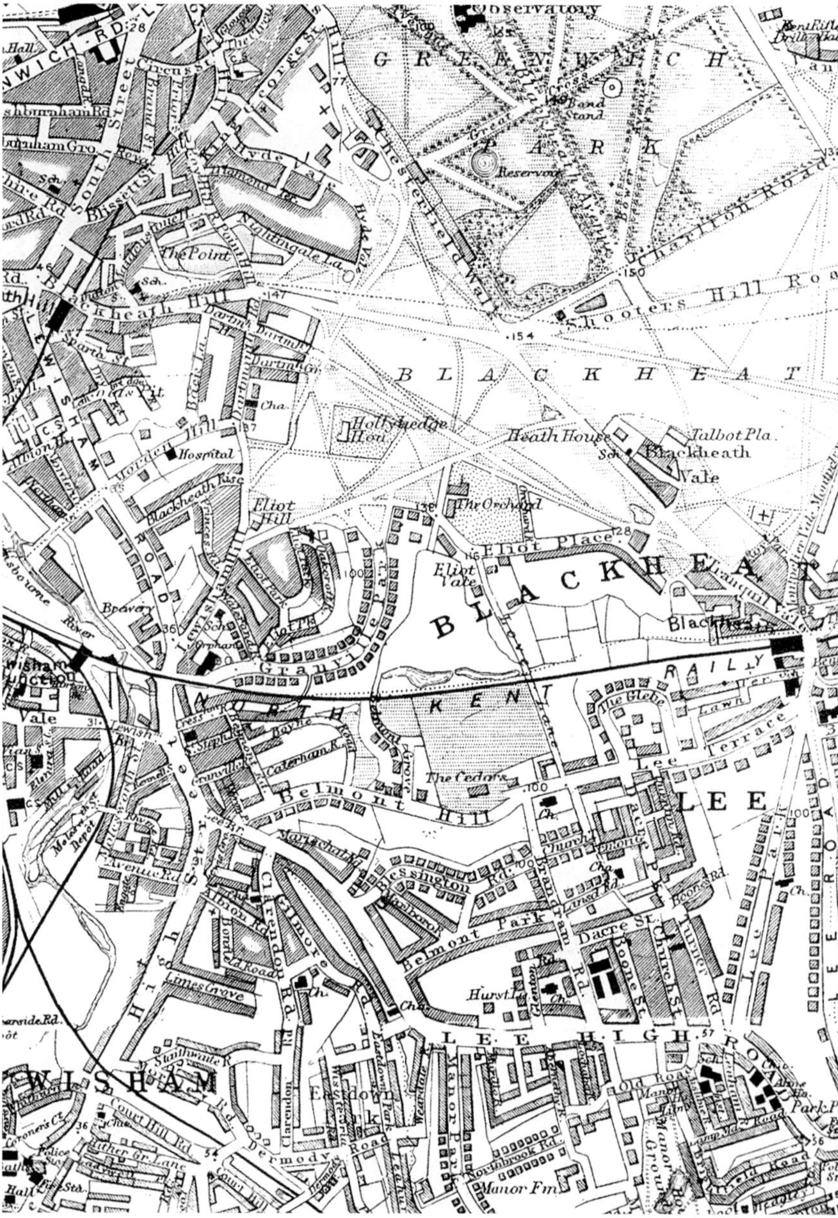
G R E E N W I C H
P A R K
Observatory
Band Stand
Reservoir
Charlton Road
Shooters Hill Road
B L A C K H E A T H
Blackheath Hill
Heath House
Talbot Pla.
Blackheath Vale
Hollyhedge Hou.
The Point
Nightingale La.
Hyde Vale
South Street
Blissett St.
Hospital
Blackheath Rise
Eliot Hill
The Orchard
Eliot Place
Eliot Vale
Blackheath Road
Granville
NORTH KENT RAILWAY
The Glebe
Lee Terrace
The Cedars
Belmont Hill
LEE
Lee Road
Belmont Park
Dacre St.
Boone St.
Church St.
Limes Grove
Clarendon Rd.
LEE HIGH ROAD
Eastdown Park
Court Hill Rd.
Dermody Road
Manor Fm.
Old Road
Park Pl.
Lewisham Rd.
Vale
Lessington Rd.
Burnt Ash
High Street
LEWISHAM

Ortskarte von Blackheath und Lee

Ein interessanter Besucher der Versammlung in Blackheath war Edward Dennett (1841-1914), der Grotes Place 6 in Blackheath wohnte. Als Pastor der Lewisham Road Baptist Church[76] hatte er einen Vortrag in Buchform veröffentlicht, in dem er die „Brüder" angeblicher Irrtümer beschuldigte[77] und Darbys, Mackintoshs und Kellys Treue zur Wahrheit ins Lächerliche zu ziehen versuchte.[78] Als er sich jedoch nach einer ernsthaften Erkrankung zur Wiederherstellung seiner Gesundheit nach Veytaux in die Schweiz begab, traf er dort zufällig auf einige „Brüder"[79]. Ihre freundliche und hilfsbereite Art, mit der sie ihm die Wahrheit über die Versammlung aufzeigten, bewegte ihn dazu, einen entscheidenden Schritt zu tun und die Baptisten zu verlassen (um 1873), mit denen er verbunden war. Dennetts Standpunkt festigte sich, und schließlich schrieb er seine Auffassungen in dem Büchlein *The Step I have Taken*[80] nieder, das er erstmals im Januar 1875 von seinem Wohnsitz in Blackheath aus veröffentlichte. Darin schrieb er:

Versammlungslokal. Ein heute noch lebender Nachfahre glaubt, dass Aaron die Bennett-Park-Versammlung wahrscheinlich von Anfang an besucht hat. Kelly spielte womöglich eine entscheidende Rolle bei seiner Bekehrung, und Aaron könnte beim Bau des Saales geholfen haben. Seine Tochter und ihr Ehemann waren ebenfalls mit den Brüdern der „Kelly-Gruppe" verbunden.

76 Später schloss sie sich mit der Baptist Church in der Greenwich South Street zusammen.

77 Dennett kannte die Schriften der Brüder und hatte Mackintoshs Monatszeitschrift *Things New and Old* der Jahrgänge1869/70 in seiner Bibliothek.

78 Dennett hielt seinen Vortrag, ein bis zwei Jahre bevor Kelly in diese Gegend zog. Anschließend wurde der Vortrag veröffentlicht unter dem Titel *The Plymouth Brethren their Rise, Divisions, Practice and Doctrines*, 1870, 2. Ausgabe.

79 Vermutlich mit einem der Rossiers.

80 Die Verbreitung des Buches war sehr erfolgreich; bis April 1875 waren diese Briefe bereits zum dritten Mal aufgelegt worden.

Nachdem ich die Wahrheit schriftlich in meinem Aufsatz geäußert hatte, fühlte ich, dass ich sie auch befolgen müsse. Ich begann mich nach einem Platz zu sehnen, der der Prüfung des Wortes Gottes standhalten könne. Nachdem ich außerdem öffentlich mein Bedauern über die Veröffentlichung meines Buches zum Ausdruck gebracht hatte, fühlte ich, dass ich mich auch persönlich an diejenigen wenden sollte, gegen die sich mein Buch gerichtet hatte. Also schrieb ich einen Brief an Mr. William Kelly - ein unter den sogenannten „Brüdern" wohlbekannter Mann -, in dem ich ihm darlegte, was ich getan hatte, und mein Bedauern hinsichtlich der Publikation meiner Broschüre ausdrückte.

Danach war ich von allen Verstrickungen befreit. So beschloss ich mit Gottes Hilfe, alles, was mit meiner Stellung zu tun hatte, auf der Grundlage der Schrift zu entscheiden, damit ich mich in Zukunft auf schriftgemäße Weise mit anderen Christen versammeln könnte. Bis dahin war mir die genaue Stellung, die ich hinsichtlich der Trennung von meiner Gemeide beziehen sollte, unklar. Mein einziges Verlangen war, den Willen Gottes zu erkennen.

Dies brachte ihm natürlich Vorwürfe ein. John Cox (1843-1919), der später als Bischof nach Woolwich ging und ein aktiver Anhänger Benjamin Wills Newtons[81] (1803-1896) war,

81 Kelly kannte B. W. Newton und hatte bereits einen Vortrag von ihm gehört. Er beurteilte ihn folgendermaßen: „Ich kann bezeugen, dass B. W. N. ein gefühlskalter Redner war und ein Autor ohne viel Salbung. Und obwohl er sich in Oxford als hervorragender Student in klassischer Literatur hervorgetan hatte, richtete seine zweifelhafte Gelehrsamkeit Schaden an und war oft von ungeheuerlichem Ausmaß. Sein logisches Denkvermögen war schlechter als die irgendeines intelligenten Menschen, dem ich begegnet bin, was jeder Verständige erkennt, der seine *Thoughts on the Apocalypse* kennt." [J. N. Darby und R. M. Beverly waren nur zwei der begabten Kritiker dieser Schrift.]

ging sofort mit einem Angriff gegen Dennett in den Druck.[82]

Es war hier in der Bennett Park Hall, wo Kellys bemerkenswerte Gabe der Schriftauslegung ein umfangreiches Betätigungsfeld fand. Es dauerte nicht lange, bis ihn die sogenannte religiöse Presse entdeckte. Damals war die Frage der Prophetie in religiösen Kreisen, unabhängig von der Denomination, ein brennendes Thema. Wollte jemand Prophetie von einem sogenannten futuristischen Standpunkt aus studieren, begab er sich auf der Suche nach Informationen für gewöhnlich nach Bennet Park Hall, weil William Kelly als einer der begabtesten Schriftausleger galt. Ein Londoner Journalist, der seine Identität hinter dem Pseudonym „Spectator" (Zuschauer) verbarg, beschrieb seinen Besuch wie folgt:

Edward Dennett (1841-1914)

82 1875 verfasste Cox die Schrift *Destroying and Building or a few remarks on a pamphlet entitled The Step I Have Taken.* Eine weitere Schrift von ihm lautete *Plymouth Brethrenism examined* (Eine Studie über die Plymouth-Brüder). Gedruckt in Woolwich, o. J.

Die „Brüder“ sind wie Zoophyten, die sich zu einem bestimmten Zeitpunkt von ihrem Elternstamm abtrennen und dann ein eigenständiges Leben beginnen. Die „Brüder“ tun dies ebenso, nur erkennen sie danach ihre Verwandten nicht mehr an. Diesen Entwicklungsprozess haben sie vor kurzem wieder einmal durchlaufen, und ich bin mir nicht sicher, ob die Versammlung, die ich in Blackheath besuchte, noch Teil des ursprünglichen Stammes ist oder nicht. Mr. Kelly ist der führende Bruder, wie der Hauptprediger oder der dienende Bruder bei einer Zusammenkunft (einer Versammlung) genannt wird. Bennet Park Hall, der Raum, in dem die Zusammenkünfte stattfinden, ist gediegen und sehr bequem. Der Tisch ist mit dem üblichen weißen Tischtuch bedeckt, auf dem eine große Karaffe Wein und vier bis sechs große Becher stehen, die für die Austeilung des Weins vorgesehen sind; dies verleiht dem Tisch ein einzigartiges Erscheinungsbild. Ich schlüpfe hinein, und vor mir sehe ich ein Schild mit der höflichen Bitte, den abgegrenzten Bereich derer, die das Brot brechen, nicht zu betreten:

SOLCHE, DIE IN GEMEINSCHAFT SIND,
MÖGEN BITTE HINTER
DIESER BESCHILDERUNG
PLATZ NEHMEN

Ich warte; weitere Leute treffen ein, bis ungefähr hundertfünfzig oder mehr Angehörige der wohlhabenden Gesellschaftskreise anwesend sind. Liederbücher werden an die Besucher ausgeteilt. Sie tragen den Titel *Spiritual Songs for the Little Flock* (Geistliche Lieder für die kleine Herde). Sind mit der kleinen Herde die „Brüder“ gemeint?

Nun erhebt sich Mr. Kelly und teilt mit, dass „Bruder Soundso aus dem und dem Ort heute mit uns das Brot bricht". Dies ist, soweit ich das beurteilen kann, das Zeichen für den Beginn der Versammlung, da unmittelbar danach ein Lied vorgeschlagen wird, das wir im Stehen singen. Es scheint eine ungeschriebene Regel zu sein: Lieder, die sich an Gott wenden, werden im Stehen gesungen; enthalten sie dagegen nur eine Wahrheit über Gott oder Christus, bleiben die Teilnehmer beim Singen sitzen. Der Gesang – obgleich nicht unmusikalisch – folgt einer äußerst langsamen Melodie, bis er geradezu schmerzhaft langsam wird. Will man vielleicht, dass Außenstehende denken, sie würden gerade einen schmerzhaften Prozess durchlaufen?[83]

Anschließend betete Mr. Kelly. Es war alles in allem ein sehr außergewöhnliches Gebet mit einigen bemerkenswert markanten Sätzen. Er sagte: „O Gott, wir danken dir, dass es dein Wille ist, dass wir zusammenkommen. Wir hätten niemals daran gedacht und hätten niemals die Freude der Gemeinschaft erfahren und die noch tiefere Freude, dass Christus in unserer Mitte ist. Nimm Böses weg – Böses, das gut aussieht. Gott, mögen unsere Herzen vom Heiligen Geist geleitet werden. Der Himmel ist mit Loben beschäftigt. Du hast uns berufen, Ihn zu preisen. Er wurde Mensch, um sich dieser großen Frage anzunehmen, die außer Ihm selbst niemand lösen kann – der Frage unserer Sünden. Gott, niemals hattest du einen Gegenstand, der dein Herz so vollkommen erfüllt hat wie Christus. Wir danken dir für den Einen, der deine Zuneigungen besaß, der deinen wunderbaren Ratschluss der Herrlichkeit ausgeführt hat. Möge dein Geist in Freiheit und Heiligkeit

83 Noel notiert in seinem Tagebuch, dass sich die „Brüder" um die Musik kümmerten und sich Mühe gaben, gut zu singen; auch dann noch, als die Zahl der musikalisch nicht bewanderten Leute in späteren Jahren wuchs.

wirken können, damit das Haupt, Christus Jesus, erhoben und gelobt werde."

Wieder wurde ein Lied gesungen, und danach betete ein Herr, der weitgehend denselben Sprachstil wie Mr. Kelly benutzte. Ein weiteres Lied wurde im Stehen gesungen; dann brach Mr. Kelly das Brot und betete nochmals. Er wandte sich im Gebet nun an den Heiland und sagte: „O hochgelobter Heiland, es ist dein besonderes Gebot, dass wir zu deinem Gedächtnis das Brot brechen. Leg es uns aufs Herz, dir als ständige Opfergabe die Frucht unserer Lippen zu bringen. Weder Menschen- noch Engelszungen können angemessen ausdrücken, was dein Tod bedeutet – was für ein lieblicher Wohlgeruch für Gott und was für eine ewige Herrlichkeit aus diesem Tod hervorgeht. Jeder andere Tod ist der Lohn der Sünde. Du bist das ewige Leben und doch bist du gestorben, du, der du die Auferstehung und das Leben bist."

Nachdem Brot und Wein durch die Reihen gereicht worden waren, schlug jemand ein Lied vor, dessen Erscheinung und Auftreten darauf schließen ließen, dass er der Unterschicht angehörte. Der gute Bruder stimmte das Lied zur Melodie von *Hold the Fort* an. Es passte nicht, sodass er es auf die richtige Länge ausdehnen musste. Das tat der gute Bruder dann auch und sang dabei ein Solo. Es ist eigenartig, diese Melodie mit einer Geschwindigkeit von einer Meile pro Stunde zu hören. Schließlich war er mit dem Lied fertig und Mr. Kelly stand auf, während ein erwartungsvolles Rauschen durch den Raum ging. Nach einer kurzen Ansprache wurde der Kasten für die Kollekte durch die Reihen gereicht. Ein weiteres Lied und ein kurzes Gebet folgten und die Versammlung wurde ohne Abschlusssegen beendet.

Mr. Kelly ist ein begabter Lehrer und Theologe, mehr noch, er ist ein Gelehrter und offensichtlich ein Denker.

> Früher war er ein Geistlicher.[84] Sein Auftreten als Redner ist nicht angenehm, auch hat er eine schwache Stimme, die sich am Ende jedes Satzes senkt.[85]

Die „Brüder" nehmen im Allgemeinen Anstoß daran, wenn Gebete aufgezeichnet werden, da sie ja offenkundig für Gottes Ohr bestimmt sind - nicht wie die amerikanische Presse, die einmal schmeichlerisch über einen Prediger bemerkte, sein Gebet sei „das eloquenteste Gebet gewesen, das jemals in einer Bostoner Versammlung gesprochen wurde". Doch nun, wo Kellys Stimme verstummt ist, werden nur wenige bedauern, dass der Journalist bei seinem Besuch der Versammlung in Blackheath die beiden oben zitierten Gebete in seinen Bericht aufgenommen hat.

Blackheath um 1890

84 Diese Anmerkung ist falsch. Kelly war nie ordinierter Pfarrer.

85 Dies steht im Widerspruch zur Aussage von C. Maurice Davies in Unorthodox London, 1875, S. 180. Er schreibt dort: „Mr. Kelly ist ein angenehmer Redner mit einem flüssigen Redestil." Möglicherweise hatte er seine Stimme verändert und versucht, den Herrn dem ernsten Anlass entsprechend angemessen anzureden.

Kidbroke Park Road 2, Blackheath
Hier wohnte William Kelly von 1871 bis 1874

Ab dem Sommer 1871 bis 1874 wohnte William Kelly in der Kidbrooke Park Road 2 in einem ansehnlichen Domizil, das den Bedürfnissen einer mittelständischen Familie gerecht wurde. In diesem Haus lebte er mit seiner Frau Elizabeth – die sich selbst bei einer im Jahr 1881 durchgeführten Volkszählung als „Gehilfin" bezeichnete –, seinen beiden Töchtern Charlotte (19) und Helen (12) sowie seinem Sohn George (8). Außerdem lebten drei Angestellte mit im Haus: das Kindermädchen Miss Langhurst, die Köchin Miss Sangster und das Dienstmädchen Miss Rigdon. Kurz nach seinem Umzug nach Blackheath begann Kelly damit, jede Woche Vorträge in Bennett Park Hall zu halten. Schon bald wurde dies zu einer regelmäßigen Aufgabe seines Dienstes, eine Tätigkeit, die er bis zu seinem Lebensende fortsetzte und nur gelegentlich unterbrach, wenn er für kurze Zeit unterwegs war. Diese Vorträge wurden von seiner Frau mitstenografiert. Beide arbeiteten viele Stunden gemeinsam, um die Mitschriften druckfertig zu machen. In einem Brief schrieb er über seine „liebe und hingebungsvolle Frau, die nicht nur jede Aufgabe einer Ehefrau und Mutter erfüllte, sondern auch eine bescheidene Schwester unter den Geschwistern war. Sie stenografierte[86] meine Vorträge über Daniel, die Offenbarung, Matthäus und viele andere Bücher der Bibel wortwörtlich mit und arbeitete mit mir gemeinsam oft die ganze Nacht hindurch an der Aufarbeitung der Mitschriften, bis die ersten Strahlen der aufgehenden Sonne auf diese Arbeit fielen."

Jeder Interessierte wusste, dass William Kelly mittwochabends die Zusammenkunft besuchte, und recht häufig waren auch Besucher aus London in den Zusammenkünften zu sehen - nicht nur „Brüder", sondern auch Geistliche und andere. In der Tat fand sich in den 1880er- und 1890er-Jahren oft eine internationale Besucherschar in den Zusammenkünften ein, um ihn zu hören, sowohl in den Evangeliumsverkündigungen sonntagabends als auch bei den Bibelvorträgen mittwochabends.[87] Turner erinnerte sich daran, dass er - wie viele andere Zuhörer aus dem Ort auch - seinen Platz auswärtigen Besuchern zur Verfügung stellte, die aus den Kolonien und den Vereinigten Staaten kamen und den Besuch der Versammlung in Blackheath als Teil ihrer Reise eingeplant hatten.

---

86 Kellys zweite Frau hat sicherlich sehr viel in dieser Hinsicht geleistet, aber sie war nicht die Einzige, die seine Vorträge mitstenografierte. In seiner ersten Ausgabe von *Jesaja* merkte W. Kelly an, dass ein junger ungenannter Freund seine letzten Vorträge mitgeschrieben habe. Die Misses Hammond berichteten mir, dass sie die stenografische Aufzeichnung der Verkündigungen der Brüder bis zum Zweiten Weltkrieg (1939-1945) fortsetzten.

87 Als Bibellehrer kündigte Kelly anscheinend das Thema seiner Vorträge an, während er als Verkündiger des Evangeliums das Thema für seine Botschaft vor seiner Predigt niemals festlegte. Über hundert seiner Predigten wurden aufgezeichnet und veröffentlicht.

Da außerdem die meisten der etwa dreißig übrigen Londoner Versammlungen der „Brüder“ ihre wöchentlichen Abendveranstaltungen montags oder freitags abhielten, konnte man davon ausgehen, dass diese Vorträge, als die sie weithin bekannt wurden, immer von einer stattlichen Anzahl von Gästen besucht wurden. Und Kelly war ein Redner par excellence. Sogar anglikanische Würdenträger befanden sich unter seinen Zuhörern, einschließlich des Erzbischofs von York, William D. MacLagan (1826-1910), des Bischofs von Gloucester und Bristol, Charles J. Ellicott[88] (1819-1905); des Erzdiakons George A. Denison (1805-1896) und anderen. Häufig baten sie den Redner auch in Fragen der Übersetzung der Schrift oder Auslegung um Rat. Auch Henry Alford (1810-1871), Dekan von Canterbury und Griechischgelehrter[89], und der Lexikograf Dr. Scott fragten ihn um Rat. Übrigens ließ sich Dr. Scott von Kelly von der wahren Kraft des griechischen Wortes überzeugen, das in 2. Thessalonicher 2,2 in der englischen King-James-Authorized-Version (AV) durch „is at hand“ („nahe, bevorstehend“) wiedergegeben ist. Die richtige Bedeutung ist hier, dass die falschen Lehrer behaupteten, der Tag des HERRN sei bereits gekommen und nicht, dass er bald kommen würde.[90] Auch der erste Rektor des University College of Wales, Lewis Edwards (1809-1887), wusste sich Kelly zu Dank verpflichtet, da er durch Kelly zum Umdenken bewegt wurde und zu einem prämillenialen Verständnis der Prophetie gelangte. Der Oxforder Theologieprofessor William San-

---

88 Ellicott, Bischof von Bristol von 1863 bis 1897, leitete elf Jahre den Revisionsausschuss des Neuen Testaments. [Dieses Komitee wurde 1870 in London mit dem Ziel eingesetzt, die englische Bibelausgabe der King James Version von 1611 zu überarbeiten. (Übs.)]

89 Er war hauptsächlich bekannt für seine herausragende Ausgabe des Neuen Testaments.

90 D. P. Ryan, *Two Nineteenth Century Versions of the New Testament,* Verlag Present Truth Publisher, Morganville, 1995.

day (1843-1920) und viele andere zeitgenössische Theologen zogen Nutzen aus Kellys Dienst der Auslegung der neutestamentlichen Briefe. Sanday war ein unermüdlicher und gewissenhafter Gelehrter, der nachweislich Kellys Buch *Notes on Romans* (Anmerkungen zum Römerbrief) empfahl. Er schrieb: „Seine Anmerkungen sind von einem unvoreingenommenen und außergewöhnlichen Standpunkt aus geschrieben, aber sie sind die Frucht gesunder Gelehrsamkeit und eines anhaltenden und hingebungsvollen Studiums; sie verdienen mehr Aufmerksamkeit, als sie bislang erfahren haben." Der amerikanische Bibellehrer William R. Newell (1868-1956) drückt in seinem eigenen Buch über den Römerbrief (*Romans Verse-by-Verse*) seine Dankbarkeit gegenüber Kelly aus, indem er seine Arbeit als eine „unwiderlegbare Darlegung der Wahrheit" bezeichnet, „die Kellys Anmerkungen außerordentlich wertvoll macht". Auch D. Edmond Hiebert verweist in seinem von Moody Press veröffentlichten Buch *Introduction to the Pauline Epistles* anerkennend auf Kellys Buch *Notes on Romans*.

Charles M. Davies (1828-1910), ein liberaler anglikanischer Geistlicher, bemerkte 1875 in seiner Publikation *Unorthodox London* Folgendes:

> Ich erfuhr, dass am kommenden Mittwochabend eine zwölfteilige Vortragsreihe über die fünf Bücher Mose beginnen sollte, und zwar sollte der Redner einer der bedeutendsten Männer sein, die zu den „Brüdern" gehören, ein Mr. Kelly. Er mied den Titel „Hochwürden", obwohl er, so glaube ich, ein Pfarrer der anglikanischen Staatskirche war beziehungsweise für diesen Dienst ausgebildet worden war. Ich begab mich also dorthin, um mich zu informieren, und fand eine große Versammlung vor, die bis zu den Zähnen mit Bibeln bewaffnet war. Ich komme nicht umhin zu sagen, dass der Vortrag eine erhebliche

exegetische Kraft entfaltete, auf die ich nicht vorbereitet war. Mr. Kelly ist ein angenehmer und sprachgewandter Redner, der jedes einzelne Wort dieses heiligen Textes sicher auffindet. Darüber hinaus verfügt er über eine ausgezeichnete Kenntnis des Buches von Bischof Colenso über die ersten elf Kapitel des ersten Buches Mose, gegen das sich seine eigenen Ausführungen natürlich in erster Linie richteten.

Mr. Kelly nahm den ersten Vers aus Kapitel 1, der von der frühesten Schöpfung spricht, und widersprach der Vorstellung, die Schöpfung sei ursprünglich in Unordnung erschaffen worden. Vermutlich habe es zwischen dem ersten und zweiten Vers einen Zeitraum unbestimmter Länge gegeben, während dem die Schöpfung aus unerfindlichem Grund in Unordnung geraten war. Dann sprang er mutig zur jahwistischen und elohistischen Theorie, widersprach jeglicher Unvereinbarkeit von Schriftstellen und legte mit großartigem Scharfsinn dar, dass der Name Elohim auf die Schöpferkraft, der Name Jehova dagegen auf den Bundesgott der Juden hinweise; Elohim sei schlichtweg ein historischer Name, Jehova deute auf eine besondere moralische Beziehung hin. Als er dann zum Baum des Lebens überleitete, widerlegte er den Standpunkt, die Strafe habe in keinem Verhältnis zur Geringfügigkeit der Übertretung gestanden. Gerade die Geringfügigkeit der Sache sei der entscheidende Punkt. Es handelte sich einfach um Ungehorsam gegenüber dem ausdrücklichen Willen Gottes. Es gab keine Erkenntnis des Guten und Bösen, und es konnte eine solche Erkenntnis nicht geben; diese kam erst mit dem Sündenfall. Danach kam er auf die Bedeutung des Paradieses zu sprechen und dass Adam allen Dingen, die Gott geschaffen hatte, ihren Namen gab. Aufgrund der Tatsache, dass Eva ihren Namen erst nach dem Sündenfall bekam, schlussfolgerte er, dass dieser unmittelbar

Blackheath Richtung Norden um 1899 –
wahrscheinlich kannten Kelly und seine Familie diese Gegend

nach der Schöpfung geschehen sei – „möglicherweise sogar noch am selben Tag“. Ich sollte noch erwähnen, dass Mr. Kelly die Schöpfungstage, die der unbestimmten Lücke zwischen den Versen 1 und 2 im ersten Buch Mose folgen, wörtlich als 24-Stunden-Tage versteht. Hinsichtlich des Sündenfalls bekämpfte er die Auffassung, dass die Schilderung des Sündenfalls allegorisch zu verstehen sei. Es werde hier nicht – wie einige angenommen haben – das Aufkommen der Begierde versinnbildlicht, denn die Begierde trat erst nach dem Sündenfall auf. Nachdem er die alten Mythologien bis unmittelbar vor der Sintflut angerissen und die Vereinigung zwischen den „Söhnen Gottes“ und den „Töchtern der Menschen“ erläutert hatte, wandte Mr. Kelly die gleiche Erklärungsmethode an, mit der er bereits auf die vorgenannten Themen hinwies, um den Widerspruch zwischen den beiden verschiedenen Berichten über die Sintflut aufzulösen. Dann schloss er seinen Vortrag mit Argumenten sowohl für die einheitliche Abstammung der Menschen als auch für die gemeinsame Wurzel aller Sprachen. Er war gänzlich vertraut mit der zeitgenössischen Kontroverse und war bestens ausgerüstet, um all ihren Schwierigkeiten zu begegnen. Was auch immer man von den vorgestellten Gedanken halten mag: Es besteht kein Zweifel an ihrer Genialität und daran, dass dem Ausleger die Feinheiten der Schrift genauestens bekannt sind.

Der Vortrag, der gänzlich frei gehalten wurde, dauerte eineinhalb Stunden, und ich bin so frei, zuzugeben, dass ich mit einem ganz anderen Eindruck von dieser Gemeinschaft weggegangen bin, als ich gekommen war, denn ich hielt sie - wie ich das auch von vielen anderen weiß - nur für eine weitere Gruppe von Schwärmern, die danach trachten, das 1. Jahrhundert im 19. Jahrhundert buchstäblich wiederaufleben zu lassen.

Eine ganz andere Seite von Kellys Dienst schildert Turner in seinem Bericht über einen jungen Regierungsbeamten, der oft über eine Predigt von Mr. Kelly in Blackheath nachdachte, wenn er im einsamen Sudan allein unter dem Sternenhimmel stand. Diese Predigt hatte er an einem Sonntagabend gehört, kurz bevor er das Land verlassen musste, um seinen Dienst anzutreten. Obwohl er damals nicht in Blackheath lebte, war er am Sonntag vor seiner Abreise nach Ägypten in den Versammlungsraum gegangen, „um", wie er selbst sagte, „den alten Gentleman noch einmal, vielleicht zum letzten Mal, zu hören". Und obwohl Kelly weder von der Anwesenheit noch von der Situation des Besuchers wusste, sprach er in seiner Predigt von dem ruhelosen Ehrgeiz der Männer nach Reichtum und Ruhm, der sie auf der Suche nach dem persönlichen Vorwärtskommen in dieser Welt bis ans Ende der Erde treibe, während sie häufig die ganz wichtigen Fragen ihrer Seele vernachlässigten. Diese Worte hinterließen einen so tiefen Eindruck bei diesem jungen Mann, dass er nach seiner Rückkehr etwa drei Jahre später gleich am ersten Sonntag, nachdem sein Schiff in England angelegt hatte, nach Blackheath ging, um wieder den Mann zu hören, dessen Worte ihn beim ersten Mal so tief beeindruckt hatten.

Obwohl William Kelly seine Vorträge vor Intellektuellen hielt und mit den begabtesten Gelehrten und Textkritikern seiner Zeit verkehrte, war er gerne bereit, vor einer kleinen oder bescheidenen Gemeinde einen Vortrag zu halten oder zu predigen. Die folgende Begebenheit veranschaulicht einen weiteren Abschnitt in seinem Dienst. Er sollte an einem Abend in der Woche in St. Germans Hall in Lewisham predigen. Dieses Gebäude lag, ganz anders als Bennett Park Hall, in einem Arbeiterviertel. Hier hielt William Kelly eine interessante, lehrreiche und sehr ernste Ansprache auf der Grundlage von Lukas 23,33. In einem absichtlich leicht verständlichen Redestil erzählte er in einfachen, aber fesselnden Worten die alte Geschichte von der Liebe Gottes in Christus, die den Menschen gilt. Sein Thema war klar und deutlich gegliedert: 1. Wer der heilige Leidende auf Golgatha war. 2. Warum Er so litt. 3. Seine Fähigkeit und Bereitwilligkeit, jeden zu retten. 4. Die Notwendigkeit, einen so großen Retter anzunehmen. 5. Die Gefahr, die Bekehrung aufzuschieben, und das sichere Schicksal der Ungläubigen, die Gottes Gnade verachten. Schließlich richtete er einen ernsten Appell an alle Anwesenden, den Retter wirklich anzunehmen, und während er seine Bibel schloss, fügte er sehr ernsthaft hinzu: „Denken Sie daran: *Ein* Räuber wurde errettet, daher muss niemand verzweifeln; aber ... “, und nach einer eindrücklichen Pause, „es war nur *einer* – daher möge niemand dreist sein.“

Blackheath Richtung Norden um 1905.
Bennett Park und Alexandra Hall sind ganz rechts.

Gewissermaßen als Gegensatz zu diesem Vortrag vor ganz einfachen Leuten sprach er am folgenden Sonntagabend an seinem eigenen Wohnort in dem Versammlungslokal Bennett Park Hall vor einem ganz anderen Publikum: hauptsächlich feinen Geschäftsleuten. Er begann eine Vortragsreihe mit drei einfachen Evangeliumsvorträgen über 1. Petrus 1,2. Die aufeinanderfolgenden Themen waren: 1. Auserwählt nach Vorkenntnis Gottes, des Vaters (der erste Abend), 2. Durch Heiligung des Geistes (der zweite Abend), 3. Zum Gehorsam und zur Blutbesprengung Jesu Christi (der Abschlussabend).

Man mag sich fragen, ob jemals ein Prediger drei ganze Sonntagabende über einen einzigen Vers gesprochen hat, seit Erzbischof Leighton (1611-1684) seine berühmten Predigten über die Petrusbriefe hielt. Es waren meisterhaft durchdachte Auslegungen, voll von evangelistischen Anwendungen, die von der Versammlung offensichtlich mit großem Interesse verfolgt wurden. Turner erinnerte sich an diese Begebenheit, die klar vor seinem geistigen Auge stand:

> Auf den Glockenschlag genau, der jede Stunde von der benachbarten Kirchturmuhr ertönte, trat William Kelly zum Pult, kündigte ein Lied an, dem er ein kurzes, ernstes Gebet anfügte. Ein weiteres Lied folgte; anschließend wurde ein kurzer Abschnitt aus der Schrift, aus 1. Petrus 1, gelesen. Danach lehnten wir uns zurück, während die kleine gedrungene Gestalt ihre Brille nach ihrer Gewohnheit über ihre Augenbrauen schob und den Text mit dem Ansatz eines leichten Lispelns in der Stimme ankündigte: „Auserwählt nach Vorkenntnis Gottes, des Vaters".
>
> Er stellte fest, dass der Calvinist in Bezug auf diesen Vers mit seiner Behauptung recht habe, aber falsch liege in dem, was er durch falsche Schlussfolgerung leugnete; der Arminianer befinde sich in derselben Notlage, nur umgekehrt. Er fuhr fort, indem er betonte, wie wichtig es sei, anzuerkennen, dass reine Gnade den Menschen rettet, und von welch großer Bedeutung es sei, dass man die Gnade Gottes nicht vergeblich erhielte. Die benachbarte Kirchturmuhr schlug Viertel vor, und ohne sich aus der Ruhe bringen zu lassen, fasste der Prediger sorgfältig seinen Vortrag zusammen, kündigte ein kurzes Lied an und entließ die Zuhörer auf den Glockenschlag der vollen Stunde. Er war immer ein pünktlicher Mann. Pünktlichkeit bringt Pünktlichkeit hervor, und Bennett Park Hall ging in dieser Hinsicht mit gutem Beispiel voran.

An dieser Stelle ist vielleicht noch ein weiterer Bericht passend, den Turner aus dieser Zeit von einem alten Freund erhielt. Er schrieb:

> Vermutlich kannten Sie Dr. Joseph Kidd (1824-1918).[91] Er war ja berühmt für seine Großzügigkeit und sein Geschick wie auch dafür, dass er der Leibarzt von Lord Beaconsfield[92] war. Als ich in London lebte, hörte ich immer wieder, was sich eines Montagabends im April 1881 ereignete, als ein Postbote mit einer Aufforderung für Dr. Kidd kam und die Gebetsversammlung unterbrach, weil Dr. Kidd zu dem im Sterben liegenden Ministerpräsidenten kommen sollte. Wir alle oder viele von uns haben von Dr. Kidds englischen Goldmünzen gehört, die er in einem Kästchen sammelte. Wenn dann ein armer Patient bei ihm erschien, holte er diese Goldmünzen hervor, um dem bedürftigen Bruder zu helfen.

Turner erinnerte sich persönlich besonders gut daran, wie dieser angesehene Arzt in einem würdevollen Auftritt mit Mrs. Kidd[93] und den jüngeren Familienmitgliedern sonntagmorgens zum Gottesdienst erschien:

> Sein schneeweißes Haupt, sein patriarchalischer Bart, sein freundliches Angesicht und seine würdevolle Haltung sind trotz der vielen Jahre, die seitdem vergangen sind, nicht in Vergessenheit geraten. Sein Vortrag über Psalm 65 („Deiner harrt schweigend der Lobgesang, o Gott, in Zion") - gefolgt von einem Gebet in leisem, ehrfürchtigem

---

91 Siehe auch *Septima, Peculiar People* (1935), S. 52-54, das ein genaueres Bild vermittelt.

92 Der britische Premierminister Benjamin Disraeli (1804-1881).

93 Die Familie Kidd lebte die überwiegende Zeit (1859-1917) in Brooklands House, Brooklands Park 20. Sophie Kidd, geborene Mackern, liegt mit ihrem Bruder, Dr. Thomas Mackern, in der Nähe von William Kellys Grab auf dem Friedhof in Charlton begraben. Dr. Joseph Kidd wurde auf dem Friedhof in Eltham beigesetzt. Die ganze Familie stammt aus Limerick in Irland.

Ton, das mit den Worten „Heiliger Vater" begann – hinterließ einen tiefen Eindruck.

C. H. Spurgeon nahm zu dieser Zeit in *Commentators and Commentaries* sehr kritisch Stellung zu William Kelly. Er beschrieb ihn erstens als den „federführenden Autor der exklusiven Plymouth-Lehre", zweitens als einen „bedeutenden Gottesmann der ‚Brüder', einen manchmal geschickten Ausleger, aber mit einem Hang zu den eigenartigen Dogmen seiner speziellen Gruppe". Drittens bemerkte er: „Wir bedauern feststellen zu müssen, dass ein so fähiger Kopf wie Mr. Kelly durch die Grenzen seiner Gemeinschaft so eingeengt wird", und viertens: „Es ist bedauerlich, dass ein Mann mit solch hervorragenden Eigenschaften es zulässt, dass sein überragender Verstand so verbogen wird." Und schließlich, wie wir bereits gesehen haben, wandte er die bekannten Worte des Dichters Alexander Pope auf Kelly an: „Kelly ist ein Mann, der für das Universum geboren wurde, seinen Verstand aber durch den Darbysmus eingeengt hat." Solche Aussagen klingen eher nach „beruflichem" Neid als nach einer vernünftigen Einschätzung der Arbeitsleistung eines anderen Dieners des Herrn. Spurgeons Widerstand gegenüber dem Verständnis von Prophetie, wie es die „Brüder" haben, ist nachweisbar. Nicht immer beurteilte er die Arbeit anderer so treffsicher, wie er es hätte tun können. In seinem Kommentar in Bezug auf Bücher über die Offenbarung zählt er „Kelly und einige irische Autoren" der Gruppe der „extremen Futuristen" zu. Dies ist eindeutig ein Irrtum Spurgeons, der hier entweder einen anderen Kelly vor Augen hat oder der glaubt, William Kelly habe das gleiche Verständnis von Prophetie wie Ethelbert W. Bullinger. Obwohl Spurgeon ein Prämillennialist war (eine Tatsache, die von seinen heutigen Anhängern anscheinend verdrängt wird), konnte er die tiefere Bedeutung des prophetischen Dienstes von Männern wie Kelly nicht verstehen. In *Commentators and Commentari-*

es betrachtete er Kelly offensichtlich als weit davon entfernt, Gottes Absichten zu erkennen, da Kelly angedeutet hatte, Großbritannien würde Indien als Kolonie verlieren.[94] Trotz dieser kritischen Worte hielt Spurgeon mehr als zehn Bücher von Kelly für so wertvoll, dass er sie in einer Literaturliste für seine Studenten und Leser aufführte.

Es ist natürlich wahr, dass William Kelly ein enger Freund von Darby war und mit ihm im Dienst für den Herrn zusammenarbeitete. Diese Einheit in der Gesinnung führte dazu, dass Kelly gebeten wurde, alle Schriften seines älteren Freundes durchzusehen und herauszugeben: *The Synopsis of the Books of the Bible*[95] und dreißig bis vierzig Bände von Darbys Arbeiten. Ob englische, französische, deutsche, holländische

94 Siehe *Lectures on the Minor Prophets (Joel)* (Vorträge über die kleinen Propheten [Joel]) von W. Kelly. Die strittige Passage lautet: „Ich bin überzeugt, dass der westliche Einfluss im Osten bald vollkommen zunichtegemacht und die Herrschaft unseres Landes in Indien nur von kurzer Dauer sein wird. Dies soll im Übrigen – sofern es sich als wahr herausstellt – nur zeigen, wie wichtig es ist, eine biblische Beurteilung dieser Dinge zu haben, die einem dabei hilft, sich auf solche Ereignisse einzustellen. Treten sie ein, werden diejenigen erschüttert und gelähmt sein, die nicht daran geglaubt haben. Treffen hingegen diese geschichtlichen Entwicklungen, die den Weg für die großen Änderungen am letzten Tag vorbereiten, mit dem Glauben derjenigen zusammen, die an Gottes Wort glauben, so geraten sie dadurch nicht ins Wanken; anstatt von ihnen überrascht zu werden, sind sie darauf vorbereitet, solche Dinge zu erwarten." In *Commentators and Commentaries* schreibt C. H. Spurgeon: „Mr. Kelly entdeckt in den kleinen Propheten viele Dinge, von denen wir nicht die geringste Spur erkennen können; zum Beispiel sieht er dort, dass wir Indien verlieren werden. Es ist bedauerlich, dass ein Mann mit solch hervorragenden Eigenschaften es zulässt, dass sein überragender Verstand so verbogen wird."

95 Dieser Band wurde von G. W. Wigram überarbeitet und zum ersten Mal in *The Present Testimony* (1849-1871) veröffentlicht. Er wurde zuerst von Groombridge, London, und später von W. H. Broom herausgegeben.

oder italienische Bücher: Alle wurden von William Kelly sorgfältig durchgesehen und herausgegeben. Aus Achtung gegenüber dem Älteren gab der Jüngere nie eine vollständige Übersetzung weder der Bibel noch des gesamten Neuen Testaments heraus.[96] Der Jüngere zollte dem Älteren immer großen Respekt und verbreitete Darbys Schriften so weit wie möglich. Vielleicht verstand und schätzte niemand Darbys Dienst so sehr wie Kelly. Er sah in Darby das wichtigste Gefäß bei der Wiederfindung der Wahrheit Gottes in Bezug auf die Kirche und ihre Hoffnung. Kelly ermahnte seine Bekannten oft: „Lies Darby!“, obwohl Darby selbst einmal Kellys Schreibstil gelobt und zu ihm gesagt hatte: „Du schreibst, um gelesen und verstanden zu werden.“[97] Trotz ihrer engen Verbundenheit folgte Kelly Darby dennoch nicht blindlings. Das Band der „Wahrheit in Liebe“ festigte ihre Verbindung, in der beide, trotz Übereinstimmung in wesentlichen Punkten, ihre Unabhängigkeit im Denken und Handeln bewahrten. All das mindert Spurgeons Urteil, Kelly selbst sowie seine Arbeit seien von Darby dominiert gewesen.

Es gab jedoch nicht nur oberflächliche Kritiker. W. G. Turner zum Beispiel bezieht sich auf einen anonymen, aber angesehenen französischen Gelehrten, der sich ebenfalls über Kelly und seine Arbeit äußerte: „Kelly - savant, réalisateur, tête logique, résumateur, philosophe“ (Kelly - gelehrt, tatkräftig, ein logischer Kopf, ein umfassender Philosoph). Ein anderer Kritiker schrieb über ihn: „Er besaß eine selten logische Begabung, arbeitete sehr präzise, forschte gründlich und tief,

---

96 Der Verlag Present Truth Publishers, Morganville, USA, hat einen hervorragenden Dienst geleistet, indem er 1995 ein Neues Testament herausgab, das in paralleler Darstellung die vorhandenen Übersetzungen von Kelly und Darby enthält. Für diese Ausgabe hat Denis Ryan alle ihm verfügbaren textkritischen Kommentare von Kelly gesammelt und eingefügt.

97 *John Nelson Darby as I knew him*, S. 11.

bewies hohe moralische Autorität und verfügte über ein hohes Maß an Geistesbildung." Sein langjähriger Freund Henry Pontis schrieb über ihn, dass „er sich vor allem als Redner auszeichnete, der eine ungezwungene und doch eindrucksvolle Art hatte, in der Öffentlichkeit zu reden. Er stellte nicht seine Gelehrsamkeit zur Schau, vermittelte aber dennoch eine solide Belehrung." Jemand von der Universität in Oxford[98], der wahrscheinlich nicht gerade dazu neigte, den Absolventen einer anderen Universität sehr hoch einzuschätzen, beschrieb Kelly freimütig als „einen angesehenen ehemaligen Studenten seiner Universität" [dem Trinity-College in Dublin]. Man kann daher davon ausgehen, dass Kellys hohes Ansehen fest etabliert war.

Das Jahr 1881 war in der Erinnerung vieler Brüder ein schicksalhaftes Jahr. Dr. William Henry Griffith Thomas[99] (1861-1924), Rektor des Wycliffe-College[100] an der Universität Toronto, machte bei mehr als einer Gelegenheit folgende lakonische Bemerkung, die sich nur allzu sehr bestätigte: „Die ‚Brüder' sind bemerkenswerte Leute in der Hinsicht, dass sie das Wort der Wahrheit richtig, sich selbst aber falsch teilen." Die traurige Spaltung im Jahr 1881 wurde durch eine Meinungsverschiedenheit in einer kirchlichen Angelegenheit ausgelöst und bezog sich nicht auf lehrmäßige Dinge.

98 Siehe *Reminiscences von Turner*, in denen er von E. E. Whitfields Hochachtung gegenüber W. Kelly berichtet.

99 Thomas, ein anglikanischer Geistlicher, unterstützte Lewis Sperry Chafer (1871-1952) im Jahr 1924 bei der Gründung des Dallas Theological Seminary.

100 Das Wycliffe-College ist eine theologische Schule, die 1877 von einer anglikanischen evangelikalen Organisation gegründet wurde. Sie bezog 1881 ihr eigenes Gebäude auf dem Campus der Universität Toronto in Kanada. Das Gebäude wurde nach Wycliffe benannt, der 500 Jahre zuvor die erste englische Bibel herausgegeben hatte. (Übs.)

Dr. Edward Cronin[101] (1802-1882) hatte eine neue, nicht anerkannte Versammlung auf der Insel Wight besucht und dabei die Versammlung in Ryde übergangen. Letztere stand in dem Ruf, sich in einem schlechten geistlichen Zustand zu befinden, wohingegen die neue Versammlung Gemeinschaft suchte. Cronin handelte aus eigener Initiative. Weil er seit den frühen Tagen in Dublin, als die ersten Brüder zum Brotbrechen zusammenkamen, eine wichtige Persönlichkeit war, hielt man ihn für jemand, der klare biblische Grundsätze vertrat.

In den Augen vieler hatte der betagte Patriarch der „Brüderbewegung" aber einen kirchlichen Fehler begangen. Zu diesem Vorfall schrieb Kelly ihm in einem Brief Anfang April 1879:

Dr. Edward Cronin

Lieber Doktor Cronin,
es widerspricht jedem gesunden und soliden Grundsatz, einem Bruder die Gemeinschaft zu verweigern, auch wenn er nicht den richtigen Zeitpunkt und nicht die richtige Weise gewählt hat, um den Geschwistern in Ryde in ihrer schwierigen Situation zu helfen. Es hat, geistlich gesehen, keinen Wert, und ich vertraue darauf, dass Sie das verstehen.

---

101 Cronin gehörte zu den ersten Brüdern, die sich in den 1820er-Jahren in Dublin trafen und gemeinsam das Brot brachen. Aufgrund seiner jahrelangen und beständigen Freundschaft zu J. N. Darby sowie der Tatsache, dass seine gesamte Familie Christus angenommen hatte, war er unter den Brüdern als Ältester sehr anerkannt. Cronins Schwester Nancy war kurze Zeit mit John Parnell (Lord Congleton) verheiratet, bis sie 1862 in Syrien starb. Edward Cronin heiratete 1838 Frances Kennaway (Tochter von Sir John Kennaway). Sein Sohn Eugene heiratete 1867 seine Cousine Emily Frances Kennaway; seine Tochter Susie heiratete um 1876 Samuel Frederic Hedman von Göteborg, einen Pionier der Assembly Testimony in Schweden. Er wohnte im Süden Londons im Claremont House in der Brixton Road.

Dr. Edward Cronin (1802-1882)

Ich glaube, dass es Gottes Wille für Sie und Mrs. Cronin ist, so weiterzumachen wie bisher und Schwierigkeiten an beiden Orten zu vermeiden, aber Ihren Platz am Tisch des Herrn in der Versammlung in Kennington[102] beizubehalten und bald auch wieder andere Versammlungen zu besuchen, wie Sie es immer zu tun pflegen. Wenn es Brüder und Schwestern gibt, die so eigenwillig sind, die Versammlung zu verlassen, weil Sie kommen, könnte dies zu einem falschen Grundsatz führen, der jeden anderen Bruder zum Sklaven irgendeiner launischen Person machen will.

In seinem Brief vom 19. April 1879 teilte er seine Meinung auch einem Bruder der Versammlung in Kennington mit:

Mein lieber Bruder,
kann es wahr sein, dass in Kennington vonseiten einiger Brüder der Wunsch besteht, eine gewisse Missbilligung

102 An diesem Ort brach Cronin gewöhnlich das Brot. (Übs.)

> gegenüber dem geliebten Dr. Cronin auszusprechen, weil er das Brot mit Mr. Finch in Ryde gebrochen hat?[103] Kennen diejenigen, die zu einem so abweichenden und unbiblischen Kurs aufgerufen haben oder im Begriff sind aufzurufen, die Umstände in Ryde, sodass sie in der Lage wären, ein wohldurchdachtes, umfassendes und heiliges Urteil abzugeben? Oder glauben sie, dass die hitzigen Eiferer, die das für unnötig halten, vom Geist geleitet sind? Ich glaube, die Brüder in Kennington sind weit genug gegangen, wenn sie sagen, dass sie seine Handlungen nicht akzeptieren können, aber mit ihm selbst doch volle Gemeinschaft haben.

Am 10. Mai trafen sich Brüder in der Nähe der London Bridge zu einer Zusammenkunft.[104] Bei dieser Gelegenheit erinnerte sich William Kelly an den oben zitierten Brief und bemerkte: „Ich fühle mich den Brüdern verpflichtet mitzuteilen, dass sich meine Ansichten seit diesem Brief sehr geändert haben. ... Es war zweifelsohne ein Verstoß gegen jede Ordnung und auch gegen den Grundsatz von dem einen Leib Christi – aber es geht nicht um die Frage, ob Dr. Cronin sich eines großen Vergehens schuldig gemacht hat, sondern darum, ob der Fall die extreme Behandlung rechtfertigt, wie sie von unseren Brüdern empfohlen wird."

Die Versammlung in der Park Street, wo Darby war, verurteilte Cronins eigenmächtiges Handeln ohne jede Rücksichtnahme. Andere Versammlungen hingegen wollten nicht so vorschnell eine ablehnende Haltung gegen einen so ehrwürdigen und geschätzten führenden Bruder einnehmen.

103 Das Brotbrechen fand im Privathaus von Mr. Finch statt. (Übs.)

104 Brüder aus 26 Londoner Versammlungen trafen sich regelmäßig an Samstagabenden in einem Saal in der Nähe der London Bridge. (Übs.)

Am Ende herrschte im ganzen Land viel Verwirrung. In Ramsgate (Grafschaft Kent) führte der Aufruhr zur Trennung zwischen Kelly und einigen seiner früheren Mitarbeiter. Wäre man damals mit der Angelegenheit umsichtiger umgegangen, wäre sie mit dem Heimgang dieses altehrwürdigen Bruders im Jahr 1882 sicherlich beigelegt gewesen.

Bis auf diese sehr kurze neue Stellungnahme, die Kelly zu den traurigen Meinungsverschiedenheiten in den Jahren 1879 bis 1881 abgab, findet man sonst nichts dazu. Diese Ereignisse ließen die meisten Beteiligten in keinem besonders guten Licht erscheinen. Viele der betroffenen Brüder hatten weitaus bessere Charaktereigenschaften und Verdienste vorzuweisen, und wir tun gut daran, uns auf diese zu konzentrieren. Es genügt wohl, zu sagen, dass sich Darby und Kelly infolge des Park-Street-Urteils über Edward Cronin jeweils auf entgegengesetzten Seiten dieser tragischen und unnötigen Trennung wiederfanden. Eine gewisse Ironie liegt schon darin, dass Kelly weiterhin als Herausgeber der *Collected Writings* für den von ihm so wertgeschätzten Darby arbeitete.[105] Für viele war es ein Trost, als sie hörten, dass Darby am Ende seines Lebens in seinem letzten Brief an die Londoner Brüder in einem Nachwort seinen persönlichen Wunsch niedergeschrieben hatte: „Ich möchte jedem Angriff, der gegen William Kelly vorgebracht wird, ausdrücklich widersprechen."[106]

Manche nahmen diese Spaltung zum Anlass, sich schrittweise von den „exklusiven Grundsätzen" zu distanzieren. Von diesem Zeitpunkt an bis zu Kellys Tod kam es innerhalb

105 In mehrjähriger und mühevoller Arbeit sammelte Kelly die weitverbreiteten und verstreuten Schriften von J. N. Darby, die teilweise sogar auch in verschiedenen Sprachen verfasst waren. Er veröffentlichte sie in 34 Bänden (*Collected Writings of J. N. Darby*). Siehe H. W. Pontis, *William Kelly, Bibelgelehrter und Lehrer.* (Übs.)

106 Einige, die von Darby eingenommen waren, brachten Kopien dieses Briefes ohne dieses Nachwort in Umlauf.

der „Brüderbewegung“ zu Neuausrichtungen. Einige tendierten zu mehr Loyalität, andere wichen von der schriftgemäßen Lehre in der Frage der Gemeinschaft ab. 1884 hielt Kelly es für notwendig, noch einmal den entscheidenden und stets gültigen Unterschied deutlich zu machen zwischen dem Weg, den er mit seinen Brüdern eingeschlagen hatte, und dem Weg, den die unabhängigen Versammlungen gegangen waren, wie zum Beispiel die Bethesda-Versammlung in Bristol in den Jahren 1848 bis 1850. Kellys Traktat *The Doctrine of Christ and Bethesdaism* (Die Lehre des Christus und der Bethesdaismus) wurde 1890 und 1906 neu aufgelegt. Im letzten Absatz schreibt er: „Die Schrift schweigt *nicht* zu ihrer großen Sünde. Deshalb ‚Komm heraus!‘, Bruder, damit du nicht an diesen Sünden teilhast und Gottes Gericht dafür empfängst.“ Im März 1905 erachtete Kelly es als notwendig, zu erklären, warum viele Brüder nach 1881 getrennt von der Park-Street-Versammlung waren. Kurze Zeit danach veröffentlichte Thomas Weston diese Erklärung in einem kleinen Büchlein mit dem Titel *Why many saints were outside the Park Street of 1881.* Offensichtlich haben damals wie heute zu viele Menschen nicht sorgfältig genug darauf geachtet, auf dem geraden Weg zu bleiben.

Im Jahr 1907, ein Jahr nach Kellys Heimgang, richtete Samuel Tomkins ein mahnendes Wort *(A Warning Word)* an die Versammlungen, unter denen William Kelly gedient hatte. Denn unter dem Einfluss von Henry Heath und Alfred Mace[107] ver-

107 Alfred Mace, Sohn eines viktorianischen Preisboxers, hatte gemeinsam mit Lord Adelbert P. Cecil (1841-1889) eine entscheidende Rolle beim Ausschluss von F. W. Grant (1834-1902) im Jahr 1885 gespielt. In einer unerwarteten historischen Wende gelang es Mace und Heath gemeinsam mit Russell Elliott, A. E. Knight und anderen – wenn auch mit begrenztem Erfolg –, sich mit den „offenen Brüdern“ anlässlich der Konferenzen im Devonshire House zu vermischen. Auch Thomas Neatby – einst ein Befürworter Kellys – gehörte zu denen, die die Versammlungen im Januar 1887 verließen.

mischte sich die Bank-Street-Versammlung in Worcester mit „offenen Brüdern“ und mit ehemaligen Raven-Brüdern. Bei der Trennung unter den Raven-Brüdern in Amerika 1906 waren diese beiden Brüder „hinausgetan“ worden. Mr. Tomkins warnte: „Wir werden nun von zwei Abweichlern angegriffen, die von ihrer früheren Gemeinschaft ‚hinausgetan‘ wurden und seitdem fortwährend versuchen, unsere kleinen Versammlungen mit List und Tücke aufzubrechen.“

Auch in den letzten Jahren seines aktiven Lebens ließ Kellys Arbeitsleistung nicht nach. 1903 verfasste er in Blackheath die *Eleven Lectures on Job* (Elf Vorträge über das Buch Hiob), die allerdings erst 1919, viele Jahre nach seinem Tod, von F. E. Race veröffentlicht wurden. Sie ergänzten die beiden bedeutenden und bereits im Jahr 1877 herausgegebenen Bücher über Hiob mit dem Titel *Three Lectures on Job* (Drei Vorträge über das Buch Hiob).[108] Ihnen folgten im Jahr 1879 die *Notes on Job* (Bemerkungen zum Buch Hiob). Kelly konnte sein letztes Werk über Hiob allerdings nicht mehr selbst überarbeiten. Der Lektor des Herausgebers meinte, „dass es wohl das Beste wäre, so wenig wie möglich an den Niederschriften zu ändern“. Genau das macht sie zu einem Musterbeispiel seines mündlichen Dienstes. Der Leser wird hier mit Sicherheit eine Lebendigkeit entdecken, die er in den anderen vom Autor überarbeiteten Werken nicht finden wird.

Seine letzte Reihe der Mittwochsvorträge begann Kelly in seinem 85. Lebensjahr, und zwar über die Johannesbriefe. Am Ende seines ersten Vortrags sagte er: „Ich vertraue darauf, so Gott will, die Vorträge über die Johannesbriefe ohne Unterbrechung fortsetzen zu können.“ Glücklicherweise war er in

108 1877 hielt W. Kelly in Blackheath außerdem zwei Vorträge über das Hohelied, die später von F. E. Raven, London, veröffentlicht wurden (nicht zu verwechseln mit seinem Buch *Translation and Brief Remarks* (Übersetzung und kurze Anmerkungen), das 1894 von T. Cheverton, London, herausgebracht wurde).

der Lage, die Vortragsreihe zu Ende zu führen. 1905 wurde sie veröffentlicht. In seinem Vorwort von April 1905 schrieb er: „So manches Jahr meines Dienstes habe ich in den meisten Teilen Großbritanniens und zum Teil auch im Ausland damit verbracht, Seelen dabei zu helfen, gerade diese Briefe durch die Gnade des Heiligen Geistes gründlich zu erforschen. Nun bin ich dankbar, diesen Band herausgeben zu können, auch wenn er hinter dem, was man wünscht, zurückbleibt." Das Werk spiegelte seine gewohnte Geistesschärfe und prägnante Ausdrucksweise wider und zeugte darüber hinaus von einer Zuvorkommenheit, die bei manchen, die das Vorrecht hatten, seine Vorträge zu hören, einen tiefen Eindruck hinterließ. Es schien fast so, als ob ein Hauch von Vollendung auf den jahrelangen Dienst eines Mannes gelegt worden wäre, der schon bei vielen kirchlichen Konflikten und Meinungsverschiedenheiten früherer Tage als Persönlichkeit herausragte. Dieser Band hob sich von dem streitbaren Stil vieler seiner früheren Veröffentlichungen ab. Einige, die ihm sehr zugetan waren, fanden, dass der letzte Lebensabschnitt dieses treuen Dienstes von einer besonderen Schönheit gekennzeichnet war – vergleichbar mit der Schönheit eines Sonnenuntergangs. Viele spürten gegen Ende des Jahres 1905, dass er wohl seine letzten Vorträge gehalten hatte. Ein sehr gottesfürchtiger Mann, der William Kelly sechzig Jahre lang bewundert hatte, bemerkte nach Abschluss einer dieser Vortragsreihen: „Ach, hätte der alte Gentleman immer so gesprochen wie jetzt, dann wäre vielleicht einiges im Leben mancher Menschen völlig anders ausgegangen."

William Kellys eigene Gedanken zu jener Zeit drückte er in Worten aus, die seine Gesinnung klar erkennen lassen: „O meine Brüder", rief er aus, „lasst uns darauf achten, dass wir ‚die kurze Zeit', die uns zur Verfügung steht, getrennt von der Welt und über jede fleischliche Bequemlichkeit erhaben im hingebungsvollen Dienst für Christus leben. Nichts anderes kann uns in dieser Zeit so glücklich machen, nichts wird droben so geschätzt, jetzt und in Ewigkeit, wie die Gemeinschaft mit Ihm und die Anbetung, die damit einhergeht."

Es wäre falsch, anzunehmen, Kelly wollte sich mit seinen Schriften nur an die „Brüder" oder an einen evangelikalen Leserkreis wenden. Die Verteidigung des Glaubens hatte ebenfalls einen festen Platz in seiner Arbeit. Im Jahr 1869 zog William Kelly mit einem seiner Vorträge große Aufmerksamkeit auf sich - zu einer Zeit, als die Theorien von Wissenschaftlern wie C. Lyell, C. R. Darwin, T. H. Huxley und anderen für Aufregung sorgten. Manche Zuhörer waren erstaunt über die außergewöhnliche Kenntnis des Redners in Bezug auf alte Mythologien, moderne Theorien und orientalische Sprachen, denn bis dahin hatten sie ihn als reinen Handlanger Darbys und engstirnigen Anhänger der „Plymouth-Bewegung" angesehen. Als einige aufgeregt versuchten, die Heilige Schrift vor Kritik zu schützen, wies Kelly sie mit folgenden Worten ruhig zurecht: „Es ist nicht weise, wenn Christen Tatsachen verneinen. Warum sollten wir Befunde zurückweisen, die auf die Existenz von Lebewesen hinweisen, noch bevor Adam da war, also vor den sechs Schöpfungstagen? Sonst müssten wir ja annehmen, es habe Gott gefallen, eine große Anzahl von Fossilien zu bilden und dadurch den Anschein zu erwecken, dass diese einmal auf der Erde gelebt haben, ohne dass das tatsächlich der Fall gewesen wäre. Sollte Gotte bewusst so tun, ‚als ob'? Man hat Überreste von Tieren gefunden, von denen manche sehr individuell ausgeprägte Merkmale besitzen und vollkommen andere Eigenschaften aufweisen, als uns von der heutigen Tierwelt bekannt ist, und das setzt einen entsprechenden Zustand der Welt voraus (als die Erde zum Beispiel ein großes Sumpfgebiet war und eine enorme

Hitze herrschte).[109] Ich kann nicht erkennen, dass ein Christ dadurch Weisheit oder Glauben beweist, wenn er etwas hiervon leugnet."[110] Kellys Bereitschaft, sich mit wissenschaftlichen Aussagen auseinanderzusetzen, steht in deutlichem Widerspruch zur defensiven Haltung von Autoren wie Philip Henry Gosse, FRS (1810-1887), die an ihren früheren Deutungen festhielten.[111]

Wie bei jedem anderen Christen war auch Kellys Familienleben eine Mischung aus Freude und Leid. Im Jahr 1874 zog er von der Kidbrooke Park Road in die Kidbrooke Grove 22, um näher an Blackheath-Stadt zu wohnen. Dort konnte er einige Jahre das Familienleben genießen. Die Kinder wuchsen heran, und er und Elizabeth wurden mit Enkelkindern gesegnet. In Blackheath bestand die Familie Kelly aus der zweiten Mrs. Kelly, einem Sohn und drei Töchtern. Sie trafen große Vorbereitungen, um ihren Sohn George Pemberton Kelly dabei zu unterstützen, eine Farm in Südafrika aufzubauen. Ein Jahr später, 1904, heiratete er Marguerite, eine Schwester aus der Versammlung in Clapham, die im Oake Room zusammenkam. Sie lebten eine Zeit lang in Bloemfontein.

---

109 Diese Ansicht wird heute von gläubigen Wissenschaftlern in aller Regel nicht vertreten. (Anm. Hrsg.)

110 *Creation* (Schöpfung), S. 17-18.

111 In seinem Buch *Father and Son* berichtet Sir Edmund Gosse, wie sein Vater, der Experimente auf dem Gebiet der Meeresbiologie durchführte, einen Aufsatz über 1. Mose 1 veröffentlichte, in dem er die herkömmliche Lehrmeinung über die Schöpfung verteidigte. Seine Ausführungen über Geologie und Schöpfung verursachten einige Unruhe: Die Presse behauptete, dass „Gott die Fossilien in Felsen versteckt hielt, um Geologen zur Abtrünnigkeit zu verleiten"; Huxley spottete über Gosses Ausführungen; Charles Kingsley, ein enger Freund Gosses, schrieb, dass er „nicht die mühevoll und langwierig erworbenen Ergebnisse nach fünfundzwanzig Jahren Geologiestudium aufgeben kann, um zu glauben, dass Gott eine große, überflüssige Lüge auf Felsen geschrieben hat".

Kidbrooke Grove 22, Blackheath. Familie Kelly lebte hier von 1874 bis 1889. Danach zogen sie um nach Verner Lodge, Belmont Park 18a, Lee, wo Kelly bis zu seinem Heimgang lebte.

Kellys einzig überlebender Sohn starb ebenfalls in jungen Jahren, als er sich in der Oranjefluss-Kolonie aufhielt.[112] Von den drei Töchtern, die noch mit in Kidbrooke Grove wohnten, heiratete die Älteste, Frances Elizabeth, am 3. September 1875 einen Cousin namens Edward Plumtre Ramsden.[113] Sie hatten acht Kinder.[114] Eine weitere Tochter, Miss Emmie Matilda Kelly, heiratete in die Colquhoun-Familie. Die andere Tochter, Fanny Augusta Kelly, wurde später Mrs. Harry Armytage und bekam zwei Kinder, bevor Kelly starb.

William Kelly versäumte es nie, die unschätzbare Hilfe seiner begabten Frau zu würdigen, die ebenso wie er über hervorragende Sprachkenntnisse verfügte. In seinem Vorwort zu dem Buch *The Psalms – A New Version with short notes* (Die Psalmen - eine neue Version mit kurzen Anmerkungen), das er anonym herausgab, würdigte er das Andenken an seine Frau wie folgt:

> Wir entschuldigen uns nicht für die enge Anlehnung der Übersetzung an das Hebräische, die für westliche Ohren zweifellos oft rau klingt. Ein Buch für den allgemeinen öffentlichen Gebrauch dient einem völlig anderen Zweck. Aber die wörtlichere Wiedergabe ist besonders interessant und aufschlussreich für denjenigen, der sich sowohl mit der Form als auch mit der Bedeutung des inspirierten Wortes im Alten wie im Neuen Testament eingehend be-

112 George Pemberton Kelly lebte in Carlton, Leenee River, in der Oranjefluss-Kolonie (Südafrika). Ende der 1960er-Jahre wurden die letzten der sogenannten Kelly-Versammlungen in Südafrika aufgelöst: die Kloofstraat-Versammlung in Kapstadt und eine in Maitland.

113 Kelly schrieb am 3. Februar 1875: „Viele in Guernsey werden sich freuen zu hören, dass meine älteste Tochter Bessie [Frances Elizabeth] Mr. P. R. geheiratet hat, den ältesten noch lebenden Sohn von Mr. R."

114 Ihr erstes Kind wurde im Juli 1876 und ihr letztes im Juli 1891 geboren. Dieses jüngste Kind starb im Dezember 1981.

> schäftigen will. Genau dem wurde hier versucht gerecht zu werden, so unzureichend das Ergebnis auch sein mag. Das sage ich besonders im Blick auf mich, da mir die Zeit fehlte, mehr zu tun, als das zur Verfügung zu stellen, was meine liebe Frau begonnen hatte, aber durch Krankheit gezwungen war aufzugeben, nachdem sie gerade erst fünfzig Seiten verfasst hatte. Diese ersten Seiten lagen viele Jahre beim Drucker, bevor ich ihr den kleinen Liebesdienst erwies und die Blätter mit kurzen Anmerkungen versah. Diese geben das jeweilige Thema der 150 Psalmen an, wie ich sie verstehe. Dem kritischen Leser werden leichte Unterschiede in der Übersetzung auffallen, was die Begriffe *nations, peoples* und *Gentiles* (Nationen, Völker und Heiden) betrifft. Einerseits fühlte ich mich verpflichtet, nicht einen Buchstaben von ihr zu ändern; andererseits wollte ich auf meine Weise gewissenhaft sein und den genauen Sinn, so wie ich ihn verstehe, wiedergeben. Auch möchte ich dieses Andenken an meine Frau anonym herausgeben, da jeder, für den es von Interesse ist, verstehen wird, dass es nicht korrekt wäre, nur den einen oder den anderen Namen zu erwähnen; beide zu nennen, finde ich zu gefühlsbetont. Das möchte ich in einer Veröffentlichung vermeiden, besonders wenn es um göttliche Dinge geht.

Die Familienfreuden wurden jedoch durch Auseinandersetzungen im kirchlichen Bereich getrübt. Die geistlichen Kämpfe, die sich im Zeugnis der Versammlung zwischen 1879 und 1881 abspielten, und die finanziellen Verluste, die durch *The Bible Treasury*[115] verursacht wurden, beeinträchtigten die Ge-

115 Siehe den Brief von November 1881: „Man sucht die Herausgabe der *Bible Treasury* zu verhindern, und seit über einem Jahr habe ich stetige Einbußen. Aber ich denke, es liegt ganz am Herrn, diese Sache fortzuführen, auch wenn die Familie Morrish nicht mehr die Genehmigung zum Druck oder zur Veröffentlichung haben sollte."

sundheit seiner Familie, besonders die seiner Frau Elizabeth. In dieser Zeit schrieb Kelly in einem Brief, dass sich der Gesundheitszustand seiner Frau immer mehr verschlimmert habe und sie sich nun in einem „beklagenswerten Zustand" befinde. Im September teilte er Dr. Wreford mit, dass „Mrs. Kelly sich dem feierlich-ernsten und gesegneten Augenblick nähert, wenn sie abscheidet, um bei Christus zu sein. Dreimal schon hat sie sich seit Dienstag von mir verabschiedet." – „In bedauernswerter Schwachheit, aber glücklich im Herrn" erlebte sie noch das neue Jahr, bis sie Dienstag, den 4. Februar 1884 im Alter von 52 Jahren starb. Ihren Heimgang erwähnte William Kelly in kurzen, aber berührenden Worten in einem Brief, den er am Abend ihres Todestages verfasste.[116] Er schrieb: „Wenn ich Ihnen sage, dass es dem Herrn gefallen hat, heute Morgen eine hingebungsvolle Schwester, meine Ehefrau, die Mutter mehrerer Kinder, von mir zu nehmen, werden Sie nicht mehr als nur einige wenige Worte von mir erwarten." Im Sommer desselben Jahres schrieb er von seinen Bemühungen „angesichts aller Feindseligkeit und allen Leides", und dass er „eher mehr als weniger in ganz Großbritannien arbeite".[117] Der unermüdliche Arbeiter litt unter einem nahezu vollständigen nervösen Erschöpfungszustand. Um sich erholen zu können, musste er Blackheath unbedingt verlassen, wollte er weiterhin in der Lage sein, zu arbeiten. Er reiste auf das europäische Festland, um dort die dringend notwendige Ruhe und Abwechslung zu finden.

Kurz nach dem Verlust seiner Frau Elizabeth zog er zum letzten Mal um, und zwar nach Lee an den äußersten Rand von Blackheath. Dort wohnte er bis zu seinem Lebensende in

116 Elizabeth wurde am 9. Februar 1884 auf dem Friedhof in Charlton beigesetzt (Sektion A, Grabstelle 174 B) in der gleichen Grabstelle wie Malcolm Montgomery, der im Februar 1880 gestorben war.

117 Kellys Briefe, August 1884.

Verner Lodge, Belmont Park, Lee – Kellys Zuhause bis zu seinem Tod.

der Verner Lodge, Belmont Park 18a. In seiner unmittelbaren Nachbarschaft, in der Hausnummer 5 (heute Nr. 10), wohnte John Gustavus Halliday[118] (1822-1917), General der 12. Madras Native Infantry, der eine Zeit lang die Versammlung in Blackheath besuchte.

Bis zu diesem Zeitpunkt hatte sich William Kelly eine sehr umfangreiche Bibliothek aufgebaut, die noch weiter wachsen sollte, bis sie einen Umfang von ungefähr 15.000 Bänden erreichte. Kelly kannte die beachtliche Bibliothek J. N. Darbys sehr gut. Nach dessen Tod im Jahr 1882 wurde sie bei einer Auktion innerhalb von zwei Tagen für 900 Pfund versteigert. Kelly erwarb keines seiner Bücher, obwohl er sich nach einem vierzehnbändigen griechischen Testament erkundigt hatte, das unverkauft geblieben war. Turner erinnerte sich an seine unvergessliche Begegnung mit Kelly in dessen Bibliothek: „Der erste Anblick der Bibliothek und des stämmigen Mannes auf der kurzen Leiter, die gegen die vollen Bücherregale gelehnt war, blieb für mich unvergesslich." Kelly hatte

118 Halliday war seinerzeit eine interessante und beliebte Persönlichkeit. Sein Großvater, Dr. Matthew Halliday, war während der zweiten Regierungshälfte Katharina der Großen Arzt am kaiserlichen Hof von St. Petersburg. John heiratete 1845 seine Cousine, Miss Lucy Cotton aus St. Petersburg. Er regierte sein altes Regiment an verschiedenen Stationen in Indien und Burma [heute Myanmar] und wurde nach 1888 oberster General der indischen Armee. Er war ein erfahrener Sprachforscher und besaß gründliche Kenntnisse der französischen und deutschen Sprache sowie des Hindustani. [Während der Kolonialzeit verstanden die Briten unter H. überwiegend die durch persische und arabische Lehnwörter gespeiste Form der Khari Boli, heute bekannt als Urdu. (Übs.)] Außerdem war er durch sein Bibelstudium mit Hebräisch und Griechisch sehr vertraut. Er war ein bescheidener und demütiger Mann und diente mehrere Jahre in Loampit Vale Gospel Hall in Lewisham. Seine Heimatanschrift war Church Terrace in Lee (Grafschaft Kent). Er starb am 4. Februar 1917 und wurde vier Tage später auf dem Friedhof in Lee beigesetzt (*Believers Pathway Magazine,* Bd. 38, Nr. 447, März 1917, S. 38).

einen typischen Gelehrtenblick. Er las ohne seine Brille, die stets fest über seinen Augenbrauen saß und die er nur benutzte, um in die Ferne zu schauen. Wenn Turner Kelly in seiner Bibliothek besuchte, traf er ihn gewöhnlich so an. Auf diese außergewöhnliche Bibliothek und deren Auflösung wird an späterer Stelle dieses Buches ausführlicher eingegangen. Mit Büchern hatte Kelly immer zu tun - egal, ob er sie studierte, selbst schrieb, herausgab oder verbreitete. Er war ein ausgemachter Buchliebhaber, nicht nur als Sammler, sondern als jemand, der sie ausgiebig und gründlich las. Das machte sich in seinem Dienst bemerkbar.

Einige Brüder der örtlichen Versammlung führten in Tranquil Vale 62 in Blackheath einen Buchladen, den Gospel Book Store, und vertrieben weit und breit Literatur. Der Besitzer Dr. Thomas Mackern (der im November 1874 starb), unterstützte die weite Verbreitung guter Bücher. Von seinem Wohnsitz aus am St. Germans Place 3 in Blackheath reiste er um die ganze Welt. In seinen veröffentlichten Briefen hielt er genau fest, wohin er gereist war und an wen die in Holzkisten verpackten Bücher und humanitären Hilfsgüter geschickt wurden. Diese Fracht gelangte bis nach Westindien, Nordamerika, Australien und Neuseeland.[119]

Der Gospel Book Store stand in Verbindung mit vielen ähnlichen Buchläden in der ganzen Welt. Einer dieser Buchläden wurde von Mr. J. Tunley geleitet, der in Victoria Road 104 in St. Peter Port auf Guernsey wohnte. Er hatte Kellys Publikationen vertrieben, als dieser auf Guernsey wohnte. Kellys Bücher gingen überall hin und fanden in ganz Nord-

119 Charles Stanley, Messerschmied und Evangelist aus Sheffield, schrieb über Thomas Mackern, dass er über eine Million Kilometer um die Welt gereist sei, um das Evangelium zu predigen. Er sei „einer der begnadetsten Prediger Christi gewesen, die jemals die Küsten Irlands verlassen haben".

amerika Verbreitung. In meinem Besitz befinden sich sogar einige Exemplare mit Namenseinträgen aus St. Petersburg in Russland.[120] Die Bücher waren auf jedem Kontinent gefragt: in Afrika, Asien, Europa und sogar in der Neuen Welt (Amerika). Selbst aus Japan trafen Bestellungen ein, da die Menschen damals einen großen Hunger nach den besten englischen Büchern hatten. Kelly berichtete in der Versammlung von diesem Bedürfnis und sandte Bücher im Wert von 200 Pfund dorthin, angefangen von schlichten evangelistischen Büchern bis hin zu solchen, die die höchsten Wahrheiten behandelten. Die freie englische Bücherei in Japan hatte fünf oder sechs Niederlassungen.[121]

Kelly vergaß nie die Kanalinseln, wo er früher gewohnt hatte, und schickte deshalb Bücher sowohl an die Bibliothek von Guille-Allès auf Guernsey als auch an die öffentliche Bibliothek auf Jersey. Niemals ließ sein Interesse an der Verbrei-

---

120 *Lectures on the New Testament Doctrine of the Holy Spirit* (Die Lehre des Neuen Testamentes über den Heiligen Geist), 1868 von W. H. Broom herausgegeben und 1869 von H. Kölkenbeck signiert, einem zum Christentum konvertierten Juden. Eine Versammlungsliste von Januar 1873 enthält Adressen aus St. Petersburg und Moskau.

121 Die *Letters of Interest* (1891-1896), herausgegeben von W. J. Lowe, berichten von ungefähr zwanzig Versammlungslokalen, in denen sich Brüder in Japan trafen. Außerdem waren die Werke von J. N. Darby und Herbert George Brand (1865-1942) aus Forest Hill, London SE, auf Japanisch erhältlich. (1901 war Brands Anschrift in Großbritannien: Montague Road 10, Richmond, Surrey.)

tung gesunder Literatur nach. Eine Schwester aus Bristol schrieb ihm, dass sie eine große Buchhandlung gebeten hatte, ein Exemplar von *Preaching to the Spirits in Prison* (Über die Predigt an die Geister im Gefängnis) auf der Ladentheke und im Schaufenster auszulegen, damit das Buch bekannt würde. Eine Dame der anglikanischen Kirche setzte sich in Bolton noch erfolgreicher ein: Als das Buch *Jesaja* herauskam, kaufte sie davon gleich zwölf Stück, um für das Buch zu werben.

Kellys Haus stand jedem der zahlreichen jungen Männer offen, die mit ihm über die Schrift sprechen wollten. Die folgende Begebenheit zeigt stellvertretend für viele andere sein väterliches Interesse: Bei einem Treffen in London von Brüdern, die im Dienst für den Herrn standen, ging es um die Evangeliumsverkündigung. Nachdem einige Brüder, einschließlich Kelly, sich ausführlich geäußert hatten, blickte Kelly quer durch den Raum zu einem jungen Bruder, der sich bereits als nützlich erwiesen hatte und ein ganz guter Prediger war, und sagte zu ihm: „Lasst uns einmal hören, was unser junger Bruder da drüben zu dieser Angelegenheit zu sagen hat.“ Sofort schauten einige Brüder von der anderen Seite des Raums auf, obgleich man keinen von ihnen als jung bezeichnen konnte, es sei denn aus Höflichkeit. Als dann einer von ihnen begann, sich mit dem Gesagten grundsätzlich einverstanden zu erklären, unterbrach Kelly ihn mit den Worten: „Ja, ja. Aber ich meinte unseren Bruder, den jungen Evangelisten hinter Ihnen.“ Die Meinung des jungen Bruders war wahrscheinlich nicht von so großer Bedeutung, aber dass dieser bedeutende Mann die Gabe Christi in ihm so freundlich anerkannte, behielt der junge Bruder sicher in wertvoller Erinnerung.

Diese christliche Höflichkeit und Zuvorkommenheit, die Kelly damals und bei vielen ähnlichen Gelegenheiten zeigte, kann wohl manch einem als lehrreiches Beispiel dienen, der in seinem Bemühen, in den Versammlungen die Zurschaustellung des „Fleisches“ zu unterdrücken, vergisst, dass selbst ein inspirierter Apostel einem jungen Mann schrieb: „Niemand verachte deine Jugend.“ Mit ähnlichen Gedanken wandte sich Paulus an die mit Geistesgaben reich ausgestattete Versammlung in Korinth: „Wenn aber Timotheus kommt, so seht zu, dass er ohne Furcht bei euch sei; denn er arbeitet am Werk des Herrn wie auch ich. Es verachte ihn nun niemand. Geleitet ihn aber in Frieden, damit er zu mir komme; denn ich erwarte ihn mit den Brüdern.“

W. G. Turner erzählt von einer Begebenheit, wie er als junger Sonntagsschulmitarbeiter[122] vor dem alljährlichen Problem stand, genug Sponsoren für den sommerlichen Ausflug zu finden. In einem Brief wandte er sich an Mr. Kelly und bat ihn um eine Spende. Er erhielt eine Postkarte mit winzig kleinen Hieroglyphen zurück. Nachdem er sie entziffert hatte, konnte er lesen, dass sie eine Einladung enthielt, ihn mit seinem Anliegen zu Hause aufzusuchen. William Kelly bereitete ihm einen sehr höflichen Empfang, fragte jedoch seinen Besucher in einem Kreuzverhör nach dem Warum und Wofür der Sonntagsschulausflüge. Dann gab er zu verstehen, dass diese Sache nicht in seinem üblichen Interessenbereich[123] liege und die vorgebrachten Argumente ihn in keiner Weise von der Notwendigkeit eines Sonntagsschulausflugs überzeugt hätten. Turner erinnerte sich daran, wie Kelly mit einem Augenzwinkern und Schmunzeln auf dem Gesicht reagierte, als er dem jungen Besucher seine Enttäuschung ansah: „Nun ja,

---

122 W. G. Turner war schon im Januar 1888 Sonntagsschullehrer in Greenwich im Concert Room, Royal Hill.

123 Dies lag vermutlich an den damals fehlenden finanziellen Ressourcen Kellys, obwohl W. G. Turner glaubte, dass W. Kelly, wie andere auch, die Sonntagsschularbeit nicht so gerne unterstützen wollte. In der Tat zeigt sich im weiteren Verlauf der Begegnung, wofür Kellys Herz wirklich schlug; ein „Fest“ zu unterstützen, entsprach eben nicht seinen Neigungen!

auch wenn ich mich nicht imstande sehe, Sie in Ihrem Vorhaben zu unterstützen, so sehe ich keinen Grund, warum ich Sie nicht an andere Personen weiterempfehlen sollte, von denen ich weiß, dass sie Ihnen mit großer Wahrscheinlichkeit weiterhelfen werden." Danach überreichte er Turner eine kurze Liste mit Namen von möglichen Spendern, die dem Sonntagsschullehrer später ein sehr erfreuliches Resultat einbrachten. „Das Ganze war typisch irisch, typisch Kelly", stellte Turner fest.

Turner hielt auch seine nächste persönliche Begegnung mit Kelly fest: „Bei einer anderen Gelegenheit suchte ihn ein junger unbekannter Schreiber auf, der den Drang verspürte, zu schreiben. Da ihm aber fast alles andere fehlte, was er als Schriftsteller benötigte, fragte er Mr. Kelly schüchtern um Rat. Kelly erklärte sich bereit, den jungen Mann zu unterstützen, wodurch er ihm eine lebenslange Verpflichtung auferlegte. Ohne die geringste Spur dieser schrecklichen Gönnerhaftigkeit, die bei anderen oftmals sogar deren gut gemeinte Hilfe wertlos macht, unterstützte William Kelly ihn entgegenkommend beim Verfassen von Schriften zur Veröffentlichung, indem er ihm gründlichen Rat und kluge Ratschläge aus seinem reichen Erfahrungsschatz weitergab."

Die damals bekannten Geschichten über den verstorbenen John Darby hatten Turners Interesse derart geweckt, dass er sich daranmachte, alles zu sammeln, was er an zuverlässigen Informationen über Darby gewinnen konnte. Nachdem er sein Manuskript fertiggestellt hatte, überreichte er es Kelly. In seinem Büchlein *William Kelly as I knew him* (William Kelly – wie ich ihn kannte) beschreibt Turner die Situation, wie er bei Kellys Haus in Lee ankam und in die Bibliothek geführt wurde. Kelly forderte ihn auf, sich wie zu Hause zu fühlen, und ging das Manuskript *Brief Sketch of the Life and Labours of John Nelson Darby* (Kurzer Abriss des Lebens und des Werkes von John Nelson Darby) durch, indem er es durch seine eigenen Kenntnisse über Darby ergänzte, Fehler korrigierte und

Vorschläge zur Gliederung des Buches machte. Diese Biografie über John Nelson Darby wurde zum ersten Mal im Jahr 1901 veröffentlicht. Zukünftige Biografen von Darby sollten berücksichtigen, dass diese Ausgabe die Zustimmung zweier Freunde und Augenzeugen fand (der zweite Zeuge war der aus Dublin stammende Herausgeber Thomas Weston), die ihn persönlich kannten. Als sie ihre Unterredung beendet hatten und Turner unbeholfen nach Worten des Dankes suchte, sagte Kelly: „Es ist nicht der Rede wert; kommen Sie wieder, wenn ich Ihnen weiter zu Diensten sein kann. Es ist eine wahre Freude, denen behilflich zu sein, die Christus gehören. Mühe und Arbeit, Mühe und Arbeit; alles, was von Wert ist, wird nur durch Mühe und Arbeit erreicht."

Kellys Zeit in Blackheath war in jeder Hinsicht fruchtbar: Er hielt Vorträge, arbeitete als Herausgeber, schrieb Bücher und diente mit dem Wort. Vieles brachte in jeder Hinsicht vielfältigen Segen: Die Versammlungen wuchsen und Christen an fast jedem Ort und aus fast allen Benennungen wurden erbaut. Dies beweist der Brief, den Sir G. Pigott, Baron of the Exchequer, im April 1875 schrieb:

> Seit Sie mich das letzte Mal sahen, hat es dem Herrn gefallen, dass ich von meinem Pferd stürzte, mit dem Resultat, dass ich nun seit vierzehn Tagen ans Bett gefesselt bin! Aber obwohl ich bettlägerig bin, habe ich mich sehr über die Gelegenheit gefreut, die meisten Ihrer mir zugesandten Schriften zu lesen und den Gegenstand der gemeinschaftlichen Anbetung gründlich zu erforschen und darüber nachzudenken. Als Dissenter unterstütze ich schon seit langem nicht mehr die Liturgie der Kirche von England und habe mich gegen die strengen Gebetsrituale aufgelehnt, die für gemischte Kirchengemeinden vorgeschrieben sind und die unter allen Umständen und von Menschen jeden Alters eingehalten werden müssen.

Dr. Thomas Mackern, Schriftenmissionar und Evangelist

Schon lange finde ich darin keinen Trost mehr. Das brachte mich dazu, vor fünf Jahren eine sehr liberale Baptistengemeinde in … zu besuchen. Doch obwohl es dort keine vorgegebenen Gebetsrituale gibt, weil die Gebete frei gesprochen werden, war die Anbetung im Geist nicht vorhanden, da die gesamte Gemeinde die ganze Zeit über schweigen musste und nur der Pastor, ob er dazu in der Stimmung war oder nicht, das Gebet für alle formulierte. Dennoch dachte ich, dass diese Gemeinde dem richtigen Standard so nahe käme wie nur möglich. Ich sah keine Möglichkeit zur Verbesserung.

Kurz bevor ich Sie hier in Basingstoke sah, machte mich mein Sohn auf drei Kapitel in den Paulusbriefen (Epheser 4, 1. Korinther 12 und 14 – Kapitel, die Sie so gut kennen) sowie auf verschiedene Abschnitte in der Apostelgeschichte aufmerksam. Sie handeln von den Aposteln und frühen Christen, die sich gemeinsam zum Brotbrechen trafen. Die sorgfältige Betrachtung dieser Texte war eine ausgezeichnete Vorbereitung für Ihre Vorträge über „Christliche Anbetung“ und „Christlicher Dienst“ usw. Ich danke Ihnen für die Zusendung Ihrer Bücher und habe auch das Vergnügen, Ihnen ganz besonders für die Niederschrift Ihrer Vorträge zu danken. Sie sind meiner Meinung nach unwiderlegbar und haben mich davon überzeugt, dass es eine menschliche Einrichtung ist, wenn ein einziger Vorsteher eine zum Gottesdienst versammelte Gemeinde leitet.

Genau einen Tag vor meinem Reitunfall hatte ich zum ersten Mal das Brot in dem bescheidenen Raum gebrochen … Wie groß ist doch das Vorrecht dieses Lichtes, in das wir durch die rechte Erkenntnis der Wahrheit Gottes geführt werden!

Schon lange habe ich Freude an dem Studium des Wortes Gottes und genieße den Frieden und die Freude im Glauben, die damit einhergehen. Aber etwas fehlte mir,

> und zwar mehr Gemeinschaft mit Christus in der gemeinsamen öffentlichen Anbetung. Ich denke, dass dieses Bedürfnis nun erfüllt ist, und das verdanke ich durch die Gnade Gottes vornehmlich Schriften wie den Ihrigen.

In der Versammlung in Blackheath selbst gab es erfreulicherweise positive Anzeichen von Wachstum, und Kellys Dienst weitete sich immer mehr aus.

5
Predigen und Lehren

„Handle gemäß deinen Überzeugungen und die süßeste Schmeichelei wird sauer; dein Wunsch, um jeden Preis Gott zu gefallen, wird als pharisäerhafter Dünkel und als exklusive Haltung gebrandmarkt werden." Der evangelistische Prophet sagt treffend: „Wer das Böse meidet, setzt sich der Beraubung aus" (Jes 59,15).

Ein amerikanischer Pfarrer sagte: „William Kelly hat mit seinen klaren Bibelauslegungen Tausende erbaut." Und doch schien für manche Geistliche und Theologen seine kirchliche Stellung zumindest verwirrend, für andere sogar ein Ärgernis zu sein. Für ihn selbst jedoch war sie klar definiert. Er wusste genau, wo er stand, wenn es um Glaubensfragen oder um Fragen der kirchlichen Ordnung ging. Freilich erfuhr er häufig, was die oben zitierte Schriftstelle praktisch bedeutet. Auf Kosten einer ehrenvollen Position in der Welt hielt er bis zu seinem Lebensende an dem Kurs fest, den er einmal eingeschlagen hatte. Was die strittige Frage der Kinder- oder Haustaufe betrifft, so hatte er aus der Schrift die feste Überzeugung gewonnen, dass dafür weder eine Berechtigung noch eine Anordnung zu finden sei.[124] Obwohl er deshalb von der Glaubenstaufe überzeugt war, war er doch kein Baptist. Er sah mit Bestürzung überall in den Reihen der bekennenden Gläubigen die wachsende Kirchlichkeit.

Zur Frage der kirchlichen Gemeinschaft zeigt das folgende Zitat die Grundsätze, an denen er festhielt und die er praktizierte. Seltsamerweise werden sie so oft missverstanden oder falsch dargestellt von solchen, die entweder eine liberale oder eine gesetzliche Haltung einnehmen:

124 Siehe *An Exposition of the Acts of the Apostles* (Eine Auslegung der Apostelgeschichte), S. 239 ff.

Wir nehmen alle Gläubigen *als solche* auf[125], unabhängig davon, ob sie zur Staatskirche gehören oder nicht; es ist eine Freude für uns, mit ihnen Gemeinschaft zu haben, sei es privat oder öffentlich. Sie können sich uns anschließen in der Anbetung und im Brotbrechen. Es steht ihnen genauso frei wie jedem von uns, ein Gebet zu sprechen oder ein Wort zur Erbauung zu sagen, wenn Gott sie so führt; und dies, ohne dass wir von ihnen verlangen, entweder ihre alten Verbindungen zu verlassen oder sich nur mit uns zu versammeln. Wo außer bei den „Brüdern" findet man das? – Ganz im Gegenteil: Falls irgendein gottesfürchtiger Kirchenchrist oder Dissenter zu uns käme, wenn wir uns an den Tod des Herrn erinnern, dann wäre es ganz in Ordnung, wenn er eines oder alle diese Dinge auf geistliche Weise täte; und dies nicht aufgrund einer Erlaubnis, die *wir* ihm geben, sondern als eine Sache der Verantwortung gegenüber Gott und seinem Wort.

C. H. Mackintosh (1820-1896) schrieb 1876 in seiner Antwort an einen seiner *Things-New-and-Old*[126]-Korrespondenten aus Essex, dass er ganz mit seinem Freund William Kelly übereinstimme, wenn es darum gehe, Gläubige am Tisch des Herrn aufzunehmen. Er stellt in seiner Antwort fest:

---

125 Es kann nicht der Weg eines treuen und konsequenten Christen sein, solche aufzunehmen, die wissentlich mit fundamental Bösem verbunden sind oder die willentlich im Irrtum verharren. Darüber hinaus ist es für Gläubige angebracht, konsequent zu sein, weil sie sonst die Treue von jedem, der zu ihnen kommt, durch Kompromisse in Gefahr bringen. Außerdem ist das allgemeine lehrmäßige und moralische Niveau in der Christenheit so weit abgesunken, dass es fast einem Abfall von der Wahrheit gleichkommt, weil man auf verführerische Geister hört. Diese Tatsache allein wird eine solche Freiheit heute maßgeblich einschränken, ganz abgesehen von der Frage, ob genügend geistliche Reife da ist, um gemäß diesem anziehenden Ideal zu handeln.

126 Bd. 19, S. 276.

> Jede andere Weise, jeder andere Handlungsgrundsatz stimmt nicht mit der Wahrheit der Einheit des Leibes überein. Am Tisch des Herrn gibt es für jedes Glied des Leibes Christi einen Platz – immer vorausgesetzt, dass angemessene Versammlungszucht nicht gerade einen Ausschluss erfordert.

Weiter schreibt er:

> Es gibt zwei Dinge, die man nie aus dem Auge verlieren darf, wenn es um die Frage der Aufnahme am Tisch des Herrn geht: erstens die *Gnade*, die nicht zulässt, dass jemand ausgeschlossen wird, der zugelassen werden sollte; zweitens die *Heiligkeit*, die nicht die Zulassung von jemandem erlauben kann, der ausgeschlossen werden sollte. Wenn uns diese Dinge in der Versammlung leiten würden, gäbe es nicht so viele Diskussionen und praktische Schwierigkeiten in der Frage der Aufnahme.

Ein Brief von Kelly zu diesem Thema zeigt seine Sichtweise noch deutlicher:

> Blackheath, 31. August 1875
>
> Mein lieber Bruder,
> Einzelne unter den Brüdern mögen uns ihre persönlichen Ansichten über Evangelisten oder andere aufdrängen wollen, aber eine solche Enge wird jeder weise Mann in unserer Mitte missbilligen. Und was noch wichtiger ist: Eine solche Enge tötet geradezu ein Zurückkehren, um das Wort Christi zu halten und den Namen Christi nicht zu verleugnen, was doch ein Kennzeichen des Werkes ist. Diese Frage ist in Bezug auf Gemeinschaft und Dienst oft aufgekommen, und ebenso oft haben diejenigen, die berechtigt sind, etwas zu sagen, der Neigung widerstanden,

eine Haltung einzunehmen, die zu sehr einengt. Wenn einige Brüder von denen, die aufgenommen wurden, Verständnis verlangt haben, so war meine Antwort darauf: (1) Es ist unnütz und nicht schriftgemäß; (2) sie selbst waren unverständig, als sie aufgenommen wurden; (3) wenn man irgendwo Verständnis erwarten können sollte, dann bei denen, die jemand aufnehmen; (4) solchen, die von den aufgenommenen Personen Verständnis verlangen, mangelt es selbst an diesem Verständnis, das sie doch von anderen verlangen, sonst würden sie es nicht da erwarten, wo es nicht vorhanden sein kann ... Deshalb weiß die Schrift nichts davon, ein Glied Christi, das gottesfürchtig[127] lebt, draußen zu lassen.

Ebenso wenig unterstützt die Schrift die Einmischung der Kirche in das Werk des Herrn und besonders in das Evangelium. Jeder Bruder hält an der heiligen Pflicht und dem Grundsatz fest, dass der Diener in schlichtester Abhängigkeit vom Herrn steht, und er fördert seine direkte Verantwortung dem Herrn gegenüber ohne jede Einmischung der Kirche ... So bleibt dem Evangelisten seine Freiheit und Verantwortung seinem Meister gegenüber erhalten.

Einem anderen, der stolz darauf war, dass er sich wegen tatsächlicher oder eingebildeter Schwierigkeiten von der Gemeinschaft der Versammlung fernhielt, schrieb er:

Mein lieber Herr,
wenn ich Ihre Haltung richtig verstehe, dann halten Sie sich selbst fern – eine Haltung des Nichtarianismus in Bezug

127 Dies ist das entscheidende Kriterium – was aber leider heute selten verstanden wird, wo in der Christenheit ein unheiliges Leben an der Tagesordnung ist und man alles laufen lässt.

auf kirchliche Beziehungen. Zweifellos ist ein Stück trockenes Brot mit Ruhe dabei besser als ein Haus, das voller Opfer des Streites ist; ebenso wie es besser ist, auf einer Dachecke zu wohnen als mit einer zänkischen Frau in einem gemeinsamen Haus.

Der große Apostel, der allein die Wahrheit der Kirche bekannt machte, schreibt in seinem letzten Brief unmissverständlich, dass die Gnade angesichts der Unordnung und der Gefahren der letzten Tage eine ganz andere Hilfsquelle gibt. Die Umstände können allerdings dazu führen, dass hier und da einer isoliert ist; aber Isolierung ist weder die offenbarte Maßnahme noch das rechtmäßige Ziel: „Der feste Grund Gottes steht und hat dieses Siegel: Der Herr kennt die, die sein sind; und: Jeder, der den Namen des Herrn nennt, stehe ab von der Ungerechtigkeit!“ Das betrifft den Einzelnen und ist, so wie die Dinge liegen, von großer Bedeutung. Aber das ist noch nicht alles. „In einem großen Haus aber sind nicht allein goldene und silberne Gefäße, sondern auch hölzerne und irdene, und die einen zur Ehre, die anderen aber zur Unehre. Wenn nun jemand sich von diesen reinigt [d. h. von den Gefäßen zur Unehre], so wird er ein Gefäß zur Ehre sein, geheiligt, nützlich dem Hausherrn, zu jedem guten Werk bereitet.“ Dem stimmen Sie zu, und so haben Sie gehandelt. Wir sind nicht an kirchliches Verderben gebunden, wo es durch ein System sanktioniert wird und nicht entfernt werden kann. Man muss sich selbst wegreinigen, wenn man das Böse nicht wegreinigen kann. Aber ist das alles? Nachdem der Apostel seinem geliebten Kind gebietet, die jugendlichen Lüste zu fliehen, die so breit gefächert und manchmal subtil sind, fügt er hinzu: „Strebe aber nach Gerechtigkeit, Glauben, Liebe, Frieden mit denen, die den Herrn anrufen aus reinem Herzen“ (2. Tim 2,19-22). Deshalb kann und sollte man nach Genossen und Mitzeugen suchen, die zu gleicher Treue berufen sind. Niemals sollte man Isolation in Betracht ziehen. Der Heilige Geist fordert uns durch Gnade auf, die Gemeinschaft der Heiligen zu begehren und zu suchen, wie groß und allgemein der Ruin der Christenheit auch sei.

Man könnte Offenbarung 2,3 als Argument für Individualismus anführen. Nun handelt es sich bei dem Aufruf an „den, der ein Ohr hat", um eine Befehlsform, die es den Versammlungen absolut nicht erlaubt, den Glauben oder die Praxis zu regieren. Welche Autorität auch immer bei der Verteidigung von Falschem oder Irrtum beansprucht wird: Ich bin gehalten, nicht auf die *Versammlungen* zu hören, sondern darauf, was der *Geist* ihnen sagt. Dem ersten Anschein nach hat die Stimme der Versammlung (wie die meiner Eltern) das Recht auf Hochachtung und Gehorsam – aber sicher nicht, wenn das Falsche oder der Irrtum bekannt und sogar bestätigt ist, denn sonst wird diese heilige, verantwortungsbewusst heilige Absonderung zur Plattform für das Böse und kann als Unterschlupf jedes unreinen und gehassten Vogels enden. Die Offenbarung als prophetisches Buch warnt uns und ruft uns zum Gehorsam gegenüber dem Wort auf; aber dieses Wort würde eine treue Seele niemals in der Isolation enden lassen. Im Gegenteil, das Wort ermuntert den, der sich vom Bösen trennt, das Menschen unter Missbrauch des Namens des Herrn einführen, eine Gemeinschaft zu pflegen, die ebenso gottgemäß ist wie die Absonderung. Denn Christus ist gestorben, um die zerstreuten Kinder Gottes in *eins* zu versammeln; und der Heilige Geist ist gekommen, um Juden und Nationen in *einen* Leib zu taufen. Gottes Wille in Bezug auf dieses unveräußerliche Vorrecht, das zugleich Verpflichtung ist, sollte für uns nie etwas Zweitrangiges werden. Dies ist eine hohe Verpflichtung für uns, und der Heilige Geist bleibt in uns, um uns sowohl Ausharren als auch Kraft zu geben, weil auch wir berufen sind, uns dem Herrn unterzuordnen. Daher der Segen seiner eigenen Verheißung, in der Mitte (natürlich nicht aller Christen in ihren Verirrungen, sondern) all derer zu sein, die zu seinem Namen hin versammelt sind, und wären es auch nur zwei oder drei. Die dies tun, sollten mit aller Sorgfalt die Einheit des Geistes im Band des Friedens bewahren. Mögen sie dies mit aller Demut und Sanftmut tun, mit Langmut, indem sie einander in Liebe ertragen.

Mit herzlichen Grüßen in Christus,
WK

William Kelly war völlig gegen alle kirchliche Anmaßung, und dies nirgends so sehr wie unter denen, die bekannten, „außerhalb des Lagers" der Benennungen zu sein, die in der Christenheit allgemeine Anerkennung haben. Er besaß in hohem Maß die Gabe, Aussagen abzuwägen und zu sichten, und er machte kurzen Prozess mit Parteiführern, die sich seiner Hilfe bedienen wollten, wenn sie auf der Grundlage von Kompromissen Pläne zur Wiedervereinigung von Christen durchsetzen wollten. Auf der anderen Seite freute er sich im Jahr 1887 sehr, als er bei einigen Brüdern den Wunsch nach Wiedervereinigung spürte. Diese Brüder waren geübt in Bezug auf die Brüche, die sich letzthin unter den „Brüdern" aufgetan hatten. Seit der Trennung waren Kelly und die Brüder, die mit ihm in Gemeinschaft waren, deshalb im Gebet gewesen. Ihr Verlangen wurde stärker, und ihre Übungen im Blick auf die voneinander getrennten Brüder wurden tiefer. Im Jahr 1898 schrieb er im Hinblick auf die Wiederaufnahme der Gemeinschaft einen Aufruf in Form eines Rundbriefs an die Brüder, die dem „Christus Gottes" anhingen.[128]

128 Erhältlich bei Chapter Two, London.

Er hatte auch die Angewohnheit, lehrmäßig neue Dinge genauestens zu untersuchen, woher auch immer sie kamen, und entdeckte Irrtümer drastisch anzuprangern. Das machte ihn bei denjenigen, die diese Irrtümer verbreiteten, nicht gerade beliebt. Bei den Arglosen und Unwissenden jedoch sicherte er sich lebenslange Dankbarkeit; sie empfanden zwar in gewissem Maß das Böse, waren jedoch nicht imstande, genau zu erkennen, wo, warum und worin es bestand oder wie damit umzugehen war. In solchen Fällen fanden Kellys deutliche Worte aufgrund ihrer Klarheit, Einfachheit und Hingabe an Christus großen Anklang bei den „Armen der Herde".

Zwei Beispiele hierzu mögen genügen. Als in den 1890er-Jahren[129] unter einem Teil der „Brüder" ein neuer Aufguss des Apollinarianismus unter dem Vorwand von „neuem Licht" aufkam, zog Kelly diesem alten Irrtum sehr schnell die Maske vom Gesicht und machte deutlich, dass er in Bezug auf die Person Christi[130] immer noch genauso verkehrt war wie im 4. Jahrhundert. Damals wurde diese Lehre durch den jungen Bischof Apollinaris von Laodizea in Syrien vorgestellt und schließlich im Jahr 381 durch das ökumenische Konzil in Konstantinopel verurteilt.

Das zweite Beispiel ist seine Antwort auf die Behauptung eines anderen fähigen Lehrers unter den „Brüdern" (der damals eine Zeit lang viel Aufmerksamkeit erregte), dass die Sühnung durch unseren Herrn nach seinem Tod geschehen sei, bevor er auferstanden war. Kelly bezeichnete diese

---

129 Nähere Informationen finden sich in *New Development 1890*, herausgegeben von TMT Montreal, Kanada, im Dezember 1890 (sowie in *The Bible Treasury* jenes Jahres). Der Herausgeber macht deutlich, dass William Kelly „sowohl eine unparteiische als auch kompetente Autorität ist". Er wurde immer anerkannt für seine gesunde Belehrung.

130 Siehe *FER Heterodox on Life Eternal* etc., herausgegeben 1996 von Chapter Two, London.

Behauptung als eine „grässliche Sühnungstheorie". Er betrachtete sie jedenfalls als einen Angriff auf das Werk am Kreuz, weil sie im Widerspruch steht zu dem sechsten Ausspruch des Herrn am Kreuz, als Er mit lauter Stimme ausrief: „Es ist vollbracht." Deshalb sah er in dieser Behauptung konkrete Irrlehre, die durch ihren „Erfinder", Clarence Esme Stuart[131] (1823-1903), darüber hinaus noch verteidigt wurde. Als die „Brüder" sich im Februar 1900 offiziell damit beschäftigten und schriftlich festhielten, dass sie jeden Kompromiss in Bezug auf diese Lehre ablehnten, fügte Kelly als Nachsatz hinzu: „Nur treulosen oder unweisen Menschen kann daran gelegen sein, dass diese Frage offenbleibt und nicht geklärt wird."

Einige Zeit nach Kellys Heimgang brachte einer der führenden Brüder in Amerika, James Taylor, eine Lehre, die die ewige Sohnschaft unseres Herrn angreift. Es ist interessant, sich in diesem Zusammenhang an Kellys Lied *Unending praise be Thine, Eternal Son, we say* zu erinnern, das er einige Jahre vor seinem Heimgang schrieb und das deutlich zeigt, welche Haltung er in dieser Frage eingenommen hätte, wenn sie zu seinen Lebzeiten aufgekommen wäre.

Unending praise be Thine,
Eternal Son, we say;
Who came to bring the true God nigh
And put all sin away.
Ah! Thee the world knew not,
Created erst by Thee;
Its kings and rulers cast Thee out,
And nailed Thee to a tree.

131 Er wohnte zu jener Zeit in der Addington Road in Reading.

Hadst Thou not then a sphere
By every right Thine own?
'Twas there Thine own from heaven craved
For Thee the cross alone.

Rejected, glorious Lord,
The Saviour only Thou,
To God for men far off or near,
Alike the heart to bow.

For since Thy blood is shed,
Our sins to faith are gone;
And reconciled, we shall be saved,
Thou livest for Thine own.

Ein anderes Lied aus Kellys Feder lautet:

God and Father, we adore Thee
For the Christ, Thine image bright,
In Whom all Thy holy nature
Dawned on our once hopeless night.

Thou didst send Him as the witness
Of a life beyond compare;
By Thy Spirit we received Him,
Now in Christ how blest we are!

Fellowship with Thee, the Father,
And with Jesus Christ Thy son –
Such Thine own unjealous giving
By the Holy Ghost made known.

For in Christ was life eternal
Once beheld and heard below;
And in Him dwelt all the fullness,
Though in grace He stooped so low.

Father, Jesus was Thy pleasure,
Object of supreme delight;
Father, what wast Thou to Jesus
But His constant Spring and light?

Now in Him, our God and Father,
Sharers of Thy love are we;
Sow partaking with our Saviour
His unceasing rest in Thee.

Grace divine is this, transcending
All that else the heart employs:
'This the Son and Father deigning
Us to give of Their own joys.

Gerechterweise müssen wir festhalten, dass Kellys tiefe Überzeugungen und feste Grundsätze ihn jedoch nicht zu pauschalen Verurteilungen verleiteten. Wer von seinen Grundsätzen überzeugt ist, kann in der Behandlung von Schwierigkeiten und im Kampf gegen die Vorurteile anderer weiter gehen als jemand anders. So war Kelly ebenso geduldig mit denen, die wirkliche Schwierigkeiten hatten, wie er ungeduldig war mit hochmütigen Anmaßungen.

Verständlicherweise waren er und die „Brüder" im Allgemeinen fortwährend ein Ziel von Angriffen. Kellys große Aufgabe war die Verteidigung der Wahrheit, und seine Feder traf die Widersacher oft auf robuste und dennoch biblisch begründete Weise. Die Presse war damals voll von Artikeln, die wenig Liebe zu den „Brüdern" zeigten. Auch der *Christian*

Observer, eine evangelische Zeitschrift, beteiligte sich an diesem üblich gewordenen „Sport". Im Dezember 1866 veröffentlichte George Morrish Kellys Heft *A Reply to the 'Christian Observer', art. II 'The Plymouth Brethren'* (Eine Antwort auf den Artikel „Die Plymouth-Brüder" im „Christian Observer"). In diesem Büchlein von 52 Seiten bezweifelte Kelly, dass es weise von dem Angreifer war, seinen evangelikalen anglikanischen Lesern die vermeintlichen Irrtümer der „Brüder" vorzustellen. Denn dadurch habe er vielmehr seine eigene Unkenntnis der Wahrheit offenbart und aufrichtige Christen angespornt, sich intensiver mit der Position der „Brüder" zu beschäftigen. Der Kritiker hatte Kellys Lehren angegriffen und war auch so verwegen gewesen, Kellys klassische Bildung verächtlich zu machen. Kelly schrieb daraufhin in seinem Buch: „Mit solch dummen Witzen … in ernsthaften Angelegenheiten habe ich kein Mitleid", und meinte, dass der Autor sich selbst und seiner Partei mehr geschadet habe als den „Brüdern". Doch die Kritiker ließen sich nicht zum Schweigen bringen und andere führten die Angriffe fort. A. A. Rees stellte sich in seinem Artikel *Four Letters to the Christians Called 'Brethren' on the subject of Ministry* gegen die Art und Weise, wie die „Brüder" ihre Zusammenkünfte abhielten; doch von Kelly sagte er, dessen Schriften, soweit er sie gelesen habe, seien „die klarsten, tiefsten und von allen die nützlichsten", die ihm je unter die Augen gekommen seien. Kritische Veröffentlichungen kamen 1875 auch von William Reid, BA, und 1876 durch Whately; Carson erneuerte 1877 seinen Angriff von 1870 (vor allem gegen C. H. Mackintosh); Crosskery veröffentlichte 1879 einen Artikel, und ein Artikel von Teulon im *Church Quarterly Review* aus dem Jahr 1877 wurde 1883 als Buch herausgegeben. Im Ausland war es nicht anders. Gustave-A. Krüger, der Pastor der freien evangelischen Kirche in Vergèze (Gard), veröffentlichte seinen Angriff etwa 1880 in *Le Darbysme Étudié à La Lumière de la Parole de Dieu* (Eine Untersuchung des

Darbysmus im Licht des Wortes Gottes). Dies sind einige der Hauptattacken von außerhalb.[132] Viele von ihnen wurden gar nicht beachtet, aber gelegentlich war es doch nötig, dazu Stellung zu beziehen. Unter diesen Gegebenheiten ging von Kelly nicht nur ein beständiger Strom gesunder Belehrung aus, sondern er trat auch den mitunter skurrilen und hinterhältigen Angriffen der Widersacher entgegen. Oft waren sie durch Vorurteile verblendet und deshalb leicht zu widerlegen.[133] [134] Die bittersten Angriffe kamen jedoch von innen. Sie behinderten nicht nur die fähigsten Arbeiter, sondern schadeten auch dem Zeugnis. Aus diesem Grund war Kelly ständig auf der Hut und jederzeit bereit, um der Wahrheit willen das Schwert zu ergreifen, wenn es erforderlich war. Ich habe nicht die Absicht, im Detail die Turbulenzen zu analysieren, die die Versammlungen und die Wahrheit Gottes zu seinen Lebzeiten bedrohten. Die folgende Liste führt die wesentlichen Daten und Personen sowie eine kurze Zusammenfassung des jeweiligen Gegenstandes an:

1846-1848: Benjamin Wills Newton (1805-1898) und die Kontroverse um Bethesda im Blick auf die Person Christi und

---

132 Diese Angriffe beweisen, welch kraftvolles Zeugnis zu jener Zeit von den „Brüdern“ ausging. Heute sehen sich nur wenige, die sich in ihrer Position herausgefordert fühlen, genötigt, etwas gegen die „Brüder“ zu schreiben.

133 Siehe *The Bible Treasury*, November 1873, S. 349: Mr. A. Moody Stuart on 'Brethren'; Mai 1883, S. 267: *Teulon's Plymouth Brethren.*

134 Auch nach seinem Tod wurde er noch verleumdet. G. H. Lang, dessen Vater unter den „Exklusiven“ war, klagt ihn in seinem Kommentar über den Philipperbrief der Irrlehre im Blick auf die Person Christi an (siehe *Churches of God*, S. 96). Diese Betrachtung erschien zuerst im Juni 1865 in *The Bible Treasury* und dann im Jahr 1867 als Mitschrift eines Vortrags. Dieser skurrile und oft zitierte Angriff wurde durch W. J. Hocking hinreichend beantwortet in *Bible Monthly* von Mai/Juni 1949, S. 175-180.

James Butler Stoney (1814-1897)

Neutralität gegenüber Irrlehren und denen, die sie unterstützen

1861: Alexander Stewart und der Fall von Jersey, verursacht durch örtliche interne Meinungsverschiedenheiten

1866: William Henry Dorman (1802-1878), Thomas Ryan (1810-1905) und Thomas Newberry (1811-1901) und die Kontroverse um die Leiden Christi

1879-1881: James Butler Stoney (1814-1897) und die Park-Street-Kontroverse im Blick auf Versammlungsschwierigkeiten in Ryde, Isle of Wight, und später in Ramsgate

1885: Frederick William Grant (1834-1902) und die Trennung in Amerika

1886: Clarence Esme Stuart (1828-1903) und die Reading-Kontroverse

1890: Frederick E. Raven (1837-1903) und seine Irrlehre in Bezug auf die Person Christi, die von der Versammlung in Greenwich toleriert wurde

In den Jahren 1896 bis 1900 hatte Kelly viele Sorgen mit seinem jungen Schützling William Wooldridge Fereday (1863-1959) und dem unabhängigen Handeln einiger junger Evangelisten. 1905/06 erreichte der steigende Einfluss der Devonshire-House-Konferenzen seinen Höhepunkt. Thomas Neatby[135] (Andrew Millers Schwiegersohn) und sein Verleger Horner entfernten sich ebenfalls in ihrer kirchlichen Grundlage von Kelly.

Es gab natürlich auch solche, die William Kelly und seine Gedanken unterstützten. Ein erwähnenswertes Beispiel hierfür ist Julius Anton E. W. von Poseck[136], der nach seiner

---

135 Neatby wohnte einige Zeit in der Thurlow Road 29, Hampstead. Er besuchte die Zusammenkünfte in Haverstock Room, Gospel Oak, Haverstock Hill, London (1873).

136 Der frühere Graf Julius Anton Eugen Wilhelm von Poseck (1816-1896) schrieb mehrere Artikel, Lieder (hauptsächlich auf Deutsch) und Bücher. Er gab von 1893 bis 1895 auch die monatliche Zeitschrift *Comfort and Food for the Weary and Hungry* heraus. Dieser Titel für eine Schrift für die Gläubigen fand nicht die Zustimmung Kellys; er beklagte sich über „solch einen Titel für Gläubige, von denen der Prophet doch sagt: ‚Sie werden nicht ermüden', und der Herr: ‚Sie werden niemals hungern.' Hätte er sich an Ungläubige gewandt, so wäre es noch gut gewesen; doch er meinte Gläubige, und so spiegelt das nur den elenden Mangel der Christenheit wider."
Im September 1882 schrieb von Poseck an seine Brüder in Deutschland die Schrift *Christus oder Park Street, Gottes Wort oder Menschenwort? Eine Stimme der Warnung an meine Brüder deutscher Zunge* – eine wichtige Darlegung seiner eigenen und Kellys Position in der Kontroverse der Jahre 1879/1881. Im vorhergehenden Dezember war eine gekürzte englische Ausgabe unter dem Titel *The Word of God, or Private Revelations: Which?* geschrieben worden. Sie behandelte denselben Gegenstand und lieferte den Stoff für den besser bekannten deutschen Brief. – Nachdem von Poseck um 1843 in Kontakt mit Darbys Schriften gekommen war, wurde er vom Herrn in Deutschland gebraucht, als die ersten Versammlungen entstanden. 1857 kam er nach England und wohnte eine Zeit lang in der King Street 27, Southsea, Hants. Später wohnte er nicht weit entfernt von William Kelly in der Algernon Road 2, Lewisham, London SE. Er starb am 6. Juli 1896, wenige Monate nach dem Heimgang seiner Frau, und wurde auf dem Friedhof in Lewisham begraben.

William Wooldridge Fereday um 1930

Verirrung (1866) irgendwann vor 1879 durch den Einfluss von J. N. Darby „zurückkehrte" und dann wieder seinen Weg mit den „Brüdern" ging. Kelly notierte in seiner Ausgabe der von W. Blair Neatby verfassten Geschichte, in der er viele Anmerkungen angebracht hatte, dass die Veröffentlichung eines gewissen Tertius (*Divers and Strange Doctrines Stated and Examined)* zur Wiederherstellung von Posecks führte. Danach wurde von Poseck bis zu seinem Tod ein eifriger Unterstützer Kellys.[137] In einem Nachwort zu einem Brief vom 26. Oktober 1889 erwähnt Kelly, dass von Poseck eine Reise machte, um die Brüder in Deutschland zu besuchen. Daher ist klar, dass es schon Verbindungen zwischen den beiden Ländern gab.

Ein anderer Bruder vom Kontinent, der sich in dieser Zeit bei Kelly aufhielt, war Jacques Benjamin Rossier aus Vevey; Kelly schreibt, dass „dessen eigener Sohn, Dr. Rossier, sich ihm sehr widersetzte".[138] Im Jahr 1883 veröffentlichte

137 Siehe *History of the Plymouth Brethren* von W. Blair Neatby, S. 255-256.

138 Zu finden in Kellys Exemplar der oben erwähnten *History of the Plymouth Brethren.*

H. Mignot von Lausanne die *Lectures Introductory to the Gospels*[139] (Einführende Vorträge über die Evangelien) von Kelly auf Französisch. Das Buch wurde durch Alphonse Recordon übersetzt; ich nehme an, dass sowohl der Herausgeber als auch der Übersetzer mit Kelly in Gemeinschaft waren.

Auch unter den einfacheren Gläubigen hatte William Kelly solche, die auf seiner Seite standen. Ein alter Roma-Bruder schrieb an den Herausgeber von *Words of Help* folgende Sätze, die zeigen, wie sehr er Kelly zugetan war:

> Ich lese mit viel Freude Ihre Schriften von W. Kelly in *Words of Help*. Sie erinnern mich an meine erste Begegnung mit diesem geliebten und inzwischen heimgegangenen Bruder, dessen Schriften mir solche Freude brachten und es noch tun.
>
> Als ich ihn traf, war ich noch nicht viele Jahre lang ein Kind Gottes, von neuem geboren und erlöst durch das kostbare Blut Christi. Ich war nur ein einfacher Zigeuner, und nicht viele aus meiner Sippe konnten lesen oder schreiben. Aber er behandelte mich nur mit Liebe; er begegnete mir in solch einer demütigen und liebevollen Weise, als wäre ich wie seinesgleichen. In einer Zusammenkunft hatte ich gefragt, wer er sei, und als ich hörte, es sei W. Kelly, wunderte ich mich, dass er in dieser Stunde noch nicht einmal seinen Mund geöffnet hatte, denn ich liebte seine Schriften, die ich gelesen hatte.

Diese Begebenheit spricht für sich selbst, zeigt sie doch etwas von der geistlichen Größe des einen und ehrt den anderen. Sie offenbart eins der Charakterkennzeichen von William Kelly. Seine Arbeit als Evangelist ist durch manche gering geschätzt worden, aber J. N. Darby hatte eine hohe Meinung von ihm als

139 Diese Vorträge wurden 1866 gehalten.

Prediger. Als Kelly 1860 auf der Konferenz in Portsmouth gerade sprach, bemerkte Darby zu einigen Leuten: „Ich wünschte, ich könnte mit dem Evangelium die Menschen so erreichen wie William Kelly.“ Überall, wo er sich aufhielt, arbeitete er mit großem Eifer im Evangelium und schrieb viel darüber. Wenn man seine vielen Evangeliumsbotschaften liest, die in Form von Traktaten veröffentlicht wurden, kann man ihn noch immer hören. Auch heute noch könnte er einem Prediger Ratschläge geben: „Wenn wir das Evangelium verkündigen, sollten wir zu feine Unterscheidungen vermeiden. Dann ist es klug, wenn wir direkt, einfach und dringend reden, indem wir mit von Herzen kommendem Ernst den Zuhörern die großen Tatsachen über Christus und die Erlösung vorstellen. Unter den Kindern Gottes kann es gut sein, die verschiedenen Lichter und Schattierungen der Wahrheit Gottes deutlich zu machen; wenn wir aber in der Evangeliumsverkündigung allzu sehr in die Einzelheiten gehen, verderben wir nach meinem Dafürhalten die Botschaft der göttlichen Gnade. Da Gott mit Seelen sehr einfach handelt, sollten wir es als Diener auch tun, indem wir nicht Menschen oder uns selbst gefallen.“ Später sagte der erfahrene Prediger: „Paulus wurde durch den Geist geleitet, die Kinder Gottes in die Höhen und Tiefen der Ratschlüsse und Wege Gottes einzuführen. In der Apostelgeschichte sieht man aber, dass er das Evangelium in solcher Einfachheit verkündigt, wie sie vielen Predigern wohl kaum einfallen würde. Er bezieht klar Stellung zu den Tatsachen des Todes und der Auferstehung Christi, aber er achtet auch sorgfältig darauf, seinen Zuhörern genau da zu begegnen, wo sie sich befinden.“ Er schloss seine Ratschläge, indem er seinen Zuhörern ans Herz legte: „Nach meiner Meinung liegt in einer solchen Methode nicht weniger Weisheit als Schlichtheit, und wir tun gut daran, diese Methode ebenfalls zu kultivieren.“ Dies sagte er keineswegs als reiner Theoretiker, sondern mit mindestens vierzigjähriger Erfahrung in sorgfältiger und gesegneter Verkündigung des Evangeliums.

Harold St. John (1876-1957), der sich eine Zeit lang in Clarendon Room, Clarendon Place 91, Notting Hill, London W, mit den Gläubigen versammelte[140], brachte einmal seine Gedanken zu Papier, wie notwendig systematische biblische Belehrung in den Versammlungen der „Brüder" ist. Dabei erinnerte er sich an die Zeiten, in denen er von Kellys Dienst und Belehrung profitiert hatte:

> Ich erinnere mich daran, dass in meiner Jugendzeit der inzwischen heimgegangene William Kelly regelmäßig nach London kam und seine jährliche Vortragsreihe hielt. Er hielt zum Beispiel sieben Vorträge über Jesaja oder über die Bücher der Exilzeit Israels. Jedes Jahr sprach er über einen großen Teil der Heiligen Schrift. Er verbrachte Monate damit, seine Vorträge vorzubereiten, und obwohl die größte verfügbare Halle gemietet wurde, standen noch lange Schlangen vor der Tür. Der gute Mann sprach mehr als eine Stunde lang in sehr kultiviertem Englisch, indem er uns das Wort Gottes ganz einfach und schlicht auslegte.[141]

Seine gewinnende Persönlichkeit und sein charmantes Auftreten, seine feine Höflichkeit und sein reiner Humor waren wesentliche praktische Bestandteile seines Charakters, die zur Wirksamkeit seiner Verkündigung beitrugen. „Er war einer der glücklichsten Christen", schrieb Pontis in *The Christian*, und offensichtlich wurde er von allen, die ihn gut kannten, sehr geliebt. Er liebte sowohl die Gemeinschaft und

---

140 Harold St. John hatte die Gemeinschaft der „Lowe Brethren" 1909 infolge der Tunbridge-Wells-Frage verlassen. Aber seine Brüder Evelyn und Arthur blieben in der Versammlung und waren Sonntagsschullehrer meines Schwiegervaters F. G. R. Price, der sich durch sie zu Christus bekehrte und dann die Zusammenkünfte der Versammlung in Clarendon Room besuchte.

141 Patricia M. St. John, *A Portrait*, S. 126.

Gesellschaft von Gläubigen wie auch den praktischen Dienst, ihnen durch Predigt und Belehrung mit dem Wort zu dienen. Die Gestalt dieses geliebten Predigers mit seiner kleinen Bibel und seiner auf die Stirn geschobenen Brille, der entschlossene Zug um seinen Mund und sein charakteristisches Achselzucken führte oft zu liebevollen Kommentaren seiner engsten Freunde und Bekannten. Auch in seinem persönlichen Handeln war er durch Konsequenz geprägt. Wenn es nötig war, warnte oder half, tadelte oder ermunterte er. Durch seine feine Ironie konnte er Herzen mit der Wahrheit ansprechen. Seine höchste Freude war es, mit geistlichen Dingen denen zu dienen, die er als „die wenigen Verachteten der Herde Christi" beschrieb. Auf einen solchen Dienst verwandte er unermüdlich seine Energie - bis wenige Monate vor seinem Heimgang.

Harold St John, vor Clarendon Room

6

Einige Briefe

William Kelly war ein guter Briefschreiber, der erhaltene Briefe immer prompt beantwortete. Doch hatte er eine Vorliebe für Postkarten, die gelegentlich geeignet waren, den Empfänger durch die offene und ehrliche Ausdrucksweise ihres Schreibers in Verlegenheit zu bringen.

Über seine berühmten Postkarten sagte er selbst im Jahr 1900: „Ich schrieb einem lieben Geschäftsbruder eine lange Postkarte[142]. Ich glaube, er ist der Meinung, dass, weil Postkarten im Geschäftsleben völlig unangebracht sind, ein Christ sie deshalb in ganz anderen Dingen auch nicht benutzen sollte. Wenn eine Postkarte ihren Empfänger beleidigt, ist sie allerdings missbraucht worden. Ich benutze sie sehr oft, habe aber im Geschäftsleben nie eine Postkarte geschrieben, weil ich das für gänzlich verkehrt halte. Aber da ich viele Anfragen auf Postkarten erhalte, schreibe ich oft auch Antworten auf Postkarten, und bis auf einen kann ich mich an niemand erinnern, der sich beklagt hätte. Aber gerade dieser Bruder, W. C., wurde dahingehend von anderen beeinflusst; später drückte er mir seine wärmste Dankbarkeit aus, dass Gott gerade diese Postkarte benutzt hatte, um ihn aus dieser Falle zu befreien … Deswegen halte ich grundsätzlich daran fest. Wenn aber jemand schwach ist und stattdessen um einen Brief bittet, so bekommt er ihn von mir. Aber alle Bemühungen, eine Regel aufzustellen, die in der Schrift nicht enthalten ist (1. Kor 14,36), und jede Vorschrift lehne ich als Frechheit ab. Zugleich bemühe ich mich, auf eine Postkarte so zu schreiben, dass ein Briefträger, ein Hausdiener oder ein neugieriges Kind daraus nicht klug wird, wenn man die Vorgeschichte nicht kennt."

---

142 Einige seiner Postkarten waren eigentlich Briefe mit 25 bis 30 Zeilen!

Durch seine Gewohnheit, vieles abzukürzen, bekam er einen ziemlich langen Text auf eine Postkarte; das folgende interessante Beispiel mag als Illustration dienen. Er schrieb diese Karte an Pfarrer F. W. Foster, einen Freund in der Kirche, mit dem er gelegentlich korrespondierte; sie war mikroskopisch klein mit vielen Abkürzungen geschrieben.

V. L., Bt. Pk., Lee, SE, 1. September 1905

Mein lieber Foster,
obwohl ich nicht leugnen kann, dass ich viel zu tun habe, muss ich Ihnen doch einige wenige Worte schreiben, um zu erklären, dass die neue Serie, in der Dr. Driver eine führende Rolle spielt, *The Interpreter* heißt. Ich habe bisher nur Nummer 1 davon gesehen. Das reichte mir. Nicht dass er nicht große Zurückhaltung üben würde und sich fernhielte von deutschem Spott und deutscher Unehrerbietigkeit; aber mir scheint, dass er sich nur mit der Schale beschäftigt und nichts von der Frucht im Inneren weiß.

Die Vorsicht nach außen macht ihn angesichts seiner Kenntnis der hebräischen Sprache in meinen Augen umso gefährlicher. Aber ich möchte sein neuestes Buch über das erste Buch Mose haben und überdenken. Die *Times*, die nur diese skeptische Schule unterstützt, lobt dieses Buch so sehr. Ich möchte das dritte Buch Mose als Ganzes herausbringen. Da es etwa siebenhundert Seiten umfassen wird, stellt sich die Frage, ob man nicht besser zwei mittelstarke Bände daraus macht.

Wenn der Herr es erlaubt, habe ich vor, das erste Buch Mose in drei nicht zu dicken Bänden herauszubringen. Ich fürchte, dass mein Schwert die alte Scheide ziemlich abnutzen wird. Habe ich Ihnen gesagt, dass Oberst S. (oder eher Mr. S., wie er sich lieber anreden lässt, nachdem er seinen Dienst bei der Armee quittiert hat) der Nachlassverwalter des verstorbenen Mr. G. geworden ist und mich gebeten hat, seine eigene Verteidigung der fremden Lehren offen und ehrlich durchzusehen? Wie Sie wissen, ist dies meine Gewohnheit; und ich bete nur dafür, dass dies all dem ein Ende macht, was kaum das Pulver und den Schuss wert ist.

Es ist ein Vorhaben, das eines Verrückten würdig ist und das auf jeder Seite im Widerspruch zur Schrift steht. Ich habe mich bemüht, freundlich zu reden und meinen Zorn zu unterdrücken, und hoffe, dass sich noch Augen öffnen lassen. Vielleicht wissen Sie noch nicht, dass ein früherer Band von mir (über den Epheserbrief) die Aufmerksamkeit von Pater Thomas erregt hat (ein früherer Traktarianer von der Universität in Oxford), der lange vor John Henry Newman übergelaufen ist und sich (später) dem Brompton Oratory[143] angeschlossen hat. Als er erstaunt war, dort die Kirche zu finden – die von Rom ebenso weit entfernt ist wie von Canterbury –, erhielt er mein Buch, das dann die Runde durch die Klosterzellen machte. Aber ich sagte demjenigen, der das Buch weitergegeben hatte, dass diese Leute eher den Römerbrief nötig hätten, und schickte ihm eine Auslegung per Post. Mehr weiß ich nicht darüber, aber ich vergesse nicht, dass Katholiken ein Gewissen haben, um zu fühlen, und dass es Seelen gibt, die gerettet werden müssen.

Mit Dr. Wace habe ich nie korrespondiert, aber ich sandte ihm gelegentlich ein Heft. Sie befragten mich (ich glaube, nicht in Ihrem letzten Brief) zu den Konzilien von Orange. Soweit die Berichte gehen, gab es zwei: das erste Konzil unter dem Vorsitz von Hilary von Arles im Jahr 441 mit dreißig Erlassen über Zucht; das andere im Jahr 539 unter Cassarius von Arles mit fünfundzwanzig dogmatischen Erlassen, hauptsächlich Auszüge von Augustinus und Gen. Gegen den Pelagianismus war in beiden nichts Wesentliches zu finden.

143 Eine römisch-katholische Kirche in South Kensington, London, Brompton Road. (Übs.)

Wir hatten eine hervorragende Zeit in Southampton (Großbritannien) und den Kanalinseln von Samstagabend, den 5. August, bis Dienstag spätabends; in der Frühe Gebet, dann der Vormittag, der Nachmittag und der Abend. Da ich einen großen Teil übernahm (außer am frühen Morgen, weil ich einige Meilen entfernt war), können Sie sehen, dass ich immer noch den Arbeiter spielen kann. Ich bin sicher, dass diese Betrachtungen Ihnen viele Gedankenanstöße und bleibenden Genuss verschafft hätten.

Ich verbleibe im Glauben und in der Hoffnung,
Ihr WK

PS: Ich könnte mir vorstellen, dass Ihnen meine Notiz über Whitefield in der Septemberausgabe der *Bible Treasury* gefällt. Kannten Sie R. F. Horton, N. C. Oxford?
WK

Ein anderes Beispiel:

Belmont Park, Lee, SE 3. Januar 05

Mein lieber Mr. Foster,
obwohl ich glaube, dass ich das letzte Mal geschrieben habe, habe ich keine Hemmungen, noch einmal zu schreiben im Vertrauen darauf, dass das neue Jahr Sie wohlauf findet, und in der Erwartung unserer gesegneten Hoffnung. Port Arthur ist gefallen und die Ostseeflotte zögert; nach der dritten Flotte schreien lautstark die jungen Heißsporne von Russland. Wir aber, die wir ein unerschütterliches Reich empfangen werden, brauchen Gnade, um wohlgefällig zu dienen. Sie beklagten sich über apostolische Grobheit meiner Sprache – und dies, wenn ich mich nicht irre, in der Auslegung von 2. Petrus, obwohl Sie Substanz darin gefunden hatten. Ich glaube, dass ich um Ihre freundliche Hilfe durch Hinweise auf solche Schwä-

chen bat. Denn obwohl ich Rhetorik in göttlichen Dingen eher verachte und auch keine Zeit habe, sie zu kultivieren, bin ich doch froh, aus den Hinweisen eines Freundes, dessen Fachgebiet dies eher ist als meins, Nutzen zu ziehen. Die Vorträge über die Briefe (die Hälfte) sind beim Drucker. Ich hoffe, dass ich ein weiteres Viertel fertig habe, wenn er diese Hälfte fertiggestellt hat, und das verbleibende Viertel, sobald er es setzen und drucken kann. In 1. Johannes 3,23 gibt es eine falsche Übersetzung, wo „an" dem Gebrauch von *pisteuo* mit dem Dativ entgegensteht. Aber hier „dem Namen glauben" zu sagen, erscheint merkwürdig, als wenn es eine Person wäre. Was sagen Sie dazu?
Mit freundlichen Grüßen
WK

Der Empfänger dieser Postkarte sandte nach dem Heimgang von William Kelly das folgende Schriftstück an W. G. Turner, das helles Licht auf ihren Briefwechsel wirft. Es ist auch deshalb von großem Wert, weil es zeigt, welch hohe Achtung Kelly bei jemandem genoss, der nicht in Gemeinschaft mit ihm war.

Von Pfarrer F. W. Foster (MA) an W. G. T.

Sheffield, St.-Gregorius-Tag 1907

Lieber Mr. Turner,
ich hoffe, es macht Ihnen nichts aus, einen Blick auf die beigefügte kurze („kurz" für diesen gebildeten Schreiber) Postkarte des heimgegangenen Mr. W. Kelly zu werfen. Sie sehen, dass ich Mr. Kelly als Herausgeber der monatlichen *Bible Treasury* gedrängt hatte, auf größtmögliche Klarheit der Darlegung und Schönheit des Stils in seinen sehr hilfreichen Artikeln in dieser hervorragenden Zeitschrift zu achten, soweit seine Zeit es ihm erlauben würde. Was er auf dieser Postkarte schreibt, ist im Wesentlichen eine Erwiderung auf mein freimütiges Ersuchen.

Etwas Gutes kann man niemals in Eile schreiben - nicht einmal, wenn es durch eine Feder wie die des heimgegangenen gebildeten, ernsthaften und beredten William Kelly kam. Ich teilte ihm alles über das griechische Wort *pisteuo* mit, woran ich mich erinnern oder was ich herausfinden oder mir vorstellen konnte: (1) mit dem Akkusativ, von Dingen, und (2) mit dem Dativ, von Personen ... Man kann gar nicht genug einen der charakteristischen Wesenszüge unseres Freundes, um den wir trauern, herausstreichen: seine bemerkenswerte Demut, die selbst in seiner klugen Beweisführung und in seinen Streitschriften deutlich erkennbar wurde ... Die beigefügte Postkarte ist keineswegs ein ausgefallenes Beispiel oder herausragendes Muster von Mr. Kellys Geschick als Postkartenkünstler.
Hochachtungsvoll
PS: WK hat sich (so wage ich zu sagen) sehr selten in die Politik oder in aktuelle Themen eingemischt, wie er es zu Beginn dieses Schriftstücks tut.
F. W. F.

Auch ein Brief aus dem Sommer 1903 an J. S. F. Cox von Guernsey ist sehr interessant und charakteristisch für viele andere.

3. Juni 1903

Mein lieber J.,
Du wirst sicher Deine Rückschlüsse auf meinen Gesundheitszustand und meine Kraft ziehen, wenn Du liest, dass ich drei Vorträge halte, und zwar am Mittwoch-, Donnerstag- und Freitagabend und in zwei Wochen noch einen vierten (am Dienstag), wenn der Herr will. Zu diesen Vorträgen lege ich auf dem Hin- und Rückweg jeweils große Entfernungen zurück, außer am Mittwoch in Blackheath. Gestern Abend war die monatliche Zusammenkunft, und mehrere von uns versuchten, auf ruhige Weise die jungen Evangelisten zurecht-

zuweisen. Sie stiften nämlich Unruhe, indem sie Musikinstrumente benutzen möchten, um die Ohren des gewöhnlichen Volkes anzuziehen, damit die Menschen das Evangelium hören. Es ist sehr nah bei uns, nämlich in Greenwich. Einige der alten Brüder verschlimmern den Fall nur noch, indem sie weglaufen, anstatt ruhig frei heraus zu reden und sich zu weigern, jeden neuen Gedanken zu billigen, der aus dem natürlichen Menschen hervorkommt. Ich denke, dass die Gnade es zurechtbringen wird. Allerdings wurde mir beim Weggehen gesagt, dass diese jungen T[ürken] argumentieren, es sei anderen erlaubt, das Gleiche unbehelligt zu tun. Es scheint, dass der arme B. ein Musikinstrument in Stepney hat. Ich wundere mich nun nicht über einen Bruder, der so grob unwissend und fleischlich ist; was mich aber betrübt, ist, dass andere wie A. dort sein können und dieser Art Sauerteig ihren Gang lassen, ohne sofort zu widersprechen und ruhig in einer Haltung der Gnade weiterzumachen, bis selbst solche Neuerer beschämt werden und das Ärgernis ausräumen.

Ich verstehe Deinen Wunsch, dass ich früher als gewöhnlich kommen soll. Dementsprechend bemühe ich mich, so zu planen, dass ich in der zweiten Hälfte des laufenden Monats Juni nach Guernsey komme. Mit meinen Beschäftigungen hier komme ich ohne besondere Anstrengung zu Ende, wenn ich am Mittwoch, den 17., über Thessalonicher spreche. Daher kann ich in der Nacht auf Freitag, den 19., übersetzen und jedenfalls den Rest des Monats bleiben, wenn Gott will. Wenn das praktikabel ist, könnte ich versuchen, noch über den dritten Sonntag zu bleiben und am Montag, den 6. Juli, zurückzukehren. Falls sich das so verwirklichen lässt, wäre Raum für vier Vorträge in Val Nord, jeweils am Dienstag und Freitag, und zweimal eine Ansprache in St. Sampson, neben den üblichen Wortbetrachtungen. Ich kann nichts Besseres tun, als von dem zu reden, was mir gerade jetzt so sehr auf dem Herzen liegt: von dem Kommen des Herrn.

Der nächste Brief (ebenfalls auf einer Postkarte), geschrieben am Abend des Todestages seiner Frau, ist von mehr als nur allgemeinem Interesse, weil er die Berufung eines Predigers beschreibt und Rat gibt in Bezug auf allgemeine Studiengewohnheiten.

22 Kid: Gr.: B'heath., Dienstagabend, 4. Feb. 1884
An F. W. Foster

Lieber Bruder,
wenn ich Ihnen sage, dass es dem Herrn gefallen hat, heute Morgen eine hingebungsvolle Schwester, meine Ehefrau, die Mutter mehrerer Kinder, von mir zu nehmen, werden Sie nicht mehr als nur einige wenige Worte von mir erwarten. Wenn jemand glaubt, dass der Herr ihn berufen und ihm eine Gabe zum Predigen und Lehren gegeben habt, braucht er nicht eilig oder ängstlich zu sein. Kraft wird sich immer von selbst offenbaren; und es ist gut, klein anzufangen (sodass sich die Gabe erweist und der Betreffende allmählich in die Weite geführt wird). Wenn aber nüchterne Brüder, die einen gehört haben, jemand einladen, in ihrem Versammlungsraum zu predigen, sollte man für eine Ablehnung gute Gründe haben. Die Liebe veranlasst einen zur Hilfe; besonders, wenn es unter jenen Älteren an Gaben mangelt oder sie nicht die rechte Art haben, um Seelen zu gewinnen. Was das Studium des Wortes anbetrifft, ist es gut, sich breit zu informieren und relevante Artikel zu lesen. Das sollte aber das regelmäßige tägliche Lesen des Alten und Neuen Testaments nicht verhindern. Beides ist nützlich und sollte miteinander verbunden werden. Es ist auch nicht verkehrt, zu lernen, wie man griechische und hebräische Wörter liest, selbst wenn man von der Sprache nicht mehr als nur dieses weiß, denn es hilft, Anmerkungen von denen, die diese Sprachen kennen, besser zu verstehen. Ich halte nicht viel von einer oberflächlichen Kenntnis des

Griechischen und Hebräischen; und die meisten Menschen könnten nur eine oberflächliche Kenntnis erwerben, selbst wenn sie viele Jahre damit zubringen würden, die Sprache zu erlernen. Wenn jemand nur genug lernt, um gute Bemerkungen wertzuschätzen, ist dies viel besser, als Zeit für etwas aufzuwenden, was im Allgemeinen Anmaßung ist. Die Authorized Version mit der Überarbeitung und anderen Hilfsmitteln zu vergleichen, gibt bessere Ergebnisse, als die meisten sich erwerben können. Und denken Sie daran: Gebet und das Wort, Apostelgeschichte 6!

Herzliche Grüße
W. K.

Unsere Sammlung umfasst Briefe von November 1849 bis kurz vor seinem Tod im März 1906. Mehrere seiner Briefe wurden veröffentlicht, aber die Sammlung, die wir besitzen, umfasst viele Briefe geschäftlicher Art, was eine Veröffentlichung nicht rechtfertigen würde. Leider sind viele Briefe verloren gegangen, gestohlen oder zerstört worden, aber die verfügbaren Abschriften sind dennoch eine wertvolle Quelle für historische Arbeiten und Charakterstudien.

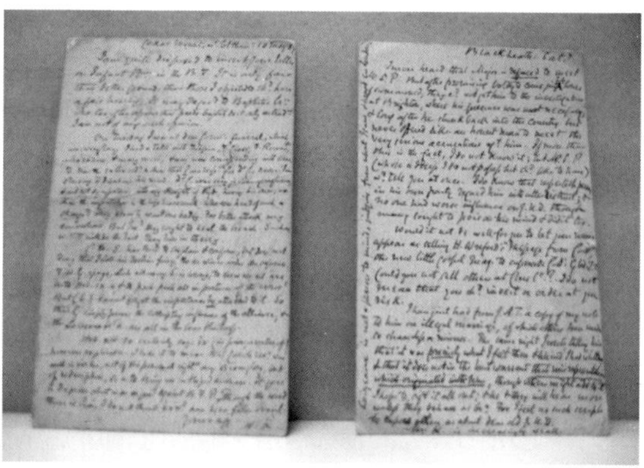

Zwei Postkarten von Kelly

7
Der Arbeiter

William Kelly wehrte sich immer energisch dagegen, als ein „Geistlicher" im Sinn eines Bischofs, Ältesten oder Aufsehers (welchen Titel man für dieses Amt auch immer bevorzugen mag) zu gelten. Natürlicherweise hatte er aber als begabter Lehrer des Wortes von den frühesten Tagen seines Dienstes an ein tiefes Interesse an kirchlichen Angelegenheiten. Durch sein eingehendes Studium der Kirchengeschichte waren ihm die Kontroversen der ersten vier Jahrhunderte geläufig, die die hohen anglikanischen Geistlichen so lieben. Sein Interesse an den Streitfragen der Scholastiker wird an dem Inhalt seiner gut bestückten, sorgfältig ausgewählten und außerordentlich großen Bibliothek von 15.000 Bänden deutlich. Ein späteres Kapitel beschreibt seine Bibliothek und ihre Übergabe an eine öffentliche Bibliothek in Yorkshire vor seinem Tod, die auf den Rat des Erzbischofs MacLagan von York erfolgte.

Die Zeitschriften, die er herausgab, *The Prospect* und mehr noch *The Bible Treasury*, waren bekannt für ihre Schrifttreue; und das bemerkenswerte Maß, mit dem William Kelly Gelehrsamkeit mit geistlicher Haltung verband, machte ihn zu einem Respekt einflößenden Gegner destruktiver Kritiker. *The Bible Treasury* gab er sehr lange Zeit heraus, was ihn mit vielen tapferen Kämpfern in der kirchlichen Kampfbahn in Kontakt brachte. Die Kritiker teilten seine Überzeugungen zwar oftmals nicht, zeigten jedoch immer große Achtung vor seiner Gelehrsamkeit. In vielen Fällen suchten sie seinen Rat zu kritischen Übersetzungsfragen. William Kelly verfolgte furchtlos seinen Kurs, indem er absolut frei war von jedem konfessionellen Einfluss. Zugleich war er sich aber seiner persönlichen Verantwortung vor dem Haupt der Versammlung als sein Knecht bewusst und akzeptierte sie völlig. Seine Gaben als Lehrer und Ausleger, seine Befähigungen als Gelehrter und Exeget wie auch seine an der Universität erworbenen akademischen Grade waren weder angemaßt noch ehrenhalber erworben, sondern wirklich und offensichtlich.

Seine kritischen Rezensionen der *Bampton Lectures* sorgten bei ihrem jährlichen Erscheinen für viele Diskussionen und riefen jedes Mal in belesenen Kreisen sowohl kritische als auch zustimmende Beurteilungen hervor. Auch der gebildete und freundliche Schriftwechsel mit dem Komitee zur Revision des Neuen Testaments, in dem er ihre Erkenntnisse freimütig kritisierte, verrät die Anerkennung, die die Gelehrten seinerzeit Kellys Bildung und Urteil entgegenbrachten. Angeblich wurde er sogar eingeladen, bei der Vorbereitung der Revision von 1881 mitzuhelfen, weil er außerordentlich befähigt war, an der Seite aller Gelehrten seiner Zeit zu stehen. Doch er schloss sich dem Komitee der Revisoren nicht an und zog es vor, aus der Entfernung mitzuhelfen, indem er seine Kenntnisse freigebig allen anbot, die ihn um Rat fragten.

Wenn Kelly einen neuen Band herausgab – seien es niedergeschriebene Vorträge, Artikel aus *The Bible Treasury* oder Bücher über einen wichtigen Gegenstand –, so hatte er die Gewohnheit, ein Vorwort zu schreiben, das den Autor in gewisser Hinsicht als Kritiker seines eigenen Werkes darstellte. Diese Vorworte erwiesen sich oft als vertiefende Gedanken über den behandelten Gegenstand und waren für den Leser sehr aufschlussreich. Sein Freund Mr. Dolamore erinnerte sich daran, wie sehr Kelly es schätzte, wenn seine Bücher ihren Zweck erfüllten. Viele Jahre später sagte Dolamore in einem Vortrag in Southampton im Jahr 1945: „Ich erinnere mich, dass jemand Mr. Kelly schrieb, sie hätten sein Buch zweimal gelesen und wollten es nun gerade ein drittes Mal lesen, und dass Mr. Kelly sagte, er wünschte sich, andere würden das Gleiche tun.“

Während seiner Zeit auf Guernsey, die im Blick auf seine literarische Arbeit wahrscheinlich seine fruchtbarste Zeit war, erschien im Frühjahr 1868 ein Band über die fünf Bücher Mose. Er hatte bereits während eines Besuchs in London im vorangegangenen Jahr Vorträge darüber gehalten. Für mehr Aufmerksamkeit sorgte ein Band über die zwölf kleinen Propheten, dem er ein längeres Vorwort voranstellte, in dem er erklärte, was er, literarisch betrachtet, für einen Mangel hielt. Und tatsächlich hat einer seiner engsten Freunde und Genossen nach dem Lesen dieses Buches bemerkt: „Wenn Sie wissen möchten, was William Kelly dachte, sagen wir über die Kirche oder über das Evangelium, dann schlagen Sie seine zwölf kleinen Propheten auf - wo doch an sich keiner dieser Gegenstände ausgelegt wird. In der Hauptsache steuerte er in der Tat eine gerade Linie, doch er wurde geleitet, oft weit abzuschweifen, um Fragen zu beantworten. Aus diesem Grund wurde dieses Buch geradezu zu einer Enzyklopädie seiner religiösen Überzeugungen allgemein, und man sollte diese Abschweifungen nicht einfach als auslegerische Windungen betrachten."

Kelly arbeitete nicht nur, indem er Vorträge hielt, Bücher und Artikel schrieb, den Gläubigen diente und als Hirte für viele Versammlungen sorgte. Er war auch verantwortlich für die Herausgabe des neuen Liederbuchs mit dem Titel *Hymns selected and revised in 1894* (Lieder, gesammelt und überarbeitet 1894). Es war eine Sammlung von 436 Liedern; 12 davon hatte Kelly selbst geschrieben. Diese Neuausgabe der früheren *Hymns for the Little Flock* (Lieder für die kleine Herde) erlebte mehrere Auflagen und wurde in der ganzen Welt in den Versammlungen benutzt, die mit den „Brüdern" in Blackheath in Gemeinschaft waren. Kelly war das letzte noch lebende Mitglied des Komitees, das unter G. V. Wigram[144] die *Hymns*

144 Er wohnte in Howley Place 3, Harrow Road, Paddington (1873).

for the Little Flock im Jahr 1856 herausgegeben hatte. *The Bible Treasury* enthält ausführliche Bemerkungen über die Herausgabe des revidierten Liederbuchs. Eine vollständige Beschreibung der Geschichte dieses Liederbuchs und seiner Überarbeitungen ist in der Broschüre *History of the Little Flock Hymn Book* von Frank Wallace zu finden. Doch als ob die Herausgabe einer vollständigen Liedersammlung mit der Sorgfalt von jemandem, dem lehrmäßige Präzision überaus am Herzen lag, nicht genug gewesen wäre, fand Kelly auch noch Zeit, um ein Buch von 88 Seiten zu schreiben mit dem Titel *The Known Isaiah; a Defence of its Unity* (Das bekannte Buch Jesaja; eine Verteidigung seiner Einheit).

1897 wurde William Kelly durch Dean Farrars *Larger Hope* und seinen Beitrag zu der *Expositor's Bible* beunruhigt. Deshalb ging er während eines kurzen Besuches in Europa zügig daran, einige Vorträge über das Buch Daniel neu herauszugeben, in dem er die „Höhere Kritik“[145] scharf verurteilte. Er war ein Fundamentalist im wahren Sinne dieses oft missbrauchten Wortes. Daher hatte er nicht die Neigung, sich nach allen Seiten hin abzusichern oder über zweifelhafte Dinge zu streiten, wie aus dem nachfolgend angeführten Vorwort ersichtlich ist:

> Diese Vorträge über das Buch Daniel wurden mitstenografiert und vor etwa vierzig Jahren zum ersten Mal gedruckt, mit leichten Korrekturen in einer späteren Ausgabe. Es wäre leicht, Einzelheiten hinzuzufügen und ihre literarische Form zu verbessern. Doch sie haben, so wie sie sind, nicht wenigen Seelen geholfen, und dies nicht zuletzt, seit-

---

145 Die Ausgabe von Kellys *Notes on the Book of Daniel* (Bemerkungen über das Buch Daniel; 8. Auflage 1952, Hrsg. Loizeaux Bros., New York) beschrieb sein Werk als eine „höchst wertvolle und klare Auslegung der Prophezeiungen dieses Buches mit praktischen Anwendungen seiner moralischen Belehrungen“.

dem Großbritannien und die Vereinigten Staaten in den trügerischen Sog jener verrückten Idee geraten sind, die sich „Höhere Kritik" nennt, die aber in sich sündig ist und das innere Leben verdorrt. Was ist sie im Wesentlichen anderes als eine Auferstehung des alten britischen Deismus unter Zuhilfenahme der Ratschläge ausländischen Unglaubens und dekoriert mit moderner deutscher Gelehrsamkeit oder ihrer hiesigen Imitation? Doch dies alles vermag die Feindschaft gegenüber der Inspiration Gottes ebenso wenig zu verbergen wie die unaufhörlichen Bemühungen, wirkliche Wunder und wahre Weissagung herabzusetzen, solange die Menschen - wie in diesem Land - es noch nicht wagen, sie vollständig zu leugnen. Die allseits bekannten Oxforder Essays, die in einer früheren Generation die Gemüter sehr bewegten, sind ganz in Vergessenheit geraten. Dissenter wetteifern mit Nationalisten (Episkopalen oder Presbyterianern), Methodisten mit Kongregationalisten und letzthin auch Ritualisten mit eingefleischten Rationalisten, um sich als Freidenker zu profilieren - als ob die offenbarte Wahrheit Gottes eine Sache wissenschaftlichen Fortschritts wäre. Welche Freude für alle offen und bewusst Ungläubigen, die dies nur zu gern als Triumph der Verachtung des Wortes Gottes willkommen heißen! Durch diese tödliche Infektion werden nicht länger einfach nur weltlich gesinnte Menschen wie im 18. Jahrhundert angesteckt, sondern auch religiöse Bekenner, kirchliche Würdenträger in den verschiedenen Benennungen oder sogenannten Kirchen der Christenheit und besonders diejenigen, die theologische und sprachwissenschaftliche Lehrstühle an den Universitäten und Hochschulen auf der ganzen Welt innehaben. Leider ist dies der sichere Vorläufer jenes Abfalls, von dem der große Apostel fast von Anfang seines geschriebenen Zeugnisses an sagte, dass er erst kommen müsse, bevor der Tag des Herrn beginnen könne.

> Nehmen wir als Beispiel (und es ist nur eins von vielen in der Verschwörung gegen die Schrift) den Beitrag des damaligen Dekans von Canterbury (Frederick William Farrar, 1831-1903) über das Buch Daniel zu der *Expositor's Bible*. Selbsttäuschung mag manches Böse vor seinen Opfern verbergen; aber kein Gläubiger sollte zögern zu sagen: „Ein feindseliger Mensch hat dies getan." Während er für das Buch Daniel einen unbestrittenen und unbestreitbaren Platz im Kanon der Heiligen Schrift beansprucht, sollte man sich seine Verblendung vor Augen führen, dass er offen und uneingeschränkt seine Echtheit und Authentizität leugnet! „In meiner ehrfürchtigen (!) Akzeptanz dieses Buches hat es nie den geringsten Unterschied gemacht, dass ich seit vielen Jahren überzeugt bin, dass es nicht als buchstäbliche Historie oder alte Überlieferung betrachtet werden kann." Und doch behaupten solche Personen, nur durch die Liebe zur Wahrheit getrieben zu werden; denn diese verwechseln sie mit dem Zweifel als Gegenteil der Liebe. Sie sind leider unter dem Geist des Irrtums (1. Joh 4,6). Judas warnt: „Diese aber lästern, was sie nicht kennen; was irgend sie aber von Natur wie die unvernünftigen Tiere verstehen, darin verderben sie sich." Möge der Christ das Wort Christi halten und seinen Namen nicht verleugnen! (W. K.)

Kelly war um die Wahrheit Gottes wachsam besorgt, was ihn dazu führte, 1903 das Buch *God's Inspiration of the Scriptures* (Die göttliche Inspiration der Schrift) zu schreiben (herausgegeben von Thomas Weston im April 1903). Die kirchliche Welt war gerade zu dieser Zeit voller „theologischer Patentrezepte". Sie bereiteten den Weg für die aufsehenerregenden Äußerungen des Geistlichen Reginald J. Campbell (1867-1956) in seiner *New Theology*[146] in der City-Temple-Kirche einige Jahre später (1907). Diese neue Theologie bestand aus einer Art Pantheismus, der, wenn er überspitzt wird, leicht dazu führen kann, moralische Unterscheidungen zu ignorieren. Viele hießen diese Lehre lautstark willkommen, während andere sie beklagten. Der Prinzipal Peter Forsyth, ein kongregationalistischer Theologe (1848-1921), beschrieb sie als „unterentwickelt und gewagt"; und der religiöse Journalist William Robertson Nicoll (1851-1923) prangerte den Pantheismus und alle seine Verwicklungen in einer Serie von scharfen Artikeln in der Zeitschrift *The British Weekly*, die er herausgab, leidenschaftlich an.

In seinem Vorwort zu *God's Inspiration of the Scriptures* schreibt Kelly:

> In der Christenheit wird keine Frage von größerer Bedeutung bewegt als die des wahren Charakters und Anspruchs der Schriften. Auch ist ihre göttliche Autorität nie so weitgehend in der ganzen Welt geleugnet worden wie in unseren Tagen, und dies nicht nur von eingefleischten Skeptikern, sondern auch von bekennenden Christen praktisch jeder Benennung und von vielen ihrer hervorragendsten Vertreter. Aber wenn der Feind wie eine Flut herankommt, zögert der Geist des Herrn nicht, ein Banner gegen ihn zu erheben.
>
> Mein Herz verlangt danach, mit diesem Band solchen Seelen zu helfen, die das Licht Gottes suchen – dieses Licht gibt das inspirierte Wort denen, die vor seinem Wort zittern. Ich habe eindeutige Beweise vorgelegt, dass Gott durch sein Wort zu jedem Gewissen und Herzen redet, im Alten Testament besonders zu Israel und im Neuen Testa-

146 Herausgegeben durch Chapman and Hall, London 1907.

ment zu den Christen; gleichwohl ist die *ganze* Schrift die Nahrung des Gläubigen. Die Menschen mögen ablehnen, es zu hören, oder sie mögen das Wort mit Verachtung hören; aber sie tun dies auf eigene Gefahr, denn Gott lässt sich nicht spotten. Wenn der Betreffende zuvor den Namen des Herrn bekannt hat, trägt ein solcher Unglaube ein umso schwerwiegenderes Zeichen des Übels als damals, als das geschriebene Wort erstmals menschlicher Verantwortung übergeben wurde. Es ist der Geist des Abfalls, der durch den großen Feind Gottes und des Menschen verbreitet wird, bevor der Abfall selbst als öffentliche Tatsache erkennbar wird, was bald geschehen wird.

Angesichts solch finsterer und drohender Vorbereitungen, die die Schrift als gewiss ankündigt (2. Thes 2,3), gibt es auf der ganzen Erde dennoch Kinder Gottes, die mit großer Dankbarkeit die Treue Gottes erkennen. Er wendet die Angriffe Satans und seiner Helfer, sodass diese Angriffe dazu dienen, ihren Glauben zu befestigen, und dazu führen, dass sie sowohl die Schriften als auch Christus selbst, der in ihnen durch den Heiligen Geist offenbart wird, noch inniger zu genießen. Möge der Leser durch Gnade Hilfe empfangen, um an dem Vorrecht teilzuhaben, das sich selbst als göttlich erweist und das das beste Gegenmittel zu jenem Unglauben ist, der die göttliche Energie jeder offenbarten Wahrheit schwächt, wenn er sie nicht sogar ganz zerstört. Menschlicher Überlieferung messe ich kein großes Gewicht bei und noch weniger, wenn möglich, den Spekulationen der Menschen, die sich oft auf einer Grundlage bewegen, die sie lediglich für wahrscheinlich halten. So wie die traditionelle Schule eine Form des Rationalismus ist, so ist der Neokritizismus eine andere Form. Während die eine etwas zum Wort Gottes hinzufügt, nimmt die andere zur Unehre Gottes etwas davon weg. Die richtig verstandene Textkritik ist die Diene-

> rin des Glaubens, indem sie Wiedergabefehler zu tilgen sucht, aber sie nimmt ohne Frage jedes Wort an, das ursprünglich geschrieben steht. Was sich wissenschaftliche Fragestellung nennt, erhebt sich in seinem hohlen Stolz gegen die göttliche Autorität Christi, der das beherrscht, was sie zu leugnen wagt.

Als Gelehrter wird William Kelly lange in Erinnerung bleiben. Ebenso wie Erzdiakon Denison wurde er von vielen sehr geschätzt, einschließlich des Erzbischofs von Canterbury, Edward White Benson (1829-1896), der Kellys Buch *In the Beginning* (Am Anfang) über 1. Mose 1 und 2 empfahl. Auch viele Gelehrte seiner Zeit nahmen Notiz von seinem Beitrag zur biblischen Lehre. David Beattie, der Autor von *Brethren, the Story of a Great Recovery*[147] (1940), berichtete 1939, wie Kelly „unter den Brüdern als ein Führer … und … durch seine Schriften in Erinnerung blieb. Als Auslegungen der Heiligen Schrift erwiesen sich seine Schriften als besonders hilfreich, weil sie zugleich tiefgründig und einfach waren." Beatty betrachtete Kelly als „einen Textkritiker von außergewöhnlichem Rang".

Selbst im späten 20. Jahrhundert wurde Kelly als brillanter Altphilologe betrachtet. Professor Frederick Fyvie Bruce (1910-1990; ab 1959 Rylands-Professor für Bibelkritik und Exegese an der Universität Manchester) schrieb in seiner Autobiografie: „Was die Kommentare William Kellys, besonders über die Paulusbriefe, so wertvoll macht, ist die offensichtliche Meisterschaft des Autors im Gebrauch des Griechischen. Die RSV [englische Bibelübersetzung *Revised Standard Version*] sagt in 2. Thessalonicher 2,6: ‚Und ihr wisst, was ihn jetzt zurückhält', und folgt damit einigen früheren Übersetzern. Diese Verbindung des ‚jetzt' mit ‚was zurückhält' bezeichnet

147 Ebd. S. 48.

Kelly als einen Irrtum und weist darauf hin, dass das ‚jetzt' einfach die Wiederaufnahme eines früheren Gedankens bedeutet. Kelly hat recht. Aber wie hatte er entdeckt, dass die Konstruktion des Adverbs mit ‚was zurückhält' ein Fehler ist? Keine Grammatik, kein Wörterbuch konnte ihm das sagen; es war seine umfangreiche und akkurate Kenntnis der griechischen Sprache, die ihn dies verstehen ließ - eine Kenntnis, die die Frucht langer und geduldiger Studien war." Kelly war nach der Meinung von Bruce der beste Gelehrte unter den „Brüdern" im 19. Jahrhundert. Jeder moderne Autor, der sich in seinen Studien nicht auf Kelly bezieht, vernachlässigt nach meiner Überzeugung sträflich den Beitrag, den Kelly auf dem Gebiet des Verständnisses der Heiligen Schrift noch heute zu leisten vermag.

Die veröffentlichten Werke dieses fähigen Arbeiters nehmen im *British Library Catalogue* vier große Seiten in Anspruch. Viele seiner Werke - mehr, als der Katalog enthält - sind auch nach einem Jahrhundert noch immer im Druck. Vielleicht kann William Kelly als der herausragendste Autor und Herausgeber unter den „Brüdern" betrachtet werden. Er veröffentlichte nicht nur einen ununterbrochenen Strom von Büchern, Broschüren und Traktaten, sondern gab auch von 1850 bis 1906 *The Bible Treasury* heraus, eine gehaltvolle monatliche Zeitschrift. Auch die *Collected Writings* von John N. Darby, dessen lehrmäßiges Verständnis sich mit dem seinen nahezu vollständig deckte, gab er heraus. Diese Arbeit erforderte ermüdende Sucharbeit während vieler Jahre (34 Bände, 1867-1883) und in mehreren Sprachen.[148] Doch William Kelly leistete damit der Versammlung Gottes einen wichtigen

148 Bis zu Kellys Tod war der größte Teil von Darbys Material bereits gesammelt worden, aber es gibt immer noch zahlreiche Texte, die noch nicht gesammelt, übersetzt und herausgegeben worden sind. Ich kenne zwei Brüder, die diese sammeln, aber sie haben noch keinen Herausgeber gefunden.

Dienst, den, wenn überhaupt, nur wenige hätten angemessen erfüllen können. Darby schrieb 1865 in einem Brief an Kelly:

> Mein lieber …,
> … Ich hatte Ihr Unterfangen vergessen, und ich fürchte mich etwas, wenn ich das Ausmaß der Veröffentlichungen sehe. Ich denke, dass einige Bemerkungen noch überarbeitet werden sollten, aber ich habe nichts dagegen, wenn sie als Notizen gedruckt werden, wenn sie denn nützlich sind. Selbst die Vorträge enthalten Dinge, die ich so nicht akzeptieren würde; sie wurden zuerst mit einer Anmerkung herausgegeben, dass ich sie nicht überarbeitet hatte. Einige der früheren Veröffentlichungen würden einige Bemerkungen erfordern, wo ich inzwischen klareres Licht bekommen habe, aber es wäre besser, sie nicht zu verändern.

Kelly übersetzte auch die *Synopsis* sowie zahlreiche andere Werke von Darby (wie z. B. *The Hopes of the Church of God*[149]) aus dem Französischen.

Zusätzlich gab Kelly eine beträchtliche Auswahl der Werke von J. G. Bellett (1795-1864) heraus. Im April 1870 wurde über den Neudruck der Schriften von Bellett gesprochen und darüber, wie wichtig es sei, Sorgfalt walten zu lassen bei der Herausgabe dessen, wovon er gern zugab, dass es „lieblich und erfrischend“ war. Dazu schrieb er: „Ich habe mehr von J. G. Bellett in der Hand gehabt als vielleicht sonst jemand, und so möge man mir erlauben, meine Meinung zu sagen.“

Einige der bekanntesten Bücher Kellys bestehen aus Vorträgen über Bücher der Bibel. Er schrieb zwei Bücher über die Offenbarung. *Six Lectures on the Church of God* (Sechs Vorträge

149 In Großbritannien zuerst im Jahr 1841 veröffentlicht durch Francis Baisler, Oxford Street 124, London, und durch Kelly später neu herausgegeben in der Oktoberausgabe 1848 von *The Prospect*.

über die Versammlung Gottes) wurde in Buchform herausgegeben und erreichte vor seinem Heimgang acht Auflagen; derzeitig ist dieses Buch bei drei Verlagen auf drei Kontinenten erhältlich. Auch seine Vorträge über *The New Testament Doctrine of the Holy Spirit* (Die Lehre des Neuen Testamentes über den Heiligen Geist) wurden veröffentlicht; über sie sagte William Reid (1822-1881): „So etwas wird man nirgendwo anders finden; und ganz sicher ist die Darlegung der schriftgemäßen Sichtweise über den Heiligen Geist ein wesentlicher Teil des Paniers gegen den Feind."

Stets erwies Kelly sich als unermüdlicher Arbeiter: ob es darum ging, dass er unmittelbar für den Druck schrieb oder dass die Notizen, die seine Frau während seiner Vorträge mitstenografierte, zur raschen Veröffentlichung bearbeitet werden mussten. Den Wert seiner Bücher zeigt nicht nur die bemerkenswerte Liste gelehrter Werke, die er zu seinen Lebzeiten hervorbrachte, sondern er lässt sich auch an der Tatsache ablesen, dass praktisch alles seither ununterbrochen im Druck ist und seine Leserschaft auf allen Kontinenten ständig wächst. Seine Bücher werden in englischer Sprache gegenwärtig in Kanada, Indien, den Niederlanden, Großbritannien und den USA herausgegeben, und seine Schriften sind in zahlreiche Sprachen übersetzt worden: Dänisch, Deutsch, Französisch, Niederländisch, Norwegisch[150], Portugiesisch, Rumänisch, Russisch, Schwedisch[151], Spanisch und Tschechisch. Auch heute noch bringen sie ungezählten Lesern in der ganzen Welt Nutzen und Erbauung.

---

150 *Lectures on the Revelation* (Vorträge über die Offenbarung), eine Ausgabe in der norwegischen Staatsbibliothek; undatiert (in gotischer Schrift).

151 *En Kropp och en Ande* (Ein Leib und ein Geist), herausgegeben um 1879 durch Hedman. Wenn auf Schwedisch (und Norwegisch) mehr von Kelly erhältlich gewesen wäre, hätte das „Zeugnis" in Skandinavien möglicherweise einen anderen Lauf genommen.

Bevor William Reid[152] sich zu den „Brüdern" hielt, war er presbyterianischer Geistlicher und wohnte in Cambridge Street 1, Castle Terrace, Edinburgh. Während er noch zur presbyterianischen Kirche gehörte, beschrieb er die Literatur der sogenannten „Plymouth-Brethren" und bemerkte im Februar 1875: „Für den Anfang sollte man es mit den Werken von Mr. W. Kelly wagen. Er hat eine Serie von Einleitungen zu Büchern des Alten und Neuen Testaments geschrieben. Sechs Bände davon sind bereits bei W. H. Broom, Paternoster Square 25, London erhältlich." Ein Jahr später war Reid bereits in Gemeinschaft mit den „Brüdern" gekommen. William Horner (Paternoster Square 27[153]) veröffentlichte Kellys Bücher *Pentecostal Times* (Pfingsten) und *Song of Songs* (Das Hohelied) im Jahr 1876, als Reid zusammen mit Samuel Frederic Hedman und dessen Frau nach Schweden ging. Sie ließen sich in Göteborg nieder, um dort einen Verlag für „Brüderliteratur" in schwedischer Sprache zu gründen. (Samuel starb 1880 im Alter von 38 Jahren. Seine Witwe Susie, geborene Cronin, führte das Werk bis zu ihrem Heimgang im Sommer 1946 weiter.)

Reid legt eine beeindruckende Liste der Titel von Kelly vor und erwähnt dabei, dass diese Titel im Allgemeinen mit einer neuen Übersetzung des Bibeltextes versehen waren: Jesaja[154],

152 Der Autor von *Literature and Mission of the so-called Plymouth Brethren* (1875) darf nicht verwechselt werden mit seinem Namensvetter, der eine erbärmliche Kritik über die „Brüder" schrieb. W. Black bemerkt, dass der presbyterianische Geistliche „dafür berühmt war, seine gesamte Zuhörerschaft ‚hinausgepredigt' zu haben", bevor er seine Glaubensgemeinschaft verließ.

153 Horners Adresse im Jahr 1873 in Manchester war Bloomsbury 93.

154 *Jesaja* erschien zuerst als *Notes on Isaiah* (Bemerkungen über Jesaja) 1864 in *The Bible Treasury*, wurde dann durchgesehen und 1871 als *Lectures on Isaiah* (Vorträge über Jesaja; 282 Seiten) herausgegeben. Das Vorwort dazu schrieb Kelly während eines Aufenthalts im Juli in Cheltenham. 1897 wurde eine Auslegung des Buches Jesaja (485 Seiten) veröffentlicht. Sie enthielt eine korrigierte Übersetzung und einen vollständigeren Kommentar.

Daniel, Matthäus, Römer, Galater, Epheser, Philipper und Kolosser sowie das Buch der Offenbarung[155].[156] Er fügt hinzu: „Dies ist tatsächlich das einzige Buch über die Offenbarung, das man lesen muss." Weiter stellt Reid fest: „(Kelly) hat auch viele Vorträge, Traktate und Broschüren geschrieben. Eins seiner neueren Werken ist *Three Lectures on Worship* (Drei Vorträge über Anbetung), das in die Tiefen des Themas ‚Anbetung' eindringt; auch *The Christian Ministry* (Der christliche Dienst) sollte man auf jeden Fall gelesen haben, weil es die Auffassungen der ‚Brüder' über diesen Gegenstand mit Präzision, Vollständigkeit und Klarheit darstellt; ebenso *The Action of the Holy Spirit in the Assembly* (Das Wirken des Heiligen Geistes in der Versammlung) mit Vorträgen über 1. Korinther 12 und 14; Vorträge über *The Lord's Supper* (Das Mahl des Herrn), die in Edinburgh gehalten wurden; *The Sabbath and the Lord's Day* (Der Sabbat und der Tag des Herrn); und etwas über *The Lord's Prayer* (Das Gebet des Herrn). Der berühmte Vortrag *Daniel's 70 Weeks* (Die siebzig Wochen Daniels) wurde im Jahr 1876 in Seymour Hall, London, gehalten und kurz danach von W. H. Broom herausgegeben. Seither hat sich die Auslegung gut verkauft."[157]

---

155 Der Geistliche W. T. Turpin (1834-1914; Magister der Philosophie) aus St. Giles, Glasgow, empfahl dieses Buch mehr als zehn Jahre vorher in *The Spiritual Watchman* am 1. August 1865 als „wahrscheinlich das beste Werk über die Offenbarung, das je veröffentlicht wurde".

156 Diese Liste könnte noch ergänzt werden um Jeremia, Hesekiel, 1. und 2. Korinther, 1. und 2. Thessalonicher, 1. und 2. Timotheus, Titus, Philemon, Jakobus, Judas und andere, die im Buch erwähnt werden.

157 Dies erinnert mich an eine Begebenheit, die William Kelly nicht mehr miterlebt hat. Nach seinem Heimgang hatte der damalige Herausgeber seiner Bücher, C. A. Hammond, gerade sein Lager aufgefüllt, als ein anglikanischer Geistlicher das Lager in Little Britain 11 betrat. Als er diesen Titel sah, bemerkte er: „Ich wusste nicht einmal, dass es bei Daniel irgendwelche Wochen gibt." Eine der Hammond-Töchter sorgte dafür, dass er sie kennenlernte, und schlug ihm vor, über dieses Thema in seiner Kirche zu predigen!

Im darauffolgenden Jahr gab Broom *The Pentateuch and its Critics* (Die fünf Bücher Mose und ihre Kritiker) heraus; und nach und nach wurden viele weitere wertvolle Schriften Kellys veröffentlicht. Selbst im vorgerückten Alter ließ Kellys außerordentliche Arbeitsleistung nicht nach. Der Umfang seines Werkes wird darüber hinaus deutlich an der Bücherliste, die sein Verleger F. E. Race im Jahr 1907 herausgab, und auch diese Liste ist keineswegs vollständig. Der Einfluss seiner Schriften war groß und zeigte sich weit hinaus über die Grenzen der Versammlungen der „Brüder". Sogar außerhalb der evangelikalen Kreise, die den einen oder anderen Standpunkt in Bezug auf die biblische Lehre angenommen hatten, zeigten seine Schriften Wirkung – zum Beispiel in der politischen Welt einiger großer Staatsmänner. Mancher wird überrascht sein zu hören, dass die Lehre der „Brüder" sogar in der Spitze der Gesellschaft ihre Auswirkungen hatte.

Die „Brüder" beobachteten die Entwicklungen im Nahen Osten mit großem Interesse. Die Zeitschrift der Brüder in Blackheath, *The Morning Star* (ab 1894), enthielt zahlreiche Artikel über die Aussichten des Volkes Israel, in sein Land zurückzukehren. Kelly hatte in einem Brief an den ehemaligen Premierminister William E. Gladstone 1896 erklärt: „Die Propheten verkünden, dass Gott Israel in souveräner Gnade wiederherstellen wird." Das Interesse an der Einrichtung eines Heimatlandes für Israel wuchs, und 1897 gründete Theodor Herzl (1860-1904) die weltweite Zionistische Weltorganisation.

Am 28. November 1901 schrieb Kelly mit freudigem Ausruf: „Mein lieber J., … ‚Isaac' ist da …" Zwei Tage später sandte er ein Exemplar seines neuesten Buches *Isaac* als Geschenk „an den Ehrenwerten A. J. Balfour, mit den Gebeten des Autors" aus seinem Heim in Verner Lodge, Belmont Park, Lee. Balfours Adresse war Carlton Terrace, Westminster.

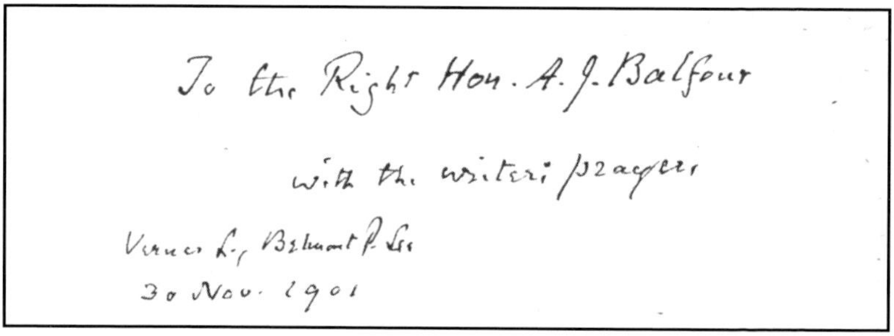
To the Right Hon. A. J. Balfour
with the writer's prayers
30 Nov. 1901

Kellys Inschrift von A. J. Balfour in „Isaac" veröffentlicht 1901

Isaac wurde durch seinen irischen Freund Thomas Weston in seinem Verlag in Paternoster Row 53 in London EC herausgegeben. Fünfzehn Jahre später, am 2. November 1917, standen die Hoffnungen der Zionisten kurz vor ihrer Erfüllung, als der britische Außenminister Arthur Balfour[158] (1848-1930) erklärte: „Die Regierung Seiner Majestät betrachtet mit Wohlwollen die Errichtung einer nationalen Heimstätte für das jüdische Volk in Palästina ..." Diese Tatsachen sind erstaunlich, aber sie scheinen darauf hinzuweisen, dass der Einfluss der „Brüder" auf der Weltbühne größer war, als gemeinhin angenommen wird.

Das Obige erinnert mich an einen verblüffenden Aspekt der „Brüderbewegung": Obwohl die „Brüder" sich allgemein von der Parteipolitik fernhalten, darf doch ihr Einfluss auf die Weltpolitik nicht unterschätzt werden. Bevor Darby das Ende seines außerordentlich aktiven Lebens erreichte, hatte er Amerika fünfmal bereist, und einige sehr einflussreiche

158 Er war von 1887 bis 1891 Hauptstaatssekretär von Irland, von 1891 bis 1902 oberster Finanzminister und diente von 1902 bis 1905 als britischer Premierminister. Es wird berichtet, dass seine Mutter evangelisch war. Seine eigenen religiösen Empfindungen beschreibt er in seinem Buch *How the Ritualists Harm the Church* (1899 veröffentlicht, 974 Seiten).

Männer hatten ihn gehört. Ich bin überzeugt, dass dies ein ausschlaggebender Faktor war, der mit zu der gegenwärtigen wohlgesonnenen Außenpolitik der Vereinigten Staaten von Amerika gegenüber Israel beitrug. Dieser außerordentliche Anspruch wurde in einem langen Leitartikel in der amerikanischen Zeitschrift *Christianity Today* (Oktober 1998) ausgeführt. Interessanterweise brachte auch die *Jewish Chronicle*[159] im selben Monat (16. Oktober 1998) einen halbseitigen Artikel über dasselbe Thema und zog eine direkte Verbindung von dem Besuch J. N. Darbys im Jahr 1862 in Amerika zu der besonderen Haltung der USA gegenüber Israel.

Walter Scott, der selbst eine bemerkenswerte Auslegung der Offenbarung verfasste, schrieb 1904: „W. Kelly ist einer der fähigsten lebenden Ausleger der Heiligen Schrift." Edward E. Whitfield[160], der während der letzten fünfunddreißig Jahre des Lebens Kellys mit ihm befreundet war, schrieb im folgenden Jahr in *Chief Men among the Brethren* eine kurze Biografie. Als er Kellys Auslegungen über den Brief an die Hebräer und die Briefe des Johannes durchgesehen hatte, stellte er fest, dass nur wenige Schreiber so etwas hervorbringen konnten. Er beschrieb Kelly als den letzten Überlebenden einer Generation von Männern Gottes, die mächtig waren in den Schriften. Dies alles zeigt deutlich, dass Kelly ein Arbeiter war, der sich nicht zu schämen brauchte.

---

159 Zurzeit leben etwa 6 Millionen Juden in den USA, davon ein Drittel in New York; ihre Finanzkraft ist sprichwörtlich. Schätzungsweise mehr als 10 Prozent der Amerikaner unterscheiden die biblischen Haushaltungen.

160 Whitfield gab drei hervorragende Werke von W. Kelly mit eigenen gelehrten Anmerkungen heraus: die Auslegungen der Evangelien nach Markus, Lukas und Johannes. Die Veröffentlichung einer Ausgabe des Evangeliums nach Matthäus mit Anmerkungen war angekündigt worden, aber wir haben nie ein Exemplar davon gesehen.

Es wird sicherlich einige Leser interessieren, etwas über die Fortführung der *Bible Treasury* nach Kellys Tod zu erfahren. Nur wenige Tage vor seinem Heimgang äußerte Kelly ausdrücklich den Wunsch, dass F. E. Race als Herausgeber die Arbeit fortführen sollte. Dies stellte sich als schwere Bürde heraus, besonders während der Zeit des Ersten Weltkriegs. Race, der aus Harrogate in Yorkshire stammte und in George Lane, Lewisham, wohnte, wurde der Herausforderung jedoch mehr als gerecht. Er war ein Mann von großer Belesenheit und Kultur und erkannte freimütig an, wie viel er in dieser und in anderer Hinsicht der Freundschaft Kellys verdankte.

Es wurde allgemein angenommen, dass diese Verlegerarbeit geradewegs auf William John Hocking (1864-1953) aus Cornwall übergegangen war. Tatsächlich berichtet Turner eindeutig, dass F. E. Race bis wenige Monate vor seinem Tod im Jahr 1920 der Herausgeber war.[161] Hocking, der mit 19 Jahren darüber nachdachte, seine kongregationalistische Kirche zu verlassen und sich den „Brüdern" anzuschließen, hatte im selben Jahr eine Stelle bei der „Royal Mint" angenommen, der Königlichen Münzanstalt, wo er mit der Zeit zum Betriebsleiter aufstieg. Bis 1892 hatte er in den Versammlungen eine solche Wertschätzung, dass er zusammen mit F. E. Race das Versammlungsverzeichnis herausgab, das die Versammlungen enthielt, die miteinander Gemeinschaft am Tisch des Herrn praktizierten.[162] 1896 hatte er angefangen, eine Zeitschrift für junge Christen herauszugeben, *The Believer's Monthly Magazine*, die bis zum Ende des Jahres 1900 fortgeführt wurde. Walter Kelsey aus Hackney half in dieser Arbeit mit einem Korrespondenz-Bibelkurs für die jungen Leser der Zeitschrift. Kelly äußerte seine Meinung zu dieser

161 F. E. Race, *A Character Sketch*, S. 4.

162 Hockings Adresse war damals Exchange Buildings 2, East Dulwich Road, London SE.

William John Hocking
(1864-1953)

Zeitschrift: „Das *Believer's Monthly Magazine* brauchten wir kaum. Aber ein gutes regelmäßiges evangelistisches Blatt wäre wünschenswert; und ich hoffe, dass die Brüder von Herzen die *Gospel Gleanings* unterstützen."[163] Seit 1901 war Hocking weiterhin dafür verantwortlich, die evangelistische Zeitschrift *Gospel Gleanings* herauszugeben. Dieses Evangeliumsblatt war eine Arbeit, die Kelly sehr förderte und zu der er mehrere ausgewählte Texte beisteuerte, wie zum Beispiel *Jesus Tempted* (Die Versuchung Jesu) und *Today is this Scripture fulfilled in your ears* (Heute ist diese Schrift vor euren Ohren erfüllt). Auch Miss Catherine Helena von Poseck lieferte während ihres Aufenthalts in China (von 1904 an bis wenigstens 1912[164]) Artikel, ebenso wie Samuel Tomkins. Er war für seine Haltung der Gnade bekannt und kümmerte sich hauptverantwortlich um die Belange der Brüder, die unter den britischen Versammlungen arbeiteten. Allerdings war Kelly von

163 Siehe den Brief vom 23. Januar 1901.

164 Siehe *Letters of Interest as to the Lord's Work* vom 27. Juli 1912, herausgegeben von W. J. Lowe, S. 511.

Hocking enttäuscht (und drückte diese Enttäuschung auch in einem Brief aus), weil Hocking in dem Evangeliumsblatt einen langen Auszug aus einer Tageszeitung über die Zerstörung von Pompeji veröffentlicht hatte.

1908 unternahm Hocking eine lange Seereise nach Australien, um dort beim Prägen von Münzen zu helfen. Da er vom 26. Juni bis zum 15. November nicht zu Hause war, hatte er wenig Zeit für die Verlagsarbeit, obwohl er in Melbourne den Schreiber E. J. Thomas traf.

Jedoch lieferte seine Reise ihm eine ganz andere besondere Gelegenheit. Einige Zeit zuvor war Frances, eine Tochter aus Kellys erster Ehe, mit ihrem Ehemann Edward Ramsden nach Australien ausgewandert. Sie bekamen dort fünf Töchter und zwei Söhne, von denen der letzte im Dezember 1981 im Alter von 90 Jahren starb. Sie wohnten in Melbourne; und als Hocking sie am Abend des 17. September besuchte, freuten sie sich ganz besonders, ihn zu sehen, weil er ein enger Bekannter ihres Vaters war. W. J. Hocking schrieb in seinem Tagebuch: „Ich musste ihr als der Tochter von Mr. Kelly nicht einmal vorgestellt werden."

W. J. Hocking „von der Münzanstalt" wurde von vielen als William Kellys geistlicher Nachfolger betrachtet. 1905 bestimmte Kelly ihn zum Mitverwalter des Depots. Er hatte eine gute Verbindung zu Kelly und seiner Familie, und es war nur natürlich, anzunehmen, dass er schließlich die Verantwortung für *The Bible Treasury* übernehmen würde. Jedoch war er mit seiner vollen und schweren Verantwortung in der königlichen Münzanstalt neben seiner Predigttätigkeit und Depotarbeit mehr als gut beschäftigt.[165] Von 1920 bis 1953

---

165 W. J. Hocking war eine der ersten Autoritäten auf dem Gebiet der Münzkunde und schrieb zwei Standardwerke, die heute noch benutzt werden. Chapter Two, London, oder die Buchabteilung in Spink, London, haben gelegentlich Exemplare hiervon auf Lager.

gab er die Nachfolgeschrift *The Bible Monthly* heraus. Er liegt mit seiner ersten Frau auf dem Friedhof in Nunhead begraben, nicht weit entfernt von F. E. Raven und Napoleon L. Noel.

Kelly war es ein großes Anliegen, gute Literatur zu verlegen, und aus vielen seiner Briefe wird deutlich, dass er tiefes Interesse daran hatte, die Werke der „Brüder" herauszugeben. Das Verhalten und die Arbeitsweise der verschiedenen Verleger und Möchtegernverleger unter den „Brüdern" beschäftigten ihn häufig. Aus seinem Schriftwechsel wird deutlich, wie viel er zu diesem entscheidenden Dienst an vorderster Front nicht nur literarisch, sondern auch finanziell beitrug. Ihm war immer daran gelegen, einen zuverlässigen Verleger zu haben, der loyal blieb gegenüber den Wahrheiten, die er lehrte und aus der Schrift erkannt hatte. Etwa seit 1880 bemühte er sich unablässig um einen zuverlässigen Verleger, bis er zuerst Thomas Weston und später F. E. Race fand, die beide willig und fähig waren, dieser Aufgabe gründlich und professionell nachzukommen. Sie gaben bald einen Katalog der Bücher von Kelly sowie Darby, Bellett, Miller, Trotter und Wigram heraus. Verschiedene Verleger hatten sich daran versucht, seitdem George Morrish Kellys Bücher bereitwillig veröffentlicht hatte. Einige Schriften wurden nur gelegentlich herausgegeben, weil Kelly Vorträge an einem bestimmten Ort gehalten hatte. Andere Verleger wie Cheverton und Horner dagegen wurden eine ganze Zeit lang in Anspruch genommen. Horner erwies dabei einen wertvollen Dienst, indem er eine Zeit lang Schriften der „Brüder" in einem preiswerten Papierformat herausgab, um sie weit verbreiten zu können; aber leider änderte er seinen Kurs am Ende seiner Laufbahn. Kelly hatte gehofft, dass William Walters aus Birmingham sich als hilfreich erweisen würde, um seinen gedruckten Dienst zu verbreiten, aber auch er änderte seine Ansichten über die Wahrheiten über die Versammlung. Kellys Unzufriedenheit mag begonnen haben, als er feststellte, dass einiges von seiner

Arbeit nicht die Aufmerksamkeit im Detail erfuhr, die er von einem Verleger erwartete. Er war überhaupt nicht glücklich, dass seine Auslegung der Apostelgeschichte (in zwei Bänden) ohne einen Hinweis gedruckt wurde, wo das zweite Kapitel begann!

Trotz Kellys Enttäuschung über William Walters dürfen wir dessen Beitrag zu der Herausgabe christlicher Literatur keineswegs gering einschätzen. Seine eigene kleine Druckerpresse war durch seine Familie unterhalten worden, und ein beständiger Strom gesunder christlicher Literatur war von ihr ausgegangen. Jedoch wurde ihm mit der Zeit eine andere Aufgabe wichtiger. Er wusste, dass die meisten Bewohner Großbritanniens sogar in den Tagen, in denen das Christentum auf seinem Höhepunkt war, das Wort Gottes wenig kannten. Im Jahr 1888, als er sich mit den Gläubigen in der Versammlung Oake Room in Clapham Junction versammelte, startete er die *Scripture Text Mission*. Vier Jahre später, im Jahr 1892, gründete er die *Scripture Gift Mission* (SGM). Sie befindet sich heute in Eccleston Place, London, und führt die Missionsarbeit fort, die Walters damals im Blick auf die Menschenmenge, die das Evangelium brauchte, begonnen hatte. Gegen Ende seines Lebens gab er jede Woche 300.000 Evangeliumstraktate heraus! Er schlug eine neue Richtung ein. Durch die Anforderungen der SGM musste er das Verlegen der Schriften der „Brüder" aufgeben, und das Vorrecht, als Drucker und Verleger der Schriften von J. N. Darby, C. H. Mackintosh und W. Kelly bekannt zu sein, ging auf einen anderen über.

Kelly war kein Einzelgänger; er schätzte Gemeinschaft und versuchte sie zu fördern, besonders dort, wo man das christliche Zeugnis gemäß dem Wort Gottes verbreiten wollte. Er war nicht in dieser Weise himmlisch gesinnt, dass er nicht, wo nötig, praktische Maßnahmen gekannt hätte, um die Arbeiter in den Versammlungen zu unterstützen. Seine Briefe zeigen sein reges Interesse an dem Wohlergehen derjenigen, mit denen er zusammenarbeitete. Im Oktober 1889 schrieb er:

> „Wir werden in Kürze unsere halbjährliche Sammlung [in der Versammlung in Blackheath] für die Arbeiter im Werk des Herrn im Inland haben; und der liebe P. wird nicht vergessen werden." Auch wenn aufgrund der Prüfungen in den Versammlungen manche Brüder in ihrer Großzügigkeit nachlässig geworden waren, so waren Kellys Gedanken doch immer noch mit den Bedürfnissen der Arbeiter beschäftigt. Später, im Juni 1893, schrieb er: „Bitte sag ihnen in Exeter (oder anderswo), dass wir übereingekommen sind, zu der früheren Gewohnheit einer Sammlung im Juli für Arbeiter im Werk des Herrn im Ausland usw. zurückzukehren. Bekanntgabe am ersten Sonntag, Sammlung am zweiten Sonntag. So wird London wieder damit beginnen – und ich hoffe auch auf dem Land –, was wir in Blackheath auch nicht ein einziges Mal ausgesetzt haben, wie auch immer die Trennungen waren. Warum hätten all diese üblen Entwicklungen das unterbrechen sollen, was angemessen ist? Ich hoffe, dass alle, die hierin nachlässig geworden sind, nun nicht zögern, ihrer Pflicht wieder nachzukommen." Im darauffolgenden Jahr schrieb er in seinem Brief vom März: „Wir sind jetzt übereingekommen, dass wir die Sammlungen nicht länger aufschieben oder ausfallen lassen sollten; ab jetzt also im Januar für die Diener des Herrn im Inland, im Juli für die im Ausland und im Oktober Sammlungen für kostenlose Zuwendungen an Christen im Ausland. Wir schlagen vor: Bekanntmachung jeweils am ersten Sonntag des Monats, die Sammlung am zweiten Sonntag. Mr. C. wird mit zwei Brüdern vom Land (B. und S.) nach den Bedürfnissen der Brüder im Inland sehen; Mr. G. mit B. und G. sorgt für diejenigen im Ausland, und Mr. P. küm-

> mert sich weiterhin um die kostenlosen Zuwendungen. Es wird natürlich keiner dazu gedrängt; aber jeder Gläubige sollte die Gelegenheit haben, bei diesen allgemeinen Dingen mitzuhelfen, und dies zugleich in Zusammenarbeit mit den Versammlungen." Im Februar 1895 schreibt er wieder an seinen Freund Heyman Wreford: „Vergiss nicht, dass Exeter seine Gemeinschaft mit den bedürftigen Dienern im Inland noch nicht erwiesen hat; eine Pflicht, die nie vergessen werden darf, ebenso wie die Sammlung für die Diener im Ausland im Juli."

Vieles änderte sich, aber die Bedürfnisse der Arbeiter im Werk des Herrn blieben unverändert. Im Oktober 1901 schreibt Kelly: „Der liebe S[amuel] T[omkins] wird Ihre frühere Arbeit in Bezug auf die bedürftigen Diener übernehmen. Es ist wichtig, hierfür einen älteren Bruder zu haben, der sie kennt, in ihren Prüfungen mitempfindet und weder nach Zu- noch nach Abneigung handelt; und ich kenne keinen, der so passend wäre wie er. Ich erwähne dies, weil es Sie interessieren und erfreuen wird."

8
„Oft auf Reisen“

Es stellt mich vor ein Rätsel, wie dieser produktive Schreiber noch Zeit für Vortragsreisen auf den Britischen Inseln erübrigte, obwohl die Entstehung und Erweiterung des Eisenbahnsystems zweifellos solche Unternehmungen vereinfachte. Seereisen zwischen den Kanalinseln und dem Festland wie auch nach Irland waren damals nicht sehr komfortabel. Doch während Kelly von 1842 bis 1871 auf Guernsey wohnte, machte er häufig Besuche auf dem Festland, zuerst in Plymouth, danach jeden Sommer in London zu einer Vortragsreihe. Schon während dieser frühen Reisen fand er Zeit, um Artikel und Bücher zu schreiben. 1857 schrieb er von Bath aus Beiträge für *The Annotator*. Während eines Aufenthalts in Dublin 1868 schrieb er das Vorwort zu seiner Neuauflage von *The Second Advent of Christ Premillennial* (Das zweite Kommen Christi vor dem Tausendjährigen Reich). Auch als Kelly kurz vor dem Ende des 19. Jahrhunderts Frankreich besuchte, um sich wegen seines schwachen Gesundheitszustandes zu erholen, ruhte seine Feder selten, doch hierüber später mehr.

Seit er ab 1871 bis zu seinem Heimgang 1906 in Blackheath wohnte, begann er mit regelmäßigen Rundreisen nicht nur zu den Londoner Versammlungen, sondern in einem weiten Kreis zu den vielen Versammlungen in Großbritannien. Auch Irland wurde in seine Reiseroute mit einbezogen. Es gab Zusammenkünfte in Belfast, und auch diese Vorträge waren von hohem Niveau und wurden bald danach gedruckt. Seine Arbeit schloss auch die Teilnahme an vielen Konferenzen zum Bibelstudium ein. Nachweislich nahm William Kelly an folgenden Konferenzen teil: London 1845, Portsmouth 1860, Manchester 1873, Manchester 1876, Swindon 1882 und Bournemouth 1885. Es wird berichtet, dass er 1886 (?) auf der Konferenz in London Dr. Thomas Neatby als Redner für den ersten Tag auswählte und für den nächsten Tag William Burbidge aus Bexhill[166], einen weiteren fähigen und begabten Redner. Weitere Konferenzen, an denen Kelly teilnahm, fanden statt in Exeter 1890, Worthing 1891, Blackheath 1893, Birmingham 1896, Blackheath 1898 (wo etwa sechshundert Personen anwesend waren) und seine letzte Konferenz in Southampton 1905. Von einigen dieser Konferenzen existieren Berichte in gedruckter Form.

Auf der ersten und zweiten Konferenz in Manchester teilten sich viele „große Geister" den Dienst. Charles Stanley, Christopher McAdam[167] (der Schwiegervater von William J. Lowe), James E. Batten, James Butler Stoney, Hugh Henry Snell und W. J. Burton nahmen daran teil. Kelly hielt zwei der vierzehn Ansprachen, eine über Offenbarung 3,11 und die Schlussansprache über Johannes 1,29-43. Die Konferenz im Jahr 1885 in Bournemouth wurde von Albert Midlane (1825-1909), dem bekannten Liederdichter[168], mitgeschrieben. Sein Bericht gibt nicht nur den Inhalt des Dienstes wieder, sondern auch die Atmosphäre brüderlicher Liebe, die die Konferenzwoche prägte.[169] Midlane berichtet, dass viele, die der Beerdigung von J. N. Darby nicht hatten beiwohnen können, während dieser Konferenz die Abendpause nutzten, um sein Grab zu besuchen.

---

166 Neatby und Burbidge gaben die Zeitschrift *Christian Testimony* heraus, die durch Walters, London, und Weston, Dublin, veröffentlicht wurde. Der erste Band ist nicht datiert, erschien aber etwa um 1883.

167 Im Jahr 1877 war seine Adresse: Cambridge Gardens 42, Notting Hill, London NW.

168 Midlane war Eisenwarenhändler auf der Isle of Wight. Er schrieb mehr als tausend Lieder, die in fünfzig verschiedene Sprachen übersetzt wurden, hauptsächlich zur Evangeliumsverbreitung und für Kinder. 1873 wohnte er in Union Street 16, nicht weit vom Versammlungsraum in Newport entfernt. Nach dem Versammlungsverzeichnis von 1877 war seine Adresse Forest Villa, St. John's Road.

169 Der Bericht ist bei Chapter Two, London, erhältlich.

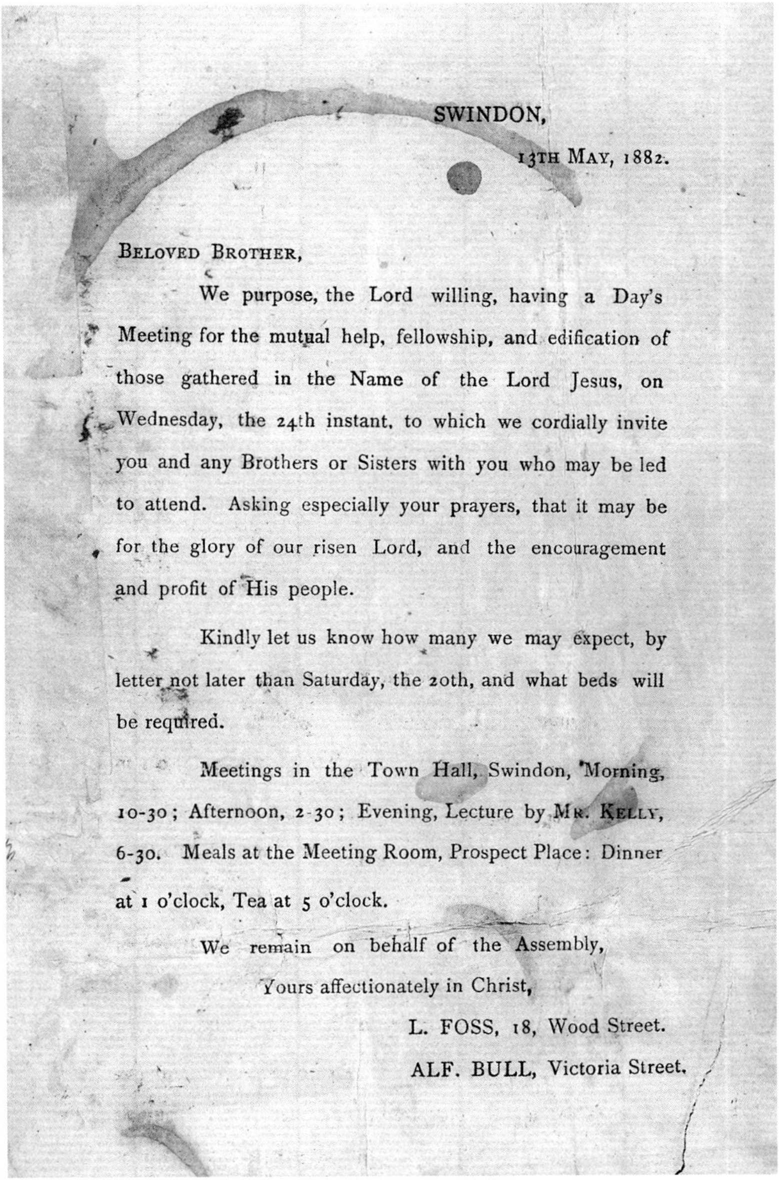

SWINDON,

13TH MAY, 1882.

BELOVED BROTHER,

We purpose, the Lord willing, having a Day's Meeting for the mutual help, fellowship, and edification of those gathered in the Name of the Lord Jesus, on Wednesday, the 24th instant, to which we cordially invite you and any Brothers or Sisters with you who may be led to attend. Asking especially your prayers, that it may be for the glory of our risen Lord, and the encouragement and profit of His people.

Kindly let us know how many we may expect, by letter not later than Saturday, the 20th, and what beds will be required.

Meetings in the Town Hall, Swindon, Morning, 10-30; Afternoon, 2-30; Evening, Lecture by MR. KELLY, 6-30. Meals at the Meeting Room, Prospect Place: Dinner at 1 o'clock, Tea at 5 o'clock.

We remain on behalf of the Assembly,
Yours affectionately in Christ,
L. FOSS, 18, Wood Street.
ALF. BULL, Victoria Street.

Bekanntmachung der
Zusammenkünfte in Swindon, 1882

LIST OF MEETINGS

of saints gathered to the Lord's Name in Great Britain and Ireland.

LONDON:
T. CHEVERTON, 100, CITY ROAD,
1892.

The object of this list is simply to promote the fellowship of saints. It, in no wise, pretends to authority but convenience. And, though every care has been taken to ensure agreement with the particulars supplied by the various assemblies, it is quite possible that some names are incorrectly included or excluded through lack of information. If such be discovered, it is particularly requested that notice of the same may be sent to either of the addresses below. For the insertion of such alterations and also of new addresses, the book is issued interleaved.

F. E. RACE,
29, George Lane,
Lewisham, London, S.E.

W. J. HOCKING,
2, Exchange Buildings,
East Dulwich Road,
London, S.E.

Jan. 1892.

Liste der sogenannten Kelly-Versammlungen im Jahr 1892

LIST OF MEETINGS. 7

GLOUCESTER, Meeting Room, Russell Street, Clarence Street.
L.D. 10.30 : 3 : 6.30. M. 8. Th. 7.
GOSPORT, Hants, 14, Clarence Square.
L.D. 11 : 6.30. M., W. 7.
GRANGETOWN, near South Bank, Yorks.
GRIMSBY, see Waltham.
GUERNSEY, St. Peter's Port, Valnord Road.
L.D. 10.30 : 6.30. M. T. W., Th. 7.30.
„ St. Sampson's Bridge Meeting Room. L.D. 10.30: 6. T., Th. 7.30.
„ Carteret, (French Meeting).
L.D. 10 : 6. W. 8.
HALESWORTH, see Walpole.
HALIFAX, see Boothtown.
HALLATROW, see Farrington Gurney.
HAMPTON Wick, see Kingston.
HANWELL, Middlesex. Enquire of Mr. Kefford, 3 Buckingham Terrace, St. Margaret's Rd
HASLINGTON, near Crewe, Cheshire, at John Clift's, New Street. L.D. 10.30.
HASTINGS, see Bexhill.
HAVERFORDWEST, Pembroke, Gosp l Room, Quay Street.
L.D. 11 : 6.30. M., T., Th. 7.30.
HAWKHURST, Kent, Highgate Hill.
L.D. 10.45: 6.30. M. 6.15. W. 8.30. F. 6.30.
HEREFORD, Prospect Place, Bath Street.
L.D. 10.45. Gospel at St David's Villa, Munstone, Holmer. 6 30.
HERNE BAY, Kent, The Room, Sunnyside.
L.D. 11 : 6.30. M., Th. 7.30.
HIGH WYCOMBE, Bucks. Enquire of Mr. Toovey, Sheffield Cottage, Desboro' Road.

8 LIST OF MEETINGS.

HOLBROOK, near Derby. Enquire of Mrs. Charlotte Bowley.
HOUNSLOW, Middlesex, Meeting Room, Fair Street. L.D. 11 : 6.45. M., W. 7.30.
HOYLAND COMMON, near Barnsley, Yorks, at Mr. H. Siddall's, Market Corner.
L.D. 10.30: 6. T., Th. 7.
HUDDERSFIELD, Yorks, 2, Spring Street.
L.D. 10.30: 6.30. W. 7.45.
HULL, Yorks, 20, Anlaby Road.
L.D. 11. Prayer Meeting: 2.30. (B.B.) : 6.30. T., Th. 7.30.
HUTTON RUDBY, Yorks, at Bathurst House.
L.D. 2 : 6.30.
ILFRACOMBE, Devon, The Baths.
L.D. 11 : 6.30. M. 7.30.
ILMINSTER, Somerset. Enquire of W. R. Guest, Broadway Hill.
IPSWICH, Elm St. Room, St. Mary Elms
L.D. 10.45 : 6.30.. M., W. 8.
ISLE OF MAN, see Ramsey.
ISLEWORTH, see Hounslow.
JERSEY, Channel Islands, St. Heliers, Prince of Wales's Rooms, Minden Street.
L.D. 11 : 6.30. M., W. 7.30.
„ St. Clement's (French Meeting).
L.D. 11 : 6.30. M., Th. 7.30.
KENILWORTH, Warwick, Iron Room, Milbrook. L.D. 11 : 6.30.
KIDDERMINSTER, Worcester.
KINGSTON-ON-THAMES, Surrey, Eden Street, St. James' Road.
L.D. 11 : 6.30. M., Th. 7.30.
LANDPORT, Hants, Landport Hall, Commercial Road. L.D. 11 : 6.45. M., W. 8.

LEEDS, Yorks, 8, Tower Buildings, Albion St.
L.D. 10.45 : 6.30. T. 7.30.
LEIGH, see Sherborne.
LINCOLN, Water Lane, near Post Office.
L.D. 11 : 6.30. M., W. 7.30.
LITTLE WALTHAM, Essex, The Room, Blasford Hill. L.D. 10.30 : 6.30.
LIVERPOOL, 64, Gladstone Road, Edge Hill.
L.D. 11 : 6.30. M., Th. 8.
LLANDUDNO, Carnarvon, Mission Room, Cwlach Street. L.D. 10.20 : 6.15.

LONDON.

BAKER STREET, see Edgware Road.
BERMONDSEY, Camilla Room, Alexis Street, Camilla Road, S.E.
L.D. 11 : 7. M., Th., S. 8.
BLACKHEATH, Bennett Park Hall, S.E.
L.D. 11 : 7.15. M., W., Th. 7.30.
BOROUGH, The Room, 2, Silvester Street, Gt. Dover Street, near St. George's Church, S.E. L.D. 11 : 7. M., Th. 8.
BROCKLEY, 228A, Malpas Road, S.E.
L.D. 11 : 7. M., W. 7.30.
CHELSEA, 15A, Park Walk, Fulham Road, S.W. L.D. 11 : 7. M., W., S. 8.
CLAPHAM, Carfax Square, Park Road, S.W.
L.D. 11 : 6.45. M., F. 7.30.
CLAPHAM JUNCTION, Oake Room, Plough Road, St. John's Hill. S.W.
L.D. 11 : 7. M., Th. 8.

DEPTFORD, over Mr. Leidig's, confectioner 390, New Cross Road, opposite Railway Station, S.E.R.
L.D. 11 : 7. M., Th. 7.30.
EDGWARE ROAD, Quebec Institute, Baker Street, W. L.D. 11. W. 7.45.
FINSBURY PARK, Albion Hall, 12, Stroud Green Road, N.
L.D. 11 : 6.45. M., W. 7.30.
FOREST HILL, Havelock Street, London Rd., S.E. L.D. 11 : 6.45 M., W. 7 45.
GREENWICH, Concert Hall, Royal Hill S.E.
L.D. 11 : 7. M., F. 7.30.
HACKNEY, Meeting Room, Richmond Road, rear of 264, Mare Street, E.
L.D. 11 : 7. M., Th. 7.30.
HAVERSTOCK HILL, nr. Midland Railway, N.W.
L.D. 11 : 7. M., W. 8.
KENNINGTON, Montford Street, Kennington Green. S.E. L.D. 11 : 6.45. M., Th. 7.30.
LEWISHAM, Hither Green Lane Hall, S.E.
L.D. 11 : 6.45. M., Th. 7.30.
OLD KENT ROAD, Alexandra Hall, rear of 274, Old Kent Road, S.E.
L.D. 11. M., Th. 8. S. 7.30.
PECKHAM, 32, Blenheim Grove, Rye Lane, S.E. L.D. 11 : 6.45. M., Th. 8.
PEMBROKE STREET, (late William Street,) Caledonian Road, N.
L.D. 11 : 7. M., Th. 8.
PLUMSTEAD, Plum Lane, Plumstead Common S.E. L.D. 11 : 6.30. M., Th. 7.30.
PLUMSTEAD, Inverness Place, S.E.
L.D. 11 : 6.45. M., Th. 7.45.

STEPNEY, 12, Maidman St., Burdett Road, E.
L.D. 11 : 6.45. M., F. 7.45.
WEST NORWOOD, over Co-operative Stores, High St, S.E. L.D. 11 : 6.30. F. 7.30. M., Prayer Meeting at 100, High St. 7.30.
WOOLWICH, Albion Hall, Bowling Green Row, near Dockyard Station.
L.D. 11 : 6.45. M., Th. 7.30.

LOUDWATER, near High Wycombe, Bucks, Iron Room. L.D. 11 : 6. M., Th. 7.
LOWESTOFT, Suffolk. Enquire of Mrs. Rowlands, Grove Terrace.
LOW HILL, see Spetchley.
LUTON, Bedfordshire, Chase Street.
L.D. 11 : 6.30.
LYNDHURST, Hants. Meeting Room, Wellands Road. L.D. 11 : 6.30.
MALTON, Yorks. Castlegate Room.
L.D. 10.45 : 6.30.
W 7.30. at 10, Castlegate.
MANCHESTER, The Room. Denmark Rd., over Co-operative Stores, near St. Clement's Church, Greenheys Lane.
L.D. 10.30: 6 30. M., Th. 7.45.
MANSFIELD, Notts, Radford St. (near the Station.) L.D. 10.30 : 6. T. 7.30. Th. 8.
MANSFIELD WOODHOUSE, Notts, Station St.,
L.D. 10.30 : 6. M., Th. 7.30.
MARGATE, Kent, Gospel Hall, Grotto Hill.
L.D. 11 : 6.30. M. 7.30. F. 7.
MARLESFORD, Suffolk, The Room, near Railway Station.
L.D. 11 : 3 : 6.30. M., Th. 7.15.

IRELAND.

AHOGHILL, near Ballymena, Antrim, Mr. Lewis.
L.D. 12.
BALLYMENA, Antrim, 27, Wellington St.
L.D. 12.
BELFAST. Enquire of Mr. McConnell, 22, Apsley St., Donegal Pass.
DUBLIN, 71 Strand Road, Sandymount.
L.D. 12. M., Th. 7.30.
GLARRYFORD, near Ballymena, Mr. D. Love, Brick House, Kilkreen. L.D. 12. Th. 7.
HOLYWOOD, Down. Enquire of Mr. Macaulay The Medical Hall, 10. High St.
MACOSQUIN, Coleraine. Enquire of A. Storey.

Hocking erwähnt, dass Kelly „regelmäßig vor einer Zuhörerschaft in verschiedenen Landesteilen diente". Im Jahr 1882 umschloss seine Reiseroute durch die Midlands üblicherweise Birmingham, Worcester, Coventry und Rugby. Sein Ziel war immer, diese Versammlungen in Bezug auf die Wahrheit über die Kirche zu erbauen und zu stärken. Es gab beständige Sorgen um einige Versammlungen, wo die Überzeugung schwächer geworden war. Stets bestand die Gefahr, dass andere Gruppen in die Versammlungen eindrangen und sie verwirrten. Doch auch von solchen Sorgen abgesehen, waren regelmäßige Besuche immer notwendig.

Im Westen des Landes gab es Versammlungen von stabilerem Charakter. Kellys Besuch dort im Jahr 1883 führte ihn zuerst nach Ilfracombe, dann nach Exeter, wo er die Gastfreundschaft im Haus von Heyman Wreford, dem Sohn von Samuel Wreford[170], genoss. C. H. Mackintosh hatte Heyman schon früh als einen Bruder erkannt, der eine evangelistische Gabe besaß. Der junge Heyman fragte ihn, wo in den Straßen von Scarborough er am besten predigen solle. Der erfahrene Verkündiger des Evangeliums schickte ihn zu einer passenden Stelle, wo er unter freiem Himmel das Evangelium predigen konnte, und bald hatte Heyman viele Kinder um sich versammelt, die die Frohe Botschaft hörten. Er sagte ihnen, sie sollten um acht Uhr abends wiederkommen, und als er abends dorthin kam, fand er zu seinem großen Erstaunen die Straße vollgestopft mit Menschen.[171] Im Alter von 30 Jahren begann Dr. Wreford seine evangelistische Arbeit im Westen des Landes. Innerhalb eines Jahrzehnts war die Versamm-

170 Er wohnte von 1873 bis 1877 in Fore Street 83. Der Versammlungsraum in Exeter befand sich damals in der Friernhay Street. Samuel Wreford liegt nahe bei dem Grab seines Sohnes in Exeter begraben.

171 Siehe *A Message from God*, Juni 1914, S. 83. (Diese Monatszeitschrift wurde fünfzig Jahre von H. Wreford herausgegeben, und zwar ab 1884 bis zu seinem Tod im Jahr 1934.)

lung in Exeter von dreihundert auf zweitausend Personen angewachsen, hauptsächlich durch sehr eifrige evangelistische Bemühungen. Doch bald schrieb William Kelly seinem Freund Heyman und wies ihn nachdrücklich darauf hin, wie wichtig die „Liebe zum Evangelium und zu Christus" *und* wie gefährlich ein von der Versammlungswahrheit getrenntes Evangelium ist.[172]

Ob die Versammlungen nun groß oder klein waren: William Kelly ging überall dorthin, wo man seinen Dienst als Lehrer und Prediger nötig hatte. 1883 hoffte er, auch die Versammlung in Crediton in seinen Reiseplan aufnehmen zu können, aber ob er frei wäre, dorthin zu gehen, hing von der Gesundheit seiner Frau ab.[173] Seine eigene Kraft war bemerkenswert. Nachdem er 1883 in Devon gewesen war, fuhr er im selben Jahr zu Vorträgen nach Schottland. In der Bridge Street Hall in Montrose hielt er vier Vorträge, die danach von John Leng herausgegeben wurden. Seine Themen waren: „Das Kommen des Herrn", „Der Tag des Herrn", „Die Errettung durch Gnade" und „Die Fülle Christi". Das dritte Thema war ein hervorragendes Beispiel für seine Gabe als Verkündiger des Evangeliums. In dieser Ansprache stellte er die Frage: „Wissen Sie, woher es kommt, dass 99 Prozent aller Menschen im Irrtum über die Lehren der Bibel sind? Es kommt daher, weil sie in Bezug auf das Evangelium nicht klarsehen; sie sind nicht gesund im Blick auf die erste Grundlage."

---

172 Siehe seine Briefe vom 21. Mai 1887 und 13. Dezember 1889. „Das Evangelium von der [Wahrheit über die] Versammlung zu trennen, ist eine Sache, die Gott nie unter uns segnen wird. Wenn die Leute den Segen nur in Bekehrungen sehen – das wird sich absolut in Evangelikalismus auflösen. Wir sehen dies direkt und aktiv am Werk in London, noch mehr und noch gefährlicher als auf dem Land … eins der schlimmsten [Werke] in dieser zerstörerischen Bewegung wie auch in allen Dingen, die die Neigung haben, sich beliebt zu machen und sich von der klaren Wahrheit zu lösen."

173 Siehe seinen Brief vom 13. Oktober 1883.

Es gab Versammlungen im Osten Englands, die Besuche nötig hatten, und er berichtet im April 1884 von seinen Reiseplänen in die Grafschaften Essex und Suffolk, wo er die Gläubigen in Brentwood, Chelmsford, Colchester, Ipswich und dann im Mai in Sudbury besuchen wollte. „Von zu Hause weg zu sein, ist nicht so leicht“, schrieb er in diesem Jahr. Dass seine eigenen gesundheitlichen Probleme wuchsen, dass er kürzlich seine leidende Frau verloren hatte und dass auch seine Kinder nicht immer bei guter Gesundheit waren, muss schwer auf ihm gelastet haben. Doch dem Herrn und den Seinen dienen musste er, obwohl er es nicht auf Kosten echter Zuneigungen zu seiner Familie tat. In seinem Schriftwechsel erwähnt er neben Einzelheiten über das Geschäft und den Dienst auch oft solche Dinge, die ihm am Herzen lagen. Im Juni 1884 war er gerade von den Midlands zurückgekehrt, als er schon wieder über einen Besuch auf der Isle of Wight nachdachte, den er Ende des Monats auch unternahm. „Von Poseck ist in Schottland, George [Kelly][174] hat eine Halsentzündung, sodass ich kaum sagen kann, wann ich wieder in Exeter zu sein hoffe.“ Andererseits gab es auch in Blackheath einiges zu tun. Im Juni 1884 lud er Dr. Wreford ein, Evangeliumsvorträge zu halten. Obwohl Kelly selbst nicht da sein würde, sorgte er doch dafür, dass die Veranstaltungen angekündigt wurden, und er ermahnte die Geschwister der Versammlung, dass „jeder mindestens zwei Ungläubige“ mitbringen sollte, damit sie die Verkündigung hören sollten. „Wenn der Herr Menschen zu sich zieht, häng noch ein paar Abende an“, schrieb er Heyman. Es gab Bekehrungen, und im Oktober war Heyman Wreford erneut in Blackheath für weitere Evangeliumsverkündigungen.

---

174 Sein jüngerer Sohn George Kelly nahm im Jahr 1890 eine Beschäftigung in einer Bank auf.

Im Sommer 1892 war Kelly auf Reisen nach Burton-upon-Trent, Manchester, Rochdale[175], dann weiter nach Sheffield, wo George Rymer[176] wohnte und sich mit den Gläubigen versammelte. Er beendete seine Reise in London (wahrscheinlich Oake Room, Clapham) mit einer Zusammenkunft, bevor er nach Blackheath zurückkehrte. Anfang des Winters im selben Jahr reiste er nach Edinburgh, Leith und dann nach Glasgow. Danach ging er nach Perth, noch einmal nach Montrose, und er hoffte auch noch nach Aberdeen zu kommen und plante seine Rückkehr nach South East London für Ende November. Dieser Reise folgten Zusammenkünfte im Westen und in Bath, in Bristol, dann in Südwales in Monmouth, Newport und Haverfordwest; danach kehrte er nach England zurück für eine Zusammenkunft in Gloucester, von dort nach Swindon, wo sein Freund Alfred Bull in Treue diente, und schließlich nach Oxford.

Er führte seine Vortragsreisen unvermindert weiter, aber sie bestanden nicht nur aus Zusammenkünften zur Auferbauung der Gläubigen. Begräbnisse boten ebenfalls die Gelegenheit, den Trauernden den Trost des Evangeliums zu bringen. Anfang des Jahres 1879 starb G. V. Wigram, der enge Vertraute J. N. Darbys, im Alter von 74 Jahren. Sein Heimgang war ein bewegendes Erlebnis für viele Brüder, die ihn und seine tiefe Hingabe an Christus und sein Interesse an dem Zeugnis der Versammlung gekannt hatten. Er wurde auf dem Friedhof in Paddington, Willesden Lane, London North West, begraben. Für sein Begräbnis gab es keine festgesetzte Ordnung des Dienstes, kein vorher festgelegtes Programm. Die Trauerfeier begann, und das „fast schmerzhafte" Schweigen

175 Bei dieser Gelegenheit machte er keinen Besuch bei seinem engen Freund Henry Pontis in Rotherham.

176 Als seine Adresse in den Jahren 1873 bis 1877 wird Sherwood Gardens, Mansfield, Nottinghamshire angegeben.

wurde von Dr. Cronin gebrochen, der „in einem kurzen Gebet, das durch Inbrunst und Erhabenheit gekennzeichnet war, mit bewegender Schlichtheit von George Wigram sprach als einem, der Christus nahezu fünfzig Jahre lang nachgefolgt war". Kelly und andere (Christopher McAdam, Thomas Blackburn Baines, Robert F. Kingscote und James B. Stoney) nahmen mit kurzen Gebeten an der Trauerfeier teil. Später tat John Beaumont einen Dienst aus dem Wort Gottes.

Kellys Freund Alexander Young, in dessen Haus „The Friars" er sich aufhielt, wenn er Braintree in Essex im Südosten Englands besuchte, starb im späten Dezember 1893 im Alter von 63 Jahren. William Kelly und Captain Henslow waren die zwei Brüder, die bei seinem Begräbnis am 2. Januar 1894 sprachen. Kelly hatte sich oft in „The Friars" aufgehalten und auch Vorträge im Haus gehalten, und er hatte dort Gastfreundschaft und häusliche Annehmlichkeit genossen. Mr. Boiley von der Versammlung in Braintree erinnerte sich, dass William Kelly nach seinen Vorträgen noch lange aufblieb und mit Schreiben beschäftigt war. Bei einer Gelegenheit hatte er mitten in der Nacht ein wenig Geräusch verursacht, und als jemand aufstand, um nachzusehen, war Kellys entschuldigende Erklärung: „Tut mir leid. Ich lege gerade nur noch Kohlen auf das Feuer."

Ein anderes erwähnenswertes Begräbnis war das von Julius Anton von Poseck. In einem Brief vom 11. Juli 1896 schreibt Kelly: „Der liebe Mr. von P. verfiel zusehends seit dem Heimgang seiner Frau und seit einem Unfall, der ihm zugestoßen war, ihm aber zunächst wenig geschadet zu haben schien. Er starb am letzten Montag um zwei Uhr morgens; das Begräbnis fand gestern Nachmittag kurz vor vier Uhr auf dem Friedhof in Lewisham statt. Eine ansehnliche Gesellschaft aus allen Stadtteilen Londons und vom Land, von Norden und Süden, war zusammengekommen, besonders von den Versammlungen in seiner eigenen Nachbarschaft. W. aus Lewisham schlug

Lied 316, *We are by Christ redeemed,* am Grab vor (wir gingen sogleich zum Grab, ohne zuvor in der Friedhofskapelle gewesen zu sein). Ich betete, las dann 1. Korinther 15,55-57 und wandte mich hiermit an Gläubige und Ungläubige. Ein anderer Bruder schlug Lied 266 vor, *Christ the Lord will come again,* und W. betete. Zum Schluss wurde ein Segen gesprochen, bevor wir aufbrachen. Miss von P. und viele Schwestern waren dort. Alle waren so glücklich (wie solch eine Gelegenheit es zulässt), weil unser geliebter Bruder abgeschieden war, um bei Christus zu sein."

Im Jahr 1899 war W. Kelly immer noch auf seinen Vortragsreisen, dieses Mal nordwärts nach Middlesbrough. Dies alles führte er ohne Unterbrechung durch. Wenn er zu Hause war, hielt er den wöchentlichen Vortrag in Blackheath sowie gelegentliche Ansprachen in Lewisham und anderen Versammlungen in den Vororten. Er nahm auch an den monatlichen Wortbetrachtungen in Plum Lane[177], Plumstead Common, teil. Sein erster Besuch bei seinem Freund William George Scott[178]

---

177 Der Versammlungsraum am Ende der Plum Lane wurde etwa 1865 auf Kosten von Mr. Scott gebaut. Von J. N. Darby und G. V. Wigram wird berichtet, dass sie dort Zusammenkünfte besuchten. (Quellen: Eine Unterhaltung um 1975 mit der inzwischen verstorbenen Mrs. Thompson aus der Versammlung Inverness Place, Plumstead, und Mr. Chapell aus der Versammlung Willenhall Room.) Ich besuchte den Versammlungsraum Inverness Place vor seinem Abriss, als er schon nicht mehr genutzt wurde. Die Beschreibung in Beatties *Brethren,* S. 105-106, lässt vermuten, dass dies der ungewöhnlichste Versammlungsort war, an den er sich von einem Besuch in seiner Kindheit erinnert.

178 W. G. Scott (1811?-1901) hatte sich unter der Predigt von C. H. Spurgeon zu Christus bekehrt. Innerhalb von zehn Jahren danach kam er in Gemeinschaft mit den „Brüdern". Nachdem er an einer Wortbetrachtung mit einigen örtlichen Brüdern teilgenommen hatte, sagte er, dass er nirgendwo anders mehr hingehen könne. Er ist mit seiner Familie auf dem Friedhof in Charlton begraben.

in der Plum Lane mag stattgefunden haben, als er am 2. Juni 1871 seinen Vortrag hielt über das Thema: „Das Kommen und der Tag des Herrn in ihrer moralischen Bedeutung". Dieser Vortrag wurde mitstenografiert und im gleichen Jahr veröffentlicht. W. H. Broom aus der Paternoster Row 28, London, war der erste Herausgeber dieser Ansprache. Als Kelly seinen Freund Scott besuchte, nahm er den Zug von Blackheath nach Woolwich Arsenal, wo Scotts Kutscher, Mr. Frost aus der Plum Lane 2, ihn abholte und ihn den steilen Hügel nach Plumstead Common hinauf mitnahm. In jener Gegend gab es damals sehr viele Versammlungen. Das erste Zusammenkommen als Versammlung (1845) fand statt in Mr. Stephensons Schulraum, Prospect Row, in der Nähe von Woodland Terrace, Woolwich. Später verlegten die Geschwister die Zusammenkünfte in die Albion Hall, Woolwich. Hier hielt Kelly an einem Dienstagabend am 18. März 1873 seinen Vortrag vor den örtlichen Geschwistern über das Buch Esther, der später auch als Buch herausgegeben wurde. Dies ist eines von vielen Büchern Kellys, das nach mehr als einem Jahrhundert noch immer gedruckt wird. Während des Jahres 1900 besuchte er an mehreren Sonntagen Plumstead[179], sodass einige Geschwister in seiner Heimatversammlung in Bennett Park, Blackheath, ihn schon als „auswärtigen Bruder" bezeichneten. Diese Zeitspanne muss für Plumstead sehr segensreich gewesen sein.[180]

179 Vermutlich während dieser Zeit, die bis zu einem Jahr gedauert haben könnte, hat H. E. Harris aus Plumstead die bekanntesten Fotografien von Kelly gemacht.

180 Andere oben nicht erwähnte Versammlungen im Südosten Londons in Gemeinschaft mit Kelly waren Kennington, Peckham, Bermondsey, Brockley, Forest Hill, West Norwood, Old Kent Road, Deptford, Lee und Lewisham. Kelly sagte 1881, es gäbe etwa zwanzig Versammlungen in London. 1892 wurden im Versammlungsverzeichnis unter London fünfundzwanzig Versammlungen aufgelistet; heute gibt es gerade noch sechs Versammlungen im Großraum London.

Natürlich gab es viele Orte, an denen die „Brüder“ zusammenkamen, und viele Gelegenheiten zum Dienst.[181]

Die Last der Arbeit ließ für Kelly niemals nach. Aber zu seiner Freude stützte der Herr ihn in seinen andauernden Bemühungen. Im September 1884 fuhr er nach Frankreich und in die Schweiz, hauptsächlich um seiner Gesundheit willen. Die Sonnenbräune, mit der er zurückkehrte, täuschte einen guten Gesundheitszustand vor. Doch er schrieb: „Nun sind wir wieder hier in Blackheath nach unserem Besuch in Frankreich, der Schweiz usw. Ich fuhr nur aus Rücksicht gegenüber ärztlicher Anordnung, und es geht mir auch besser, wenn auch nur wenig, während mein sonnengebräuntes Gesicht vielleicht vermuten lässt, es ginge viel besser. Ich hoffe, meiner ältesten Tochter geht es umso besser; alle anderen sind wohlauf.“ Die wiederkehrende Gesundheitsschwäche seiner Tochter war eine Sorge für ihn. Nachdem sie im Juni 1885 von Bournemouth zurückgekehrt war, war sie noch einmal krank geworden, weil sie sich während der Zugreise eine Erkältung zugezogen hatte, die eine Blutung nach sich zog. Im Juli schickte ein Spezialist sie aus diesem Grund nach Neuseeland. Kelly schrieb am 13. September: „Das ist schlimm für mich, denn neue Prüfungen nahen heran. Soweit ich absehen kann, werden die beiden Ältesten am 24. mit der ‚Chusan‘ nach Australien und Neuseeland abreisen. Das ist in jeder Weise schwer für mich, aber ich hoffe, es wird zum Segen für sie sein, deren Wohl wir hauptsächlich suchen.“ Seine beiden geliebten Kinder reisten von Tilbury aus ab, nachdem sie in einer Zusammenkunft der Gläubigen noch dem Herrn für

181 William Barefoot, J. P., war der erste Bürgermeister der Sozialisten von Woolwich. Seine Eltern besuchten die Zusammenkünfte in der Plum Lane. Er mag die Grundsätze des Egalitarismus [Strömung, die für Gleichheit des Besitzes, der Chancen etc. eintritt (Übs.)] kennengelernt haben, aber nicht das Christentum als solches. Er war ein enger Freund von Pfarrer John Wilson aus Woolwich (1854-1947).

eine sichere Reise anbefohlen worden waren. Im November spürte er seine Einsamkeit und schrieb: „Ich bin allein, da meine beiden abgereist sind … Die ‚Chusan' kam gestern in der King-George-Bucht [im Südwesten Australiens] an."

Im späten Frühjahr und Frühsommer 1886 wagte er selbst sich weiter hinaus als je zuvor, als er die lange Seereise nach Nordamerika unternahm. Er reiste mit der „Umbria". Die Zeit während der Reise wurde nicht verschwendet, und er fand Zeit zum Studieren und Nachdenken. Auch mitten auf dem Atlantik beschäftigte er sich mit den Bedürfnissen der Verlorenen und schrieb einen evangelistischen Aufruf, ausgehend von 1. Johannes 5,6.[182] Er reiste zu den „Thousand Islands" und besuchte Verwandte in Kingston, Ontario (Kanada), wahrscheinlich Angehörige seiner Schwester Sarah, die einen kanadischen Geistlichen geheiratet hatte. Dann reiste er hinunter nach Montreal und bis Portland in den Neuenglandstaaten. Während seines Aufenthalts in St. John's, New Brunswick, erhielt er durch ein Telegramm die schmerzliche Nachricht, dass seine geliebte Tochter Charlotte am 19. Mai in Colombo, Ceylon (heute Sri Lanka), gestorben war.

Nach einem ermutigendem Besuch in Brooklyn und New York, von dem er hoffte, dass er sich als Vorzeichen eines größeren Werkes in Kanada und den Vereinigten Staaten erweisen würde, traf er die führenden Brüder, darunter Frederick William Grant. Dieses Treffen am Dienstag, 9. Mai 1886, hinterließ einen tiefen Eindruck auf alle Anwesenden, und man plante, eine Konferenz abzuhalten. Sie wurde auf den 9. Juni festgesetzt, und etwa tausend Brüder kamen in Plainfield, New Jersey, zusammen. Kelly nahm hauptsächlich die Stelle eines Beobachters ein, der mit großem Interesse, aber persönlich unvoreingenommen alles verfolgte. Dennoch fragten ihn mehrere Brüder eifrig um Rat und suchten seine

182 Siehe die Zeitschrift *Gospel Gleanings*, Bd. 25, S. 22-24.

Zustimmung in Bezug auf ihre voneinander abweichenden Ansichten, was ihre Wiedervereinigung anbetraf. Ihm lag sehr daran, einen Weg zu finden, um die Spaltung in Amerika zu heilen, aber die Konferenz war für ihn eine sehr schmerzliche Erfahrung. Betrübt kehrte er nach England zurück, weil er keinen klaren Weg sehen konnte, um die Gemeinschaft wieder aufzunehmen.

Im Oktober 1889 schrieb er seinem guten Freund Thomas Weston, dass er „nichts tun würde, um sich zu widersetzen, aber einiges getan hätte, um die ‚Grants' zu treffen". Kelly betrachte Frederick William Grant als einen guten Schreiber, der obendrein geschickt argumentierte. Er hatte Grant jedoch deutlich gemacht, dass er von keiner seiner Neuerungen etwas hielt. „Sie wissen, dass ich die Besonderheiten von beiden (F. W. Grant und C. E. Stuart) ablehne, obwohl ich die groben Übertreibungen ihrer Widersacher gänzlich verwerfe." Kelly hoffte von ganzem Herzen, dass die Hindernisse auf gottesfürchtige Weise aus dem Weg geräumt würden, damit sie wieder volle normale Gemeinschaft miteinander genießen konnten.

In mehreren interessanten Briefen an Henry Glanvill drückte er sich sehr offen aus. Nach seiner Meinung war auf der erwähnten Konferenz, obwohl sie im Blick auf die Zahl der Brüder gut gewesen war, nichts von Bedeutung besprochen worden. Einer dieser Brüder hatte ihn gefragt, wie es kam, dass beispielsweise in Amerika so wenige mit Kelly übereinzustimmen schienen. Ein anderer beurteilte die Situation scharfsinnig, indem er bemerkte: „Das kommt daher, dass er nicht im Land herumreiste und für seine eigene Sache Reden hielt wie ein Politiker."[183] Und wirklich schrieb Kelly über sich selbst in Blair Neatbys Buch *A History of the Plymouth Brethren*: „Ich weigerte mich, wie ein Feldwebel

183 Siehe Napoleon Noel, *History of the Brethren*, Bd. 1, S. 304.

herumzureisen, der Rekruten anwirbt."[184] Er reiste selten außerhalb der Britischen Inseln und weigerte sich stets standhaft, irgendeinen Kompromiss einzugehen oder sich abziehen zu lassen von dem, was seiner Überzeugung nach der schriftgemäße Weg der Kirche dem Glauben und der Ordnung nach war.

Obwohl er seiner Familie sehr verbunden war, beschäftigte er sich doch viel mit dem Wohlergehen aller, die dem Herrn angehörten, und so war sein Geist reich an geistlicher Erkenntnis und sehr diszipliniert. Weltliche Erkenntnis bläht auf, aber geistliche Erkenntnis erbaut und erleuchtet. Er wurde vom Herrn viel zum Segen von Menschen gebraucht, blieb aber selbst nicht von Prüfungen verschont. 1889 schrieb er an Thomas Weston, dass seine älteste Tochter in Neuseeland sehr krank geworden sei. Er schrieb: „Das alles ist keine geringe Prüfung gewesen." Mit ihrer Gesundheit ging es abwärts, bis er im Juli 1892 berichtete, dass seine Älteste [Frances Elizabeth] „in Auckland im Sterben liegt, wenn sie nicht sogar schon gestorben ist". Im Februar des nächsten Jahres schrieb er: „Mrs. Colquhoun [seine Tochter Emma] liegt nach der Geburt eines Kindes danieder." Im März beschreibt er sie als „sehr schwach", doch im April gab es Anzeichen der Besserung, denn er schreibt, dass sie sich langsam erholte.

Im April 1897 reiste er nach Paris, um Bruder Pierre Compain zu besuchen, den er auf Guernsey kennengelernt hatte, und von dort reiste er weiter nach Cannes.[185] Er hatte diese Reise wegen seiner schlechten Gesundheit unternommen, nutzte die Zeit jedoch, um ein Vorwort zu seiner Auslegung über

184 S. 304, handschriftliche Anmerkung.

185 In einem veröffentlichten Brief *Gathered unto His Name* (Versammelt zu seinem Namen) schreibt er vom Brotbrechen mit wenigen Geschwistern in Cannes in einem passenden Raum im Haus einer Schwester.

William Kelly

Daniel zu schreiben, bevor er in Italien eine wohlverdiente Ruhepause einlegte. Eine seiner Töchter hielt sich zu jener Zeit dort auf. Doch auch so war sein Geist ständig mit Arbeit beschäftigt.

Ich habe versucht, von Kellys Mühen und Reisen so viel aufzuzählen, wie in einer Biografie angemessen ist. Verglichen mit Darby[186] und anderen wurde er jedoch als sehr heimatverbunden betrachtet. Seine Bemühungen in Verbindung mit seiner unermüdlichen schriftstellerischen Tätigkeit stärkten die Gesundheit dieses älter werdenden Mannes keineswegs. Wie Epaphroditus war er „um des Werkes willen dem Tod nahe gekommen". In einem Brief an einen Freund erwähnt er, dass seine Rückenschmerzen infolge der nächtlichen Arbeit „jenen großen Regenerierer, den Schlaf, verscheuchten".[187] Ende Juni 1884 schreibt er in einem Brief, das Arbeiten bis Mitternacht sei seine jahrelange Gewohnheit gewesen. Jahre später, 1900, reiste er immer noch, und zwar an einem Freitag um Mitternacht von Southampton aus über den Ärmelkanal, um einige Tage auf den Kanalinseln zu verbringen.[188] Selbst noch spät im Jahr 1904 hatte er eine ungewöhnlich weite Runde an Besuchen und Arbeit hinter sich gebracht, „von Norden nach Osten, von Westen nach Süden. Jetzt bin ich in London und bereite mich seit Mittwoch darauf vor, die lang gehegte und oft verschobene Aufgabe anzugehen, die Briefe des Johannes auszulegen, nicht nur mündlich, sondern auch als zusätzlichen Band zu den Evangelien und der Offenbarung." Er fährt in seinem Brief fort: „Wenn ich dies nicht in meinem 84. Jahr ausführe, muss ich es lassen; aber ich vertraue darauf, dass die Gnade es mir noch schenken wird."[189] Im April 1905

---

186 Bis 1876 war J. N. Darby fünfmal in Nordamerika.

187 Brief vom 9. Juni 1884.

188 Brief vom 9. Juli 1900.

189 Brief vom 7. Oktober 1904.

schrieb er: „Während der drei Monate, die ich durch Bronchitis ruhiggestellt war, hatte ich die Freude, nicht nur die Briefe des Johannes, sondern auch den Brief an die Hebräer im Druck zu sehen. Die Bronchitis war eine langwierige Angelegenheit, aber sie hielt mich nicht von täglicher Arbeit, oft bis kurz vor Mitternacht, ab."

Trotz seiner zunehmenden körperlichen Schwachheit infolge seines Alters und verschiedener Leiden, auch trotz eines Unfalls mit bleibenden Folgen, der ihm durch einen Radfahrer zustieß, der in Blackheath auf der falschen Straßenseite fuhr - Kelly behielt doch ein lebhaftes Interesse an den Versammlungen. War er nicht imstande zu reisen, so blieb er durch seine Familie im Kontakt. Seine noch lebenden Kinder, die über den ganzen Globus verstreut waren, brachten ihm ständig Neuigkeiten aus dem Werk des Herrn, die für ihn von großem Interesse und die ihm ein Anliegen waren. Auch Brüder, die ihn besuchten, versorgten ihn mit Nachrichten. E. B. Dolamore[190] berichtet, dass er es sich nach seiner Rückkehr von den Westindischen Inseln (etwa um 1900) zur Gewohnheit machte, Kelly Nachrichten über die Geschwister dort zu überbringen. William Kelly hatte ein seelsorgerliches Interesse an den Gläubigen auf den Westindischen Inseln, obwohl er niemals persönlich in der Karibik war. Doch sein Dienst wurde in jener entfernten Gegend sehr geschätzt. Seine Bücher wurden auf Barbados durch die *Bible and Book Supply Agency* in der Broad Street 10, Bridgetown, herausgegeben und zu niedrigen Preisen verkauft. Gemeinsam mit dem Depot in der New South Road 230, Demerara (Guyana), und verschiedenen Depots in Trinidad, Grenada, St. Vincent und St. Lucia brachten sie 1902 William Kellys Buch *Lectures on the Church of God* (Vorträge über die Versammlung

---

190 E. B. Dolamore arbeitete von 1896 an fünfzehn Jahre lang in St. Vincent und danach in anderen Ländern der Karibik.

Gottes) heraus.[191] Das mit Kellys Namen verbundene Zeugnis ist bis zum heutigen Tag auf den Westindischen Inseln erhalten geblieben. Gegenwärtig gibt es zehn Versammlungen auf Barbados und zehn auf St. Vincent. Daneben bestehen in der Karibik verstreut mehr als fünfzig andere Versammlungen, die in Gemeinschaft mit denen auf Barbados und St. Vincent sind.

Kelly im fortgeschrittenen Alter nach dem Besuch bei einem Freund

191 Gedruckt in London durch Alfred S. Rouse, Paternoster Square 15.

9
Die Bibliothek

William Kelly war ein geborener „Student" und ein bedeutender Gelehrter, der alles las, was ihm in die Hände kam. So überrascht es nicht, dass er in seinem langen Leben eine immense Bibliothek mit wertvollen Werken sammelte. Die großen Kodizes (einige als Faksimile), alle großen Polyglotten, die Werke der Kirchenväter und der großen Scholastiker, viele seltene und wertvolle Bände über jedes Gebiet der Wissenschaft, der Philosophie und der Geschichte waren in seiner Sammlung enthalten. Besonders reichhaltig war seine Bibliothek auf dem Gebiet der Klassiker, der Kirchengeschichte und der Theologie, die schon immer seine besonders bevorzugten Studiengebiete waren.

Im Verlauf des Jahres 1904 wurde Kelly zunehmend bewusst, dass seine Uhr ablief und sein Lauf bald beendet sein würde. Früh in seinem Leben hatte er die Wahrheit unserer „glückseligen Hoffnung" ergriffen und sie bis zum Ende festgehalten, indem er in der ständigen Erwartung lebte und arbeitete, dass sie erfüllt würde durch das Wiederkommen des Herrn: Er würde wiederkommen, um sein Volk aufzunehmen und es in das Haus seines Vaters zu bringen (vgl. Joh 14,1-3). William Kelly erwartete nicht ein bestimmtes Datum wie manch andere, und er predigte das Kommen des Herrn auch nicht so, als wäre es die einzige bedeutsame Wahrheit in der Heiligen Schrift. Auch übersah er nicht die klare Schlussfolgerung aus dem Gleichnis von den Talenten (Mt 25,19): „Nach langer Zeit aber kommt der Herr jener Knechte."

Als er während seiner letzten Tage gefragt wurde, was er über den Tod und über das Kommen des Herrn denken würde und ob er eher „Lust habe, abzuscheiden und bei Christus zu sein" oder ob er lieber zu denen gehören würde, die leben, wenn der Herr kommt, antwortete er: „Ich habe keine Wahl, und selbst wenn ich sie hätte, würde ich nicht wählen.“

Jemand fragte ihn: „Aber sicher wären Sie doch gern unter den Lebenden, um dem Herrn bei seinem Wiederkommen zu begegnen?“ – „Ich habe überhaupt keinen Wunsch in dieser Sache, mein Lieber“, antwortete er. „Es wird so sein, wie Er es will, und das ist in jedem Fall die beste Weise.“ Hierbei beließ er die ganze Sache vertrauensvoll und in Frieden.

In dieser geistlich gesunden und ausgewogenen Haltung beschäftigte er sich mit der Frage, was mit seiner großen Bibliothek von nahezu unschätzbarem Wert geschehen sollte. Wohin sollte sie am besten gehen? Er fragte einen alten Freund um Rat, Dr. William D. MacLagan (1826-1910), den damaligen Erzbischof von York, dessen Urteil er sehr schätzte. Nach einiger Überlegung schlug dieser vor, dass Middlesbrough (das damals zur Grafschaft Yorkshire gehörte, heute zur Grafschaft Cleveland) aus vielen Gründen ein sehr passender Ort für den dauerhaften Verbleib der Bücher wäre. Auch war die Stadt (nach der Empfehlung des Erzbischofs) bereit, einen besonderen Flügel an die öffentliche Bibliothek anzubauen, um die große Gabe unterzubringen. William Kelly stimmte bereitwillig zu unter der einzigen Bedingung, dass die Anonymität des Gebers strikt gewahrt würde. Es ist überflüssig zu erwähnen, dass dies ganz seinem Charakter entsprach.

In seinem eigenen Haus hatte seine Büchersammlung drei Räume gefüllt, in denen die Bücher bis zur Decke und, wo immer möglich, in Doppelreihen standen. Er war glücklich, diesen langen Lebensabschnitt zu beenden und seinen wertgeschätzten Buchbestand zu übergeben – ein Wert an Büchern, den weder Middlesbrough noch irgendeine andere Einrichtung je hätte kaufen können. Er betete dafür, dass sie dort „mehr Gutes tun würden, als sie als alte Freunde und gar nicht so schlechte Diener mir getan haben“.

Der folgende Auszug stammt aus dem Bericht des Bibliothekars an das Komitee der Freien Bibliothek und des Museums (Free Library and Museum Committee) vom 11. Oktober 1904, enthalten in den Akten des Stadtrates von Middlesbrough 1903/04. Er ist sicher interessant, weil er einen Einblick in die umfangreiche Büchersammlung William Kellys gibt:

Middlesbrough-on-Tees, 7. Oktober 1904

An den Vorsitzenden und an das Komitee
Freie Bibliothek Middlesbrough

Sehr geehrte Damen und Herren,
gemäß Ihren Anweisungen besichtigte ich am Montag, den 3. Oktober, die Büchersammlung, die der Gemeinde Middlesbrough angeboten wurde und die aus etwa 15.000 Bänden besteht.

Es war mir natürlich unmöglich, eine kritische Untersuchung der vielen Tausende wertvoller Werke, die uns so großzügig angeboten wurden, auch nur annähernd durchzuführen. Aber ich will versuchen, Ihnen eine gewisse Vorstellung von dem Wert und der Universalität der Sammlung zu geben, indem ich einige wenige Bände erwähne, die meine Aufmerksamkeit auf sich zogen, als ich zwischen den Bücherregalen umherging.

Unter den Büchern zu weltlicher Geschichte und bei den Biografien bemerkte ich die Werke von Arnold, Macaulay, Clarendon, Thirlwall, Allison, Merivale, Milford, Herodot, Napiers *Peninsular War*, mehrere Geschichtswerke über Grafschaften und Ortschaften, die *Pictorial History of England*, Bayles *Historical Dictionary*, Wellingtons *Despatches*, Raleighs *History of the World*, das *Annual Register*, Sismondis *Histories of France and of Italy*, *The Universal History*, Chalmers *Biographical Dictionary* und die Veröffentlichungen der English Historical Society.

Die griechischen, lateinischen und modernen Klassiker sind durch feine und bemerkenswerte Ausgaben gut vertreten. Von Cicero bemerkte ich beispielsweise die Ausgaben von Orelli, Gmellius und die aus Oxford; Drachenbachs *Livy*, Boecks *Pinder*; ein frühes vollständiges Set der *Bibliotheca Classica* von Long; eine feine Ausgabe der *Pickering Classics*; einen edlen Band der Werke von Dean Swift und viele andere.

Auf dem Gebiet der Wissenschaft und der Philosophie entdeckte ich Newtons *Principia*, die Werke von Linnaeus, eine Ausgabe der *Bridgwater Treatises*, Sowerbys *Botany*, Worthingtons *Flora*, Regnaults *Chemistry*, die Werke Liebigs, Danas *Mineralogy*, die geologischen Werke von Buckland, Anstead, Lyell und anderen, *The Botanical Magazine*, Werke über die Frühzeit des Menschen, die *English Cyclopedia of Arts and Sciences*, die vollständigen Werke von Kant, die Werke von Humbold, Cuviers *Fossil's*, die Werke von Lardner, die Akten der Akademie der Wissenschaften in St. Petersburg, ein französisches Wörterbuch der Naturwissenschaft, Ritters *History of Philosophy*, Blakeys *History of the Philosophy of Mind* und Bacons *Opus Majus* sowie *Opera Inedita*.

Unter den Enzyklopädien möchte ich die *Cyclopedia Metropolitana* erwähnen sowie die *Encyclopaedia Britannica*, Knights *English Cyclopedia*, griechische, lateinische, hebräische und arabische Lexika sowie deutsche, französische und andere Wörterbücher.

An Werken von allgemeinerem Charakter fand ich Ausgaben der Quarterlies, Catlins *Indians*, Halls *Ireland*, *History of Roman literature*, Ekels *Coins and Medals*, Cheaneys *Euphrates* und viele andere Bücher von Interesse und Bedeutung.

Es gibt viele wertvolle Werke über die Geschichte der christlichen Kirche, unter denen ich folgende erwähnen möchte: die *Centuatores Magdeburgici*, ein großes Werk über die protestantische Geschichte; *The Byzantine Histories* komplett; Baronius; Grotius; die *Memorials* von Strype; Rankes *History* und andere bemerkenswerte Werke.

Der theologische Teil der Bibliothek enthält viele Schätze, aber ich will nur einige der herausragenden Exemplare erwähnen, um besonders die Universalität der Sammlung hervorzuheben, auf die ich mich schon bezog: die Werke der Kirchenväter und der griechischen Scholastiker; alle wichtigen Ausgaben des griechischen Testaments seit den Tagen von Erasmus; alle großen Polyglotten: die Komplutensische Polyglotte, die Antwerpener Polyglotte, die aus Paris und aus London, mit anderen von geringerer Bedeutung; die Werke von Chrysostomos (Erstausgaben), Thomas von Aquin, Luther, Calvin, Erasmus, Peter Martyr, Pascal, Melanchthon, Beza, Zwingli, Howe, Bucer, Bellarmine, Bischof Ussher, Stillingfleet und Connybeare; etwa fünfzig Bände der Schriften der Jansenisten und zahlreiche bedeutende Kommentare, hebräische und nichtjüdische. Auch findet sich eine edle Ausgabe des Korans. Darüber hinaus gibt es die meisten der großen Kodizes in Faksimileausgaben, einschließlich des Codex Alexandrinus, des Codex Bezae, des Codex Claromontanus und des Codex Sinaiticus (Tischendorfs Ausgabe).

Ich habe Sie zu informieren, dass der großzügige Spender uns freundlicherweise anbot, die Regale, auf denen die Bücher im Augenblick stehen, gern in seine Spende einzuschließen, wenn sie uns nützlich erschienen. Ich dankte ihm in Ihrem Namen, und obwohl die erwähnten Regale für die Anforderungen einer öffentlichen Bibliothek ungeeignet sind, werden sie nützlich sein, um die Bücher nach ihrem Empfang kurzfristig zu klassifizieren und zu katalogisieren; auch werden sie uns die Kosten einer Zwischenunterbringung sparen.

Ich verbleibe mit freundlichen Grüßen
Baker Hudson

Man respektierte Kellys Wunsch nach Anonymität, aber nach seinem Tod war die Leitung der Bibliothek gezwungen, hierzu folgende Mitteilung zu machen:

Die Freie Bibliothek Middlesbrough

April 1906

Nicht mehr anonym

Wir wurden wiederholt gefragt, warum wir auf unseren Seiten jeden Hinweis auf den kürzlichen Tod unseres anonymen Wohltäters vermieden. Insbesondere weil die uns auferlegte Schweigeverpflichtung durch die Veröffentlichung seines Namens weggefallen ist, nehmen wir diese Gelegenheit wahr, um unseren Lesern zu versichern, dass es weder aus Vergesslichkeit noch aus einem Mangel an Pflichtgefühl geschah, sondern auf ausdrücklichen Wunsch der Familie.

Mr. Kelly war ein Mann, der es vorzog, Gutes im Verborgenen zu tun, oder der sich selbst vielmehr als einen Verwalter sowohl seiner materiellen als auch seiner geistigen Besitztümer betrachtete. Noch im letzten Sommer (1905) wiederholte er uns gegenüber seine Hoffnung, dass sein Name als Spender der wertvollen Bibliothek, die uns übergeben wurde, nicht öffentlich bekannt würde. Wir hüteten das Geheimnis wohl, und während wir einem, dem wir so viel verdanken, den letzten Respekt und große Dankbarkeit zollen, erfuhren wir mit Überraschung

> und Bedauern, dass die *Times* in einem Nachruf seine Verbindung mit der Spende an Middlesbrough erwähnte. Damals erklärte seine Tochter ihren Wunsch, dass wir Stillschweigen bewahren möchten, aber der Artikel in der *Times* war recht ausführlich, und schließlich gab die örtliche Presse den Bürgern unserer Stadt diese Information bekannt. Es ist sehr bedauerlich, dass der Wunsch des Spenders durch andere missachtet wurde, denn dies war die einzige Verpflichtung, die er uns auferlegt hatte. Seine Spende war gänzlich frei, ohne irgendeine einschränkende Bedingung, die solche Gaben sonst oft begleitet.

Vielleicht kann man den Geist, in dem die Schenkung gemacht wurde, am besten anhand des folgenden Bruchstücks einer Unterhaltung einschätzen: Als Turner in Kellys Bibliothek stand, wo die Bücher in fast zweihundert Kisten für ihren Transport nach Middlesbrough verpackt wurden, fragte er ihn: „Es muss für Sie doch schmerzlich sein, sich so von Ihren alten Freunden zu trennen, nicht wahr?“ – „Nein“, war die Erwiderung, „ich kann nicht darauf hoffen, sie noch lange zu benötigen, und ich möchte sie gern dort untergebracht sehen, wo sie anderen noch von Nutzen sein können.“[192]

Die Bedingung war, dass seine Bibliothek für alle offen zugänglich sein sollte, für Freunde oder sogar Gegner (um sie zu gewinnen, wie er hoffte), anstatt sie ein- und wegzuschließen. Im November jenes Jahres schrieb er an Heyman Wreford, nachdem er seinen neunten Vortrag über die Briefe des

192 Die Frage ist: Stehen die Bücher seinem Wunsch entsprechend immer noch allen zur Verfügung? Traurigerweise befindet sich die wertvolle Sammlung heute (2004) in einem nicht mehr genutzten Schulgebäude ohne Feuchtigkeits- oder Klimakontrolle. Zugang ist nur nach Vereinbarung möglich. Vielleicht sollte die Kelly-Bibliothek dorthin gebracht werden, wo man den Zugriff auf seine persönliche Sammlung am meisten wertschätzen würde.

Johannes gehalten hatte: „Es mag Sie überraschen zu sehen, wie wenig mich das Weggeben meiner Bücher berührt. Gegenwärtig behalte ich nur noch etwas mehr als hundert Bücher …" Er behielt auch eine alte Ausgabe von fünf Bänden (von insgesamt sechs) der Zeitschrift *Words of Truth for the Saints of God*, die etwa von 1839 bis 1853 von R. Naylor aus Jersey herausgegeben wurde.[193] Sie hatten seiner geliebten Frau gehört, während seine eigene Serie nach Middlesbrough gegangen war. Er war selten sentimental, selbst wenn es darum ging, eine lebenslange Sammlung bedeutender Bücher wegzugeben. Viele von ihnen könnten eine Geschichte erzählen: Die Bücher, die er an dem Tag erworben hatte, als er zum ersten Mal J. N. Darby im Buchladen in Plymouth begegnet war, waren jetzt weg, ebenso die Bücher, die sein Verständnis weltlicher Fachgebiete vergrößert hatten. Auch seine wertvollen Hilfsmittel für das Erforschen der Schrift konnte er nun nicht mehr zurate ziehen.[194] Schließlich wurden, abgesehen von einigen wenigen Titeln, die er an Freunde verteilte, auch noch die Reste seiner Bibliothek für ihr neues Heim im Norden bestimmt, wo die meisten bis heute verblieben sind, obwohl gewissenlose Menschen einige entwendet haben.

Ein Drittel der Sammlung stammt aus den Jahren vor 1801. Es gibt vierhundert Ausgaben von christlichen Schriften und Schriftauslegungen vom 16. Jahrhundert an. Augenblicklich befindet sich die Sammlung in einem entfernten Lager in den Außenbezirken von Middlesbrough, und die Bücher können nur nach besonderer Vereinbarung mit dem zuständigen Bibliothekar angesehen werden. Die zuständige Adresse

193 Gedruckt in Jersey, aber mit herausgegeben in London und Plymouth durch Campbell and Rowe.

194 Ein vollständiger Katalog der Bücher, die W. Kelly der Stadt Middlesbrough vermacht hat, kann in den Büroräumen von Chapter Two nach Absprache eingesehen werden.

hierfür ist Central Library, Victoria Square, Middlesbrough, TS1 2AY, Großbritannien.

10
Letzte Tage

Ein alter Schreiber sagte: „Es gibt in der Biografie hervorragender Persönlichkeiten – eines großen Genies, eines herausragenden Gläubigen oder Propheten – *ein* Kapitel, das im Allgemeinen von besonderem Interesse für uns ist und auf das wir oft besonders neugierig sind: Es ist das Kapitel mit der Überschrift ‚Letzte Tage'. Wir sind neugierig zu erfahren, wie er sich während dieser Tage im Schatten des nahenden Endes verhielt oder welche Worte von seinen Lippen kamen und was seine letzten Worten waren. Wie war sein Verhalten, was waren seine letzten Worte in seinen letzten Stunden? Seine einst höchsten Ziele – war ihr Einfluss auf ihn dann noch spürbar? Seine vorherrschende Leidenschaft – war sie stark in ihm bis zum Tod?"

Das Frühjahr 1905 brachte William Kelly einige der Erfahrungen, auf die Salomo im Buch Prediger anspielt: „Die Heuschrecke schleppt sich hin." Er befand sich in seinem 85. Lebensjahr, am Ende eines außerordentlich aktiven Lebens, und mehrere Zeichen deuten darauf hin, dass er spürte, dass das Ende seiner Reise nicht mehr fern war. Sein Arzt verordnete Ruhe und einen Umgebungswechsel. So nahm Kelly gern die Einladung von Dr. Heyman Wreford aus Exeter und seiner Frau an, eine längere Ruhepause in ihrem Haus einzulegen. Dort gewann er so schnell ein gutes Maß an Gesundheit wieder, dass er begann, sich nach der Rückkehr zu seiner Arbeit zu sehnen. Die zwei Monate, die er in Exeter verbrachte, schienen ihn mit neuer Energie erfüllt zu haben. Unmittelbar nach seiner Rückkehr nach Blackheath nahm er die wöchentlichen Vorträge in der Bennett Park Hall mit einer neuen Reihe über die Briefe des Johannes wieder auf. Diese insgesamt zwanzig Vorträge hielt er mit solcher Kraft und Salbung, dass viele regelmäßige Zuhörer sie als die wahrscheinlich wertvollsten betrachteten, die er je in Blackheath gehalten hatte.

Im Juni des Jahres 1905 besuchte er zum letzten Mal Plymouth, danach die Kanalinseln. Das Wetter war scheußlich, es regnete in Strömen, sodass er nicht gut schlief. Als er sich am Dienstagabend erhob, um zu sprechen, war seine Gesundheit sehr angeschlagen. Er brach zusammen und fiel während seines Vortrags in Val Nord fast vom Podium. Wären nicht ein örtlicher Bruder, Dr. Longford, und andere schnell nach vorn gesprungen und hätten ihn aufgefangen, so wäre er zu Boden gefallen.

Im Herbst nahm Kelly auf einer Konferenz in Southampton jedoch wieder seinen Platz ein, zum Segen und zur geistlichen Freude vieler aus allen Landesteilen. In einem privaten Brief an einen Freund drückte er seine eigene Freude an der Gemeinschaft aus, die er während des dort verbrachten langen Wochenendes genossen hatte. Ihm war daran gelegen, Tag für Tag an allen Zusammenkünften teilzunehmen. Nur an den Gebetszusammenkünften um sieben Uhr frühmorgens konnte er aufgrund seiner entfernten Unterbringung und mangelnder Transportmöglichkeiten nicht teilnehmen. Auch die Frische seines Dienstes wurde von einigen, die ihn jahrelang gehört hatten, erwähnt.

Zusätzlich zu seinem mündlichen Dienst in jenem letzten Jahr hielt William Kelly auch die *Bible Treasury* auf ihrem gewohnt hohen Niveau, ebenso wie seine andere schriftliche Arbeit. Mehrere schriftliche Projekte musste er jedoch unvollendet lassen, hierunter *Joseph* (er kam bis 1. Mose 47,12)[195], die Briefe des Petrus, Sprüche bis Kapitel 27 und eine gerade

195 Seine Pläne für die Herausgabe des ersten Buches Mose wurden nie verwirklicht, obwohl es genug Material für ein umfangreiches Buch gibt, nämlich über die Schöpfung, „Im Anfang", Abraham, Isaak, Jakob und Joseph.

begonnene Auslegung über das zweite Buch Mose (die nur bis zum dritten Kapitel gediehen war und infolge seines Todes unvollständig blieb).

Sein Schriftwechsel mit Freunden in der Kirche und anderen gelehrten Männern zeigte das gleiche rege Interesse an Übersetzungsarbeit, Rezensionen und Auslegung wie in früheren Jahren. Ein gelehrter Schriftwechsel über eine ungewöhnliche griechische Formulierung im ersten Johannesbrief und deren exakte Bedeutung erinnerte Turner an die Inschrift auf dem Grab des Historikers John Richard Green in Menton: „He died learning" (Er starb als ein Lernender).

Nachdem die Konferenz in Southampton vorüber war und Kelly die letzte Vortragsreihe über die Briefe des Johannes in Blackheath abgeschlossen hatte, bestand Dr. Wreford wiederum freundlich auf einem weiteren Aufenthalt bei ihnen. Inzwischen war Diabetes eine Quelle zunehmender Sorge für Kelly geworden. Auch seine Konstitution konnte die schwierigen Reisen und die mühevolle Arbeit der früheren Jahre nicht mehr bewältigen, aber sein Geist war aktiv wie immer. Und obwohl er dringend Ruhe von seinen Aktivitäten benötigte, denen er immer noch nachging, bereitete er erst im neuen Jahr seinen Besuch in Exeter vor. Am 9. Januar 1906 setzte er sein Testament auf. Seinen Grundbesitz im Wert von damals etwa 6.000 Britischen Pfund hinterließ er seinen noch lebenden drei Töchtern und seinem jüngeren Sohn George, der sich kurz vorher in Südafrika niedergelassen hatte. Nachdem er so seine zeitlichen Belange geordnet hatte, war er frei, Abschied zu nehmen. So verließ er am 11. Januar 1906 Blackheath und kehrte nie mehr dorthin zurück.

Die Luftveränderung und der Ortswechsel sowie drei oder vier Wochen liebevolle Fürsorge und Aufmerksamkeit schienen seine erstaunliche Konstitution so weit wiederherzustellen, dass er sich in der letzten Woche des nächsten Monats, am 25. Februar, imstande fühlte zu einer Ansprache vor

Dr. Heyman Wreford

einer großen Zuhörerschaft (vielleicht zweitausend Personen) in der damals großen Victoria Hall in Exeter. Es war ein besonderer Vortrag über den Gegenstand, der seinem Herzen der liebste war: „Die Lehre Christi". Der Vortrag wurde von vielen als eine Meisterleitung betrachtet, die ein langes Leben brennender Hingabe und Treue gegenüber der Person des Mensch gewordenen Sohnes Gottes krönte. Es war sein letztes öffentliches Zeugnis und damit das Ende von sechzig Jahren treuen Dienstes für Christus und sein Volk. Sein anstrengendes Leben näherte sich seinem Ende. Er hatte den guten Kampf gekämpft, er hatte den Glauben bewahrt, und nun näherte sich der Lauf schnell seinem Ziel. Wenige Tage vor seinem Tod äußerte er diese Worte: „Ich habe meine Arbeit für Christus getan. Ich möchte gehen. Andere werden gestärkt werden, um ihre Arbeit zu tun, aber meine ist getan." In seinem letzten existierenden Brief schrieb er an seinen Freund John Cox auf Guernsey:

> ... alles ist in den besten Händen. Man rät mir zu weniger Zucker und mehr Schlaf. Guter Puls, aber wenig Kraft. Nur bestehen sie darauf, dass ich so wenig wie möglich schreibe. Selbstgericht - wie geziemt es der Gnade! Sie löscht unsere verdorbene Vergangenheit aus und erklärt, dass, wie Er ist, so auch wir sind in dieser Welt - was aber unmöglich ist, wenn seine Sachwalterschaft nicht in Betracht gezogen wird. Dies brauchen wir nicht weniger als seine Sühnung. In Liebe zu allen, W. K.

Mit diesen Worten wurde die begabte Feder beiseitegelegt. Am 10. März hatte er einen Anfall, der ihn zwang, das Bett zu hüten. Obwohl man ihn bis zum letzten Atemzug seinen Herrn und Heiland preisen sehen und hören konnte, ging es mit ihm immer mehr bergab, und innerhalb von drei Wochen wurde er nach Jahren großer Anstrengungen im Dienst seines Meisters in seine Ruhe gerufen. Unmittelbar bevor er heimging, hörte man ihn ausrufen: „O mein Heiland, o mein Gott!"

Es war 18.45 Uhr am Dienstag, den 27. März 1906, als er ruhig entschlief, um „ausheimisch von dem Leib und einheimisch bei dem Herrn" zu sein. Er hatte gehofft, das Kommen des Herrn zu erleben, aber stattdessen war er durch Jesus entschlafen, um mit ihm den Augenblick der Entrückung zu erwarten, wenn „die Toten in Christus zuerst auferstehen werden". Als er ein Jahr vorher in Exeter predigte, hatte er gesagt: „Was ist Devonshire verglichen mit den himmlischen Örtern? ... Der Herr wird alle Selbstgefälligkeit und allen Stolz auf unser Heimatland von uns wegnehmen, indem Er uns ein unvergleichlich besseres geben wird." Nun ist sein Geist dort und genießt die wirklichen und bleibenden Freuden, die die Erde nicht bieten kann.

Als ein guter Bekannter, der selbst ein christlicher Gelehrter war, von seinem Tod hörte, schrieb er: „Seine höchste Freude bestand darin, denen, die er als ‚die wenigen Verachteten der Herde Christi' beschrieb, geistliche Dinge mitzuteilen." Wenn man das aufopferungsvolle Leben William Kellys überblickt, wird man an einige Worte des Bischofs Francis Paget in *Hallowing of Work* erinnert. Er sagte: „In diesem merkwürdigen und wirren Geschäft des menschlichen Lebens gibt es keine Energie, die so beharrlich ihr Werk tut, wie der geheimnisvolle, unbewusste, stille, unauffällige, unerschütterliche Einfluss, der von einem Mann ausgeht, der mit aller Selbstsucht zu Ende gekommen ist." Es ist bemerkenswert, dass mehr als hundert Jahre nach William Kellys Heimgang seine Bücher ohne Unterschied immer noch von Gelehrten und einfachen Gläubigen auf der ganzen Welt gefragt sind.

William George Scott und Familie - von Plum Lane, Friedhof in Plumstead

Sein Körper wurde nach Blackheath zurückgebracht und am Samstagnachmittag, den 31. März 1906, ehrfürchtig durch liebende Hände auf dem Friedhof in Charlton zur Ruhe gebettet. Seine zweite Frau liegt neben ihm an einer heute nicht mehr bezeichneten Stelle, nicht weit entfernt von den Gräbern einiger, die seinen Dienst in ihrem Leben schätzten, darunter William G. Scott, Thomas Smith (für Lucy Constance Smith, die in Kwei Ki, China, arbeitete und 1902 dort starb, gibt es dort eine Gedenktafel), W. B. Horner (der 1887 im Alter von 70 Jahren starb), sein Sohn und sein Enkel sowie Thomas Mackern.[196]

Nur wenige von denen, die an jenem freundlichen Frühlingsnachmittag dort anwesend waren, werden die beeindruckende Szene vergessen haben, wie hingebungsvolle Männer den Leib William Kellys zum Begräbnis trugen. Die Hunderte von Trauergästen (einige Berichte sprechen von sechs- bis siebenhundert) sangen das Lied *Forever with the Lord* (Für immer beim Herrn). Nachdem der schlichte Sarg in die Erde gesenkt worden war, wurde die Stille durch die Stimme von Dr. Wreford gebrochen, dem man die tiefe Bewegung abspürte, als er zwei Abschnitte aus der Schrift las (Apg 20,25-38; 1. Thes 4,13-18). Er drückte seine aufrichtige Achtung vor dem heimgegangenen Bruder, Freund und Führer aus, den sie hier nicht mehr sehen würden, und betonte zwei Gedanken aus den vorgelesenen Schriftstellen: Sie seien zwar betrübt, dass sie „sein Angesicht nicht mehr sehen würden“, aber die Hoffnung auf das Kommen des Herrn bewahre sie doch davor, „betrübt zu sein wie auch die Übrigen, die keine Hoffnung haben“. Dann dankte Dr. Wreford Gott

---

196 Der Name des Märtyrers Thomas Lambert, der 1897 in Hsipaw, Birma (heute Myanmar), starb, steht auf einem Gedenkstein in der Nähe. Wie der *Letter from Rangoon* von J. N. W., herausgegeben durch R. M. Cameron aus Edinburgh, zeigt, gab es in den 1870er-Jahren bereits „Brüder“ in Birma.

für das lange Leben William Kellys und den reichen Dienst, den Er der Versammlung gegeben hatte. Nach einer ergreifenden Pause wurde mit gedämpften Stimmen ein Lied gesungen, das der heimgegangene Bruder oft erwähnt hatte:

Saviour before Thy face we fall,
Our Lord, our life, our hope, our all,
For we have nowhere else to flee,
No sanctuary, Lord, but Thee.

In der Stille jener ernsten Augenblicke am offenen Grab las Mr. Moore aus Bournemouth Psalm 91 und erwähnte auch Psalm 90,16.17. Er sprach über Kellys Liebe und Arbeit für den Herrn. Dann ermahnte er alle, an die Worte zu denken, die man so oft von William Kelly gehört hatte und die in einer seiner letzten Äußerungen zusammengefasst wurden - über die drei realen Dinge in dieser Welt: der Hass der Welt, das Kreuz und die Liebe Gottes. Colonel Binney[197] von der Versammlung in Blackheath befahl nun die kostbaren sterblichen Überreste dem Herrn an, und dann war alles vorüber - „bis der Tag sich kühlt und die Schatten fliehen".

Auf seinem Grabstein stehen die Worte:

In liebevoller Erinnerung an
William Kelly
aus Lee
Entschlafen am 27. März 1906 im Alter von 84 Jahren
„Das Leben ist für mich Christus und das Sterben Gewinn."
Philipper 1,21

197 Noel erwähnt in seinem Tagebuch, dass Colonel C. A. Binney „ein anerkannter Lehrer unter uns in jenen Tagen" war.

Edward Whitfield berichtet von einem älteren Geistlichen, der Kelly oft um Rat gebeten hatte. Als er von dessen Heimgang zu Christus hörte, schrieb er mit einem Zitat aus Nehemia 7,2: „Er war vor allem ‚ein sehr treuer Mann und gottesfürchtig vor vielen'. Wir hatten nicht das Glück, mit Mr. Kelly gut bekannt gewesen zu sein, aber für diejenigen, die ihn kannten, war er immer der gebildete Gentleman, ein umfassender Gelehrter ohne einen Anflug von übertriebener Genauigkeit, der gern andere an seiner Kenntnis teilhaben ließ, wenn sie gesucht wurde, und dessen Freundschaft ein Vorrecht gewesen sein muss."

William Kellys Grab auf dem Friedhof in Charlton

MAY 10, 1906. The Christian. 19

THE LATE

Mr. William Kelly,

BIBLICAL SCHOLAR AND TEACHER.

BY A FRIEND OF MANY YEARS.

THE close of the long, strenuous, and devoted life of Mr. Kelly, of Blackheath, is an event that will touch many Christian hearts that held him in deepest affection. He was one of Christ's special gifts to the Church for the late century's revival of Christian learning, truth, and practice, who, in service to the One that had won his heart, counted it gain to go out in separation from all to meet Him; and whose formula of the Christian life was—Faith in God's Word, true obedience thereto, and devotedness to the Person of Christ.

WILLIAM KELLY was the son of an Ulster squire, and was born in 1821. He was educated at Downpatrick and at Dublin University, where the highest honours in classics were his. He was brought up a Protestant Churchman, and became enamoured with "Puseyism"; but was spiritually quickened shortly after graduating. Going to the Isle of Sark, he was brought into Christian liberty through a lady of the Acland family directing him to 1 John v. 9, 10. He touchingly alludes to this in his "Exposition of the Epistles of John," issued last year—a work he was thankful to accomplish. He never swerved from the truth he then found, proving it the "witness of God" to his soul, of salvation and eternal life. To the last its reality remained with him; as he expressed it shortly before passing away: "The Lord is the light of my heart." Mr. Kelly was twenty-four years old when he first met Mr. Darby, the body of whose teaching he was readily grasping as of the Spirit. The discovery of the "judicious Hooker's" error in asserting that "the field is the Church" (Matt. xiii.) had given him the key of the truth, and he had closely studied the Scriptures during the intervening three years. He now stirred up more widely his Christian activities, and in faith consecrated his great attainments and abilities to the cause of Christ.

He was a man of recognised erudition, with powers of original research. He had rare logical skill, fine precision, and keen controversial force, all with high moral power and spiritual culture. A French writer who long knew his works described him: "Kelly—savant, realisateur, tête logique, résumateur-philosophe"; and an Irish writer spoke of him as "a distinguished alumnus of the University." A student to the end, he was no recluse or mystic; and if he burnt the midnight oil, he also greatly delighted in Christian fellowship, and the practical ministry of preaching and teaching. He was held in high esteem for his critical work by members of the New Testament Revision Committee, with some of whom he held friendly and learned correspondence. He thought Darby's "New Translation" (though erring somewhat), more reliable than the "Revised Version," which he fully and critically examined in his monthly *Bible Treasury*, a periodical considered by many besides Archdeacon Denison as "the only one worth reading."

Commenced in 1856, this journal is replete with the writings of Brethren's leading expositors, among them none more luminous or richer in spiritual wisdom than his own. Its critical studies, devotional papers, Scriptural unfoldings, doctrinal discussions and reviews, all combine to make it a half-century's reliable testimony to the restored truths of practical Christianity. In taking up the task, after Prof. Wallace had had six months as editor, he sought that "grace and wisdom" might be granted him for it; and surely it may be asked: Is not such an editorial service unique?

Mr. Kelly had previously edited *The Prospect* (1849-50), a most interesting volume as a study of some early work. From it he re-issued a translation of the "Revelation" from the Greek, with notes of manuscript readings and general remarks (1849). He also contributed numerous critical comments to Dr. Tonna's *Christian Annotator* (1854-6), a journal Mr. Darby did not care for. Dr. Tregelles and Philip Henry Gosse, F.R.S., were also contributors. The work so highly commended by Prof. Ewald was "The Revelation of John, edited in Greek, with an English version," with a statement of authorities and versions. For it Mr. Kelly made use of MSS. never before applied to critical purposes, and gave extracts from the original Codex Sinaiticus obtained through Prof. Tischendorf (1860).

MR. WILLIAM KELLY.

Photo by Murduck, Exmouth.

Our friend edited "The Collected Writings of J. N. Darby," whose thirty-six volumes involved much tedious search over many years and in several languages. By this work "W. K." conveyed an important service to the Church of God, which few, if any, could have adequately accomplished. This is also true of the "Synopsis of the Bible," whose five volumes "W. K." thought J. N. D.'s best single work; as the "Examination" of B. W. Newton's "Apocalypse" his ablest critique. He highly valued Darby's writings, and circulated them as widely as possible. For their author he had profound regard, and delighted to speak of him with reverence and love, although their fellowship had been broken in upon after thirty-five years of happy hearty co-service. He looked upon him as unapproached for Scriptural unfoldings of long-lost truths, and for dependence upon God and His Word. "Read Darby!" he used to say.

Learned readers have often expressed appreciation of Mr. Kelly's own writings; and studious (as all, he thought, should be) believers everywhere valued them as "comfort and food" of rich worth. Their great extent and instructive variety is perhaps unparalleled. His "Lectures on the Revelation" is a profound work of critical value and spiritual perception, recently revised. In it he fully analyses the teaching of Elliott's "Horæ Apocalypticæ." His "Doctrine of the Holy Spirit" is an exposition of rare value, declared by Dr. Bledsoe as the "best discussion" extant on the subject. "Lectures on the Second Coming" afford clear and definite teaching. The "Exposition of Isaiah" (1895) is "a new book rather than a re-issue," which the learned author hoped would render "greater help to the Christian student, and even to the larger circle of those who seek more intimate acquaintance with the richest and most comprehensive of the Prophets." He exhaustively discusses the nature and object of Prophecy, and combats unsparingly the "bitter hostility" of the Neo-criticism he so deplored in its assault upon "whatever is most bright and blessed."

The smaller "Daniel" is an instructive study of this little-understood prophet, of great precision. The new edition, after forty years, has also an exposé of Neology. The "Exposition of John" (1898) was "written with care from first to last, with the deep conviction how little my plummet can sound John's revealed depths." His "Epistles of John" should stand with the "Gospel." The two form an incomparable study of John's presentation of the Lord; nor does anyone need "Lives of Christ" who possesses these beautiful writings, so full of mature learning and spiritual understanding in the unfolding of the Person and work of God's Son. The graces of the Lord as Man are displayed in Luke; in John it is God making known Himself in Christ. Moreover, "Life eternal in the Son of God, declared and manifested in His character in WAYS and WORDS, and that he *gives* this life, is there written with *more than sunbeam brightness.*" "The Creation" (long published) and "In the Beginning and the Adamic Earth" (1894) (commended by Benson, and accepted by Gladstone for St. Deiniol's), evince the beauty and fulness of revealed knowledge, and the faith and power of "W. K." for its elucidation. They form a profound guide to the study of Cosmogony. "Christ Tempted and Sympathising" (1871) is a finely discriminative study. "The Righteousness of God" is a valuable discussion of the subject, and none will deny the devout erudition of his exposition of "The Lord's Prayer" (1850; new ed. 1900).

His "Acts of the Apostles" is an instructive unfolding of the early days of the Church, as his "Corinthians" is of Church order and government, of gifts and ministry. The "Pastoral Epistles" are choice meditations of high spiritual character and helpfulness.

One of his later volumes, "God's Inspiration of the Scriptures," exhibits with unanswerable faith and proof the perfection of Divine revelation and "the grace of its purport in the glory of God." Mr. Kelly thought this work should be of help to "the spiritual understanding of all who value the Bible from beginning to end." To him it was a sad thing that any professed believers should seek to undermine God's Word, and often attach more weight to inscribed stones and engraved cylinders than to Divine revelation.

Such are a few of the multitude of Mr.

Nachruf in „The Christian"

Kelly's writings, all so evidently full of precise instruction to the Christian intelligence. They bear the mark of an able writer, who sought such ease of style as would "come home" to the reader's heart and conscience, and who desired neither to form nor belong to any school of thought, doctrine, or interpretation; but in faith to take God at His word by the Spirit's guidance, and so to teach the Christian.

He sought to forward growth in grace and Divine knowledge, to prepare both "sincere milk" and solid food for Christian growth, "till we all come in the unity of the faith and of the knowledge of the Son of God unto a perfect man, unto the measure of the stature of the fulness of Christ." He pressed for the cultivation of truth in the "inward parts," and the practical exercise of what was learnt, in testimony to Christ for His glory. He was as a "father" who had "known Him that is from the beginning," as well as one who would teach faithful men, that they might be able to teach others also. Many of Mr. Kelly's books are reports of lectures. As a lecturer he especially excelled, being a public speaker of easy but impressive address. He made no display of learning, yet conveyed solid instruction. On rare occasions he would so open up the deep recesses of heart and mind as to cause wonder for what was contained there.

His was a winning personality, with a charm of manner, a fine courtesy, and a humour of the purest. His small Bible and pushed-up spectacles; his firm mouth and shrug of the shoulders, have oft obtained affectionate remark, as now they have public notice. He laboured with zeal in the gospel wherever he went, and wrote largely upon it. His "Born of Water and of the Spirit" and "The Apostle at Athens" studiously exhibit what Christ's work is, its mode of operation in grace, and what it involves for man's blessing and God's glory. They well illustrate the high character of his "gospel" productions. Years ago he was interested in some inquiring Japanese students in England, proving of marked service to them; and one of his last activities was in the selection of special Christian literature for China and Japan.

Mr. Kelly wrote a few choice hymns, finely expressive of worship "for grace and truth revealed in blessing for eternal glory." But he did not cultivate this "recreative work." He deeply deplored the flimsiness of faith to-day compared with a former robustness of Christian character; the increasing worldliness of believers, and growing lack of devotedness. The spread of materialism, Ritualism, and Popery pressed upon his heart, though according to revelation; and his constant aim was to deliver souls from these. He wrote sernly against the late Pope's Encyclical, and interesting cases of converted priests, monks, and others of education and high place have come before him both at home and in Frnce.

It was his regret also to observe how hindrances to Christian light were sprading in University life and teaching, and round the young life of future Christian leaders He considered the great lack to be a living fith in God. David showed his superiority over Solomon in his greater value of the Ark "for faith," he added, "is always, if I may say so, *wiser than wisdom*." So again in Rev. ., the Laodicean condition arises out of "despising the testimony given to Philadelphia—the fruit of the rejection of the special truth that formed that Church." His answering query, "For which world?" when once told he might readily "make a fortune," was surpased by his reply to one who generously offed his influence to "do something" for him: What can you do for me more than has alrea been done by the Lord Jesus?" He sought to avoid Laodicea at all cost.

He was concerned, too, for the vast amount of unprofitable reading extant, which he thought "best counteracted by sound and interesting testimony to the truth"; asserting that the young were affected by the "abounding fiction and worthless poetry of the day." Many Christian believers, he said, thought more of Milton's "fine imaginations" than of God's true record; and too little of the writings of Cowper, "one of the best of all the poets," who had helped many to praise God. He largely believed, however, with Darby, that poetry (not hymns) "is the effort of the human mind to create, by *imagination*, a sphere beyond materialism, which faith gives in *realities*." Like Abraham, "W. K." *believed God!*

Mr. Kelly never changed his ecclesiastical position after turning from the Established Church in 1841, and going "forth unto Christ outside the camp, bearing His reproach," but, with sufficient statement for Christian conscience and intelligence, continued stedfastly onward. He never "broke fellowship" with the leaders in the unhappy divisions among Brethren in the bitter way often ascribed to him; but, when having had to withhold confidence, he always lucidly, logically, and Scripturally, stated his ground as occasion called, consistently adhering to first principles. He was as severe in condemning unscriptural divergences (whether ecclesiastical or doctrinal) among Brethren as anywhere else. He could warn as well as help, rebuke as well as encourage. His sarcasm was the searching rapier of applied truth.

From beginning to end he bore unchanging practical testimony to the oneness of the Body, the unity of the Spirit, and separation unto the Name and Person of the Lord Jesus Christ, awaiting His return. One of the happiest of Christians, he knew the sorrows as the joys of the path, yet as he wrote myself not long ago, "Ours after all is but light affliction compared, I do not say, with His who suffered as none but Himself ever did, but with the Apostle, a man of like passions with ourselves. What had *he* not to endure from Jew, Gentile, and the Church of God!"

His second wife, who died in 1884, was a daughter of Rev. Mr. Gipps, of Hereford. A lady of devoted natural and spiritual ability, she skilfully rendered much aid in her husband's special work. She was a clever linguist, and possessed a wide knowledge. She translated nearly half the Psalms, to which Mr. Kelly added the rest, and last year issued them as a personal memento of her. Much pleasing interest attaches to her memory.

The gift of Mr. Kelly's remarkable library of 15,000 volumes, the choice tools of a scholarly and devoted Christian worker, was anonymous, and desired by him to remain so, but a London journal revealed it. Every consideration was given to the question of its future locale, and it is in appreciative hands. To have seen something of it, with its learned owner as interpreter, was a valued privilege. It included the great Codices (some in facsimile); all the great Polyglots; the works of the Fathers, and the great Schoolmen. Replete in the departments of Science, Philosophy, and History, it was specially rich in Classics, Ecclesiastical History, and Theology, including many very rare items connected with Biblical research. His hope, in sending it into Yorkshire near two years ago, was that others might prove its helpfulness in God's work.

Mr. Kelly devoted much time and labour to correspondence, serving alike the learned and the ignorant; every line of his exceedingly small but very legible writing carrying clear instruction and reliable information, Christian counsel and encouragement, all choicely expressed. He sought to be of the utmost possible service even in this respect, as over a hundred letters and postcards now on my table fully prove; spending himself for the Lord and the good of His people. He left the results, but was always grateful for the confidence and affectionate regard of believers everywhere. He had many friendships in the higher walks of life, and close readers of his writings there, who fully recognised his learning and regarded his constancy and devotion. His friendship was a privilege, his confidence no mean trust, and to know him was to love him.

Thus passed the days and years in happy fruitful service until, after a few weeks at Dr. Heyman Wreford's home in Exeter, "peacefully resting and waiting," he was "put to sleep by Jesus," March 27, so closing a unique ministry, whose effect will remain unto many days.

Mr. Kelly was interred at Charlton Cemetery (near to his gifted wife) on March 31, in the presence of some 500 mourners. Dr. Wreford having prayed, two hymns were sung—"For ever with the Lord" and "Saviour, before Thy face we fall." Brief remarks by Dr. Wreford on Acts xx. 25 emphasized gratitude for God's rich gift to the Church in "W.K.," and sorrow to see him here no more; but joy for the hope of the Lord's return: reading 1 Thess. iv. 13-18. Mr. Moore read Psa. xci. 1, applying also, "the beauty of the Lord," from xc. 16, 17; dwelt on "W. K.'s" love and work for the Lord, and how at the last he spoke of "realities"; as with emphasis he said, "the cross is a real thing; the hatred of the world is a real thing; and, beloved brethren, the love of God is a real thing!" The brief, solemn, yet exceedingly appropriate service was closed in prayer by Colonel Binney, and all was over—"Until the day break, and the shadows flee away."

H. W. P.

IN MEMORIAM—W. K.

"They are all gone into the world of light."—H. Vaughan

"A great man and a prince has fall'n to-day,"
Our eyes with tears are dim,
And life is dipt in hues of leaden grey,
As we lament for him.

Yet rather for ourselves must we deplore
The loss of such a mind,
So rich a treasury of sacred lore,
While selfless zeal, combined

With that great knowledge, mark'd him all the day
From youth to mellow age;
He was content to win the Master's praise
At end of pilgrimage.

His was a real eloquence, that made
The Bible wondrous clear;
All tones were in it—answering every shade
Of thought, they reach'd the ear.

And aye his speech was clothed with dignity,
At times with pathos rare,
Or vivid scorn, or gentle irony,
But weak or aimless ne'er.

For his the speaker's gifts—yet did we find
Them e'er 'neath strict control;
He sought not to delight the idle mind,
But to inspire the soul.

And, earnest always, most he kindled, when
Descanting on the Name
Of the Redeemer and the Hope of men,
And setting forth His fame.

Ah, we no more shall see him—he has pass'd
Into that world of light,
Where flowers are fadeless, pleasures ever last,
And there is no more night.

"A great man and a prince has fall'n to-day";
I lose a lifelong friend;
But, though a moment grief becloud our way,
Joy cometh at the end.

R. B

Bournemouth.

Anhänge

I

Das Gericht, nicht die Wiedervereinigung der Christenheit

Im Jahr 1896 bekämpfte Kelly die unglückselige Korrespondenz von Premierminister Gladstone[198] mit dem Erzbischof von York, William MacLagan, aufgrund des apostolischen enzyklischen Briefes „Ad Anglos" aus dem Jahr 1895 von Papst Leo XIII (1810-1903). Kelly schrieb in *The Bible Treasury* zwischen August 1896 und März 1897 dazu acht eindringliche Artikel. Er betrachtete sie als Gegenmittel zur Anfrage des Premierministers, wie die Haltung Roms zur Ordnung der anglikanischen Kirche und einer möglichen Wiedervereinigung der Christenheit sei. Diese Artikel wurden auch als einzelne Broschüren herausgegeben. Wir geben hier „Das Gericht, nicht die Wiedervereinigung der Christenheit" wieder, damit der Leser etwas von dem Charakter der Schriften des treuen Dieners spüren kann.

Seitdem William Kelly diese Warnung vor über einem Jahrhundert schrieb, ist die Entwicklung zur Wiedervereinigung der Christenheit (inzwischen sogar die Zusammenarbeit mit verschiedenen Weltreligionen) mit zunehmender Kraft vorangetrieben worden. Die Schrift sagt voraus, dass eine solche Koalition gebildet und sie, äußerlich betrachtet, eine Zeit lang

198 William Ewart Gladstone (1809-1898) war 1868 und 1871 in Blackheath. Ob er es aber unternahm, Kelly bei dieser Gelegenheit zu treffen, ist nicht bekannt, jedoch unwahrscheinlich, obwohl sie gemeinsame Bekannte hatten. Gladstone hatte J. N. Darby ungefähr 1831 getroffen, als er in Oxford war (*John Nelson Darby as I knew him*, S. 6). 1890 rezensierte W. Kelly in der Juliausgabe der *Bible Treasury* (S. 110-112) Gladstones Buch *Impregnable Rock of Holy Scripture*.

florieren wird, dass sie aber zu einer gewaltigen Zerstörung durch das Gericht des Herrn verurteilt ist. Wir geben William Kellys ernste Warnung mit dem aufrichtigen Wunsch wieder, dass auch die Leser von heute lernen mögen, jede Verbindung mit diesem unheiligen System zu vermeiden. Viele aktuelle Ereignisse machen diesen herausfordernden Brief für unsere Zeit sogar noch relevanter: zum Beispiel der Aufstieg der sogenannten ökumenischen Bewegung, der durch den liberalen und modernistischen „Ökumenischen Rat der Kirchen“ (World Council of Churches) genährt wird; die wachsenden Aktivitäten der charismatischen Bewegung; die politische Betätigung Roms und die ständige Kompromissbereitschaft vieler Menschen in Bezug auf den christlichen Glauben.

William Kelly schreibt:

Es braucht niemand zu überraschen, dass ein erfahrener und fähiger Politiker in einem Brief an den Erzbischof von York (im Jahr 1896) die Hoffnungen derer ausgedrückt hat, die auf eine Wiedervereinigung der Christenheit warten. Manche waren darauf nicht vorbereitet und sind, gelinde gesagt, schmerzlich berührt durch den Tonfall dem Papst gegenüber, der ganz und gar ehrerbietig ist. Doch tatsächlich bleibt Mr. Gladstone sich selbst hierin treuer als in den meisten der brennenden Fragen, denen er sich je zugewandt hat. Den Götzen namens „Christenheit“ hat er immer in Ehren gehalten. Hierin ist er unverändert.

Nun, wenn wir den Schriften glauben, befindet sich die Christenheit, geistlich betrachtet, im Verfall; und dies wird fast jedes Gewissen bekennen, wenn es auf die Probe gestellt wird. Beginnen wir mit dem Papst: Er erkennt dies in seinen vielfältigen Bannsprüchen an, und so machen es eigentlich Mr. Gladstone und alle, die nach Wiedervereinigung trachten.

Wären die Dinge gottgemäß, gäbe es für keines von beiden Raum. Noch viel tiefer empfinden den Verfall der Christenheit solche, die die Gewohnheit haben, in Sack und Asche die Sünden zu bekennen, die den Verfall verursacht haben. Durch göttliche Einsetzung hatten alle Heiligen seit Pfingsten ursprünglich nur *eine* Gemeinschaft. Es mögen Tausende oder Myriaden gewesen sein, die glaubten (Apg 21,20), aber sie waren „die Versammlung Gottes in Jerusalem", in Antiochien, in Korinth, in Ephesus. So war es überall in den Tagen der Apostel. Natürlich gab es Versammlungen in verschiedenen Provinzen oder Ländern. Aber auch damals wurde das Evangelium überall verkündet, und der Herr wirkte mit denen, die predigten (Mk 16,20; Kol 1,6.23). Auf der ganzen Erde wurden die Gläubigen als Haus Gottes zusammengefügt – die Versammlung des lebendigen Gottes, Pfeiler und Grundfeste der Wahrheit.

Die Zahl der christlichen Bekenner schätzt man auf ungefähr 216 Millionen Katholiken, 137 Millionen Anglikaner, Lutheraner, Reformierte und andere Protestanten sowie 97 Millionen Orthodoxe (Griechisch-Orthodoxe u. a.) und Nestorianer, Kopten, Abessinier etc. Außerhalb des römischen Katholizismus haben mindestens ebenso viele das christliche Bekenntnis wie innerhalb, obwohl die katholische Kirche mehr Menschen umfasst als jede andere Denomination. Einheit aber gibt es keine. Kann angesichts dieser Tatsachen irgendein Anspruch haltloser sein? Ebenso gewiss ist, dass es heilige Einheit in der Wahrheit immer hätte geben sollen und dass Einheit schon vor langer Zeit aufgehört hat zu existieren. Der Anspruch auf Einheit ist deshalb nachweislich falsch, und das Fehlen der Einheit ist ein sicherer Beweis des Verfalls. Die allgemeine Einheit der sichtbaren Kirche ist ein selbstgefälliger Traum. Und wenn apostolische Abstammung im historischen Sinn etwas gilt, dann ist klar, dass Rom die Ostkirchen nicht übertreffen kann, denn die Ostkirchen sind durch den einen oder anderen Apostel gegründet und von Johannes, dem letzten Apostel, geleitet worden. Rom hatte nie Apostel, es sei denn als Gefangene oder als solche, die in Rom waren, um dort zu sterben; die Versammlung in Rom wurde von keinem Apostel gegründet oder geleitet. Was diese Sache betrifft, ist die Schrift entscheidend.

Viel ist nach menschlicher Weise um die apostolische Nachfolge gestritten worden. Aber was den Gläubigen von Anfang bis Ende in der Schrift begegnet, ist die Selbstgefälligkeit und das Versagen des Menschen, ganz gleich wann, wo oder wie er von Gott geprüft wurde, und ganz gleich, welche Vorrechte ihm verliehen worden waren. So war es mit Adam, mit Noah und Abram; mit Mose, Aaron und Israel; mit Saul, David und Salomo; mit Nebukadnezar oder irgendeinem anderen aus den Nationen. Gott hat in nichts versagt; Er stärkte aber den Glauben, trotz allen Versagens der Seinen. Doch der Mensch versagte in jeder Erprobung. Unterdessen wies Gott auf den zweiten Menschen hin, der nicht nur unbeweglich fest stand, sondern am Ende alle Titel in Herrlichkeit entfalten wird, die in dem ersten Menschen und seinen Söhnen ganz und gar verloren gegangen sind: der letzte Adam, Erstgeborener aller Schöpfung, Herrscher der Erde, Nachkomme der Frau und der Verheißung, Priester auf seinem Thron, König in Zion, Sohn des Menschen – dem alle Völker, Nationen und Sprachen im kommenden Zeitalter dienen werden.

Aber bildet nicht die Kirche eine Ausnahme von der Gesetzmäßigkeit menschlichen Versagens und Elends? Keinesfalls. Daher spricht der große Apostel der Nationen ausgerechnet in Römer 11 die vielsagende Warnung an die Heiligen in Rom aus, dass sie sich „nicht selbst für klug halten" sollten. Wenn der derjenige aus den Nationen, der ein christliches Bekenntnis hat, nicht an der Güte Gottes bliebe, würde auch er „ausgeschnitten werden", wie es bereits mit den Juden geschehen war. Gibt es solche, die so blind, unnachgiebig oder hochmütig sind, dass sie behaupten, die Christenheit sei an der Güte Gottes geblieben? Wird das der Papst auch nur von der Hälfte der Getauften behaupten? Wird der Protestant das von der Mehrheit der Katholiken sagen? Wird der fromme Anglikaner das von seiner eigenen Gemeinschaft behaupten? Wird ein gottesfürchtiger Nonkonformist für seine eigene Gemeinschaft oder eine andere auf „nicht schuldig" plädieren? Aber wenn es so wäre - die Schrift sagt in keinem Abschnitt ein einziges einschränkendes Wort, sondern bringt an anderen Stellen viele andere und noch ernstere Androhungen, und sie sagt unerbittlich: „... sonst wirst auch du ausgeschnitten werden."

Die Christenheit, Mutter und Töchter (Off 17,5), fällt unter das allgemeine Urteil. Gottes Wege mit den Treuen scheitern heute ebenso wenig wie früher; Gottes Gnadenratschluss wird in Christus zustande kommen, und die Kirche wird droben sein, jenseits aller Macht des Feindes. Aber was ihr verantwortliches Bekenntnis auf der Erde angeht, so gibt es keinen Unterschied zwischen Juden und Nationen. Die einzige Ausnahme ist der Herr Jesus, der dies und jeden anderen Ratschluss Gottes am kommenden Tag ausführen wird. Er, nicht der Papst, ist das Haupt des Leibes, der Versammlung. Er ist der Anfang, der Erstgeborene aus den Toten (denn mit diesem Zustand, und nicht nur mit seiner Menschwerdung, beginnt die Beziehung der Versammlung), damit Er in allem den Vorrang habe. „Lasst euch von niemand auf irgendeine Weise verführen, denn dieser Tag kommt nicht", sagt der Apostel, „es sei denn, dass zuerst der Abfall komme [nicht die Vereinigung, sondern der Abfall] und offenbart werde der Mensch der Sünde, der Sohn des Verderbens" (2. Thes 2,3). Solche, die mit Luther, Calvin und Knox, mit Cranmer, Jewel und Parker, mit Baxter, Howe und Owen glauben, dass der römische Katholizismus der Abfall und das Papsttum der Mensch der Sünde ist, müssen zutiefst bedauern, dass der betagte Staatsmann sich vor Papst Leo XIII verneigt, und sie werden das missbilligen, was die Macht hinter dem Vatikan in ihrem nimmermüden Stolz und unstillbaren Durst nach weltweiter Vorherrschaft für ihr Oberhaupt fordern wird. Aber während es reiner Unglaube ist, daran zu zweifeln, dass Rom die Hure der Offenbarung ist, wird es ein stärkeres Vorzeichen geben: den völligen Abfall der Getauften einschließlich des Papismus und des Protestantismus und auch der Juden sowie die Erhöhung des Gesetzlosen, den der Herr bei seiner Erscheinung in Herrlichkeit verzehren wird. Und so wird Er die Tage des Himmels über der Erde einführen, wozu Er allein fähig und würdig und zuvorbestimmt ist.

Alle Aussprüche des Neuen und Alten Testaments stimmen damit überein. Das Unkraut hat die Ernte verdorben (Mt 13); aber es gibt erst ein anerkanntes Hilfsmittel, wenn der Sohn des Menschen in der Vollendung des Zeitalters als Richter auftreten wird (Mt 13,27-43). Wenn der Sohn des Menschen offenbar werden wird (Lk 17), wird es wie in den Tagen Noahs und Lots sein: keine Wiedervereinigung, sondern ein Gericht der Lebenden. 1. Timotheus 5 und stärker noch 2. Timotheus 3 zeigen, dass es ein Nichtbleiben an der Güte Gottes gibt und deshalb die Notwendigkeit des Ausschneidens besteht (siehe Röm 11). Und was bedeuten 2. Petrus 2, Judas, 1. Johannes und die Offenbarung? Selbst 1. Petrus 4,17 stellt fest, dass „die Zeit gekommen ist, dass das Gericht anfange bei dem Haus Gottes".

Einzelne mögen durch Gnade errettet werden. Aber wenn das Böse als ein Ganzes einmal eingedrungen ist, bleibt es und wird schlimmer bis zum göttlichen Gericht. Das Gericht ist ganz gewiss nah, denn der Herr ist bereit, Lebendige und Tote zu richten. Die Hoffnung auf eine Wiedervereinigung der Christenheit ist durch kein einziges Wort in der Schrift gerechtfertigt, sondern widerspricht dem übereinstimmenden Zeugnis des Herrn und seiner Apostel. Die Hoffnung entspringt der gefallenen Natur, die zuerst von Gottes Willen abweicht und dann sein Wort vernachlässigt oder sich ihm widersetzt, indem sie das eitle Vertrauen auf den Menschen niemals fallen lässt. Die Propheten verkünden, dass Gott in seiner souveränen Gnade Israel wiederherstellen wird. Das Neue Testament sagt ebenso ausdrücklich, dass Gott Babylon zerstören und nicht wiederherstellen wird.

Wie kann ein nüchterner Mensch von derjenigen, die in ihrem Herzen spricht: „Ich sitze als Königin, und Witwe bin ich nicht, und Trauer werde ich nicht sehen", erwarten, dass sie ihren angemaßten Thron aufgibt und im Staub Buße tut? Und besonders, weil sie eine unbefleckte Frau und einen unfehlbaren Mann als ihre neuen goldenen Kälber aufgerichtet haben? Errötet die römische Kirche, die „Königin", noch vor Scham, weil sie auf die eine oder andere Weise die Jungfrau und die Engel, die Gebeine und Kleider von Toten, das Kruzifix und die Hostie verehrt? Schämt sie sich des Zölibats bei der Priesterschaft mit seiner Ohrenbeichte und anderen direkten und indirekten Gräueln? Verwirft sie ihre angebliche Transsubstantiation und ihre ausgesprochene Feindseligkeit gegenüber dem Lesen der Schrift? Hat die römische Kirche sich befreit von dieser Lüge in ihrer rechten Hand - der Messe? Nach ihrer eigenen Darstellung ist die Messe ein Sühnopfer für die Lebenden und die Toten. Das wäre, nach der Schrift, ein Sakrament - nicht für die Vergebung der Sünden (wie es das Mahl des Herrn verkündet), sondern ihrer Nichtvergebung. Ist es nicht ein Opfer, das ausdrücklich Tag für Tag fortgesetzt wird, und ist es nicht ebenso wirkungslos wie die jüdischen Opfer, denen der Hebräerbrief das ein für alle Mal geschehene Opfer des Leibes Christi gegenüberstellt (Heb 10,10)? Und führt es nicht zu genau demselben Ergebnis für den Gläubigen? Denn wo es Vergebung der Sünden gibt, „ist nicht mehr ein Opfer für Sünde" (Heb 10,18). Das ist es, was das Evangelium verkündet, und die Messe widerspricht – es ist ein anderes Evangelium, das kein anderes ist.

Was soll man nun von Anglikanern halten, die auf Rom hören, während ihre eigenen Glaubensartikel verkünden, dass die Opfer der Messen „lästerliche Erfindungen und verderbliche Betrügereien“ (XXXI) sind und dass Rom „nicht nur im Handeln und in den zeremoniellen Riten, sondern auch in Glaubenssachen“ (XIX) geirrt hat? War nicht die tief greifende, umfassende und fortschreitende Veränderung in der anglikanischen Kirche während des letzten halben Jahrhunderts eine Rückkehr – und zwar nicht zu dem, „was von Anfang an war“, sondern zu den Riten und Lehren der nicht reformierten Christenheit in Ost und West? Hat das nicht zu diesem rückschrittlichen Brief von Mr. Gladstone geführt?

Wer die Schrift wertschätzt, wer am Evangelium festhält, wer die Erlösung in Christus hat, wer den Sohn und den Vater ehrt, wer weiß, dass wir korporativ der Tempel Gottes sind und dass sein Leib ein Tempel des Heiligen Geistes ist, der hüte sich vor der Wiedervereinigung mit der Stadt der Verwirrung, die zur Zerstörung verurteilt ist, weil Gott wahrhaftig ist. Er hüte sich allein schon davor, zurückzublicken, damit er nicht zur Salzsäule werde. Denn Gott lässt sich nicht spotten, und der Herr kann zur Eifersucht gereizt werden.

W. Kelly

II

Daten aus Kellys Leben

1821	Mai: Geburt in Ballyfrenis, Grafschaft Down, Irland
	9. Juni: Taufe in der presbyterianischen Kirche in Millisle
1823	14. April: Tod des Vaters
1831-36	Unterricht an der Dr.-Moses-Nelson-Akademie bei Pfarrer James Nelson
1836	14. Oktober: Eintritt ins Trinity-College, Dublin
1841	College-Abschluss: Bachelor of Arts Umzug
nach	
	Sark, La Manoir : Hauslehrer bei Seigneur Ernest Le Pelley
1841/42	Kelly wendet sich von der anglikanischen Staatskirche ab
1842-71	Kelly lebt auf Guernsey
1845	Sommer: erste Begegnung mit John Nelson Darby in Plymouth
1848	21. Februar: Heirat mit Elizabeth Montgomrey
	15. November: Geburt der ersten Tochter Frances Elizabeth
1848-50	Schriftleitung von *The Prospect*
1849	5. November: Geburt der zweiten Tochter Mary
1850	Tod der ersten Ehefrau
1857-1906	Herausgeber von *The Bible Treasury*
1857	Zweite Ehe mit Elizabeth Emily Gipps (1831-1884)
	Vier Töchter (Charlotte, Emma, Fanny, Helen) und zwei Söhne
1858	Geburt des ersten Sohnes William Henry in St. Peter Port

1860	Kellys erstes großes Werk erscheint: *The Revelation of John* Erstes Zusammentreffen mit W. J. Lowe; Freundschaft
1866	Frühjahr: erste Vortragsserie in London
1868	Mai: zweiter Besuch in London und Vorträge
1871	Umzug von Guernsey nach Blackheath
1873	Geburt des zweiten Sohnes George Pemberton
1884	4. Februar: Tod der zweiten Ehefrau
1906	25. Februar: Kellys letzte Predigt über Johannes 1,1-14 9. Januar: Kelly verfasst sein Testament 11. Januar: Kelly verlässt Blackheath Kellys letzte Wochen bei seinem Freund Dr. Heyman Wreford in Exeter 27. März: William Kelly stirbt

III

Daten aus der Geschichte der „Brüder“ im Zusammenhang mit Kellys Leben

1826-1828	Früheste Zusammenkünfte in Demerara und Dublin
1829/30	A. N. Groves und E. Cronin reisen nach Bagdad
1845	Kelly trifft J. N. Darby in Plymouth
1845-48/51	Newton-Bethesda-Kontroverse
1854	J. N. Darby beginnt in Deutschland zu arbeiten
1859/60	Erweckung in Irland
1861	Der Fall Stewart, Jersey
1862	Whitfield in Peckham/Sheffield
1866	Kontroverse über die Leiden Christi
1879	G. V. Wigram stirbt
1879-1881	Kontroverse J. B. Stoney - Park Street
1882	J. N. Darby und E. Cronin sterben
1884	C. E. Stuart und die Reading-Kontroverse
1885	F. W. Grant - Trennung in Amerika
1890	F. E.-Raven-Lehre und Greenwich
1896	von Poseck und C. H. Mackintosh sterben
1900	W. W. Fereday - unabhängiges Handeln
1905/06	Devonshire-House-Konferenzen

IV
Kellys Testament

9

Verner Lodge Belmont Park Lee S E

I, WILLIAM KELLY residing as above declare as my last Will and Testament that I wish my daughters Emma Matilda Maria Kelly (Mrs William Jarvis Colquhoun) and Fanny Augusta Kelly (Mrs Harry Armytage) to share equally between them £2,400 Brazilian Recission Bonds of mine Nod 268 Cumulative 5½ B Preference shares of £10 each 200 shares of Worthingtons My eldest daughter Frances Elizabeth Kelly (now __ Edward Plumptre Ramsden) alone survives to inherit £3,639. 19. 6. through her mother (my first wife) Eliza Montgomrey as left by her will But since her death her trustees secured it to her issue in Chancery as Montgomrey's Trust under her father's Will Mr James Montgomrey of Brentford the 3 per cent Consols being now reduced Goschens She is thus provided for independently of me As to my only surviving son George Pemberton Kelly now residing at Carlton Leenee River O R C,I have given his portion but I wish to bequeath him my shares in the Great Eastern Railway for his firstborn when his father sees fit And I also bequeath to my daughter Mrs H Armytage my Gas Light & Coke shares for her two sons Hugh and Kenneth Armytage when she sees fit And I wish my furniture and household effects in general to go to my daughter Mrs E M Colquhoun who has kept my house for many years And I request my friends Mr William Posnette Manners and Mr Sidney Herbert to act as EXECUTORS of this will meeting debts as well as funeral expenses out of the balance to my credit in the London Union & Smith's Bank Chancery Lane Branch & ~~also~~ as this might not suffice out of my Buenos Ayres shares the surplus going in equal parts to the said Mrs Colquhoun & Mrs Armytage Mrs Colquhoun I appoint my Residuary Legatee there being also some S. Austrian Railway shares in Messrs Hartridge hands to my credit Signed sealed & delivered in the presence of the witnesses whose names are here subscribed in the presence of each other & of the testator and at his request this 9th day of January 1906 - WILLIAM KELLY (L S) - CONSTANCE COLQUHOUN (L S) - F E RACE (L S) -

Affidavit of due execution filed

ON the 25th day of April 1906 Probate of this Will was granted to William Posnette Manners and Sidney Herbert the Executors,

Y

Bibliografie

Grundlegende Arbeiten und Veröffentlichungen bezogen sich auf:

Anon: *A brief account of the life and the labours of the late W L Lowe* in *Letters of Interest*, C. A. Hammond, London 1927

Anon: Kellys Postadressbuch [Information für Sark], 1857

Anon: Verzeichnis der Zusammenkünfte, Januar 1873, London

Anon: *Near the End of the Journey*, Manchester Conference 1876, W. B. Horner, London 1876

Anon: *Publishing Salvation, the Story of the Scripture Gift Mission*, Scripture Gift Mission, London 1961

Anon: *Bericht über die Beisetzung von G. V. Wigram*, Privates Manuskript, nicht datiert

Barber, J. R.: *The hearts and minds of J N Darby and E B Pusey – a comparative study*, 1998

Beattie, D. J.: *Brethren, the Story of a Great Recovery*, John Ritchie Ltd., Kilmarnock, 1939

Bevan, G. Phillips:*Tourist Guide to the Channel Islands*, E. Stanford, London, 1889, 2. Aufl.

Blakeley, G.: Artikel in *Words in Season*, Magazin, Bd. 95, Nr. 8, S. 183, *William Kelly: His Life and Work*, East Hartford, Connecticut, USA 2003

Brand, H. G.: *Scripture and Criticism, what the Scriptures State, and what they prove themselves to be, considered in connections with Questions of Science and Criticism*, Yokohama, Japan 1901

Bruce, F. F.: In *Retrospect, remembrance of things past,* Pickering & Inglis, London & Glasgow 1980

Cross, E. N.: *C. H. Mackintosh*, Biografie, unveröffentlichtes Manuskript 2002

Cuendet, F.: *Souvenez-vous de vos Conducteurs*, Éditions Bibles et Traités Chrétiens, Vevey, Schweiz 1966

Darby, J. N.: *Letters of J. N. D.* 1832-1882, 3 Bde., Morrish, London, 1. Aufl., nicht datiert

Darby, J. N.: *The Revelation of John the Divine*, Morrish, London, nicht datiert, ca. 1860/61

Davies, C[harles] & M[aurice]: *Unorthodox London or Phases of Religious Life in the Metropolis*, Tinsley Bros., London, 3. Aufl. 1875 [S. 175-191 *The Plymouth Brethren*]

Dennett, E.: *Edward Dennett*, unveröffentlichte biografische Notizen, 2002/03

Dix, T. R.: *Verzeichnis der Zusammenkünfte*, Juli 1901, Acton, London W. (Beschreibung der Lowe-Brüdergemein schaft in Großbritannien)

Douglas, J. D. *The New International Dictionary of the Christian Church*, (Hrsg.): Paternoster Press, Exeter 1974

Dolamore, E. B.: *Addresses by E B Dolamore*, private Herstellung, Southampton ca. 1946

Ewen, A. H. & Allan: *The Fief of Sark*, Guernsey Press Co., Guernsey R. De Cateret 1969

Gaebelein, A. C.: *Half a Century, the Autobiography of a Servant*, Publication Office 'Our Hope', New York 1930

Hillerdal, G.: *Studier i Plymouth-brödernas Historia*, Dokument auf Schwedisch, 88 S., Juli 1948

Hocking, W. J: *Journey on SS Oruba and Orontes*, unveröffentlichtes Tagebuch 1908

Hocking, W. J.: Brief an C. A. Sibthorpe, Danbury 7. Juli 1939

Hocking, W. J.: *Selected Passages from the writings of William Kelly*, C. A. Hammond, London, nicht datiert

Kelly, W.: *Letters*, unveröffentlicht, von E. B. Dolamore, Isle of Wight, ca. 1945, in Cross Collection, London

Kelly, W.: *The Prospect*, Bde. 1 & 2, Stephen Barbet, Guern sey 1850, Reprint von Chapter Two, London 1989

Kelly, W.: *The Bible Treasury*, London 1856-1906, Reprint von Chapter Two, London 1996

Kelly, W.: *Gathered unto His Name, a letter somewhat revised and enlarged*, F. E. Race, London ca. 1898/1900

Kelly, W.: *Hymns selected and revised*, F. E. Race, London 1894

Kelly, W.: *John Nelson Darby as I knew him*, Words of Truth, Belfast 1986

Krüger, Gustave -A[dolphe]: *Le Darbysme Étudié à la Lumière de la Parole de Dieu*, J. Bonhoure et Cie., Paris ca. 1880

Lewis, W. R.: *An Account of Brethren in Hereford*, Bath, private Veröffentlichung, September 1958

Lindberg, B.: *De SK Plymouthbröderna, The histoy of the Swedish Plymouth Brethren*, Teil 1-3, CD, Jabes Förlag, Storvreta, Schweden 2000

Lowe W. J.: *Letters of Interest as to the Lord's Work*, A. J.Cowell, Ealing, London 1891-1896

McDowell, B. & Webb, D. A.: *Trinity College, Dublin, 1592-1952, An Academic History*, Cambridge University Press 1982

Métivier, George: *The Sermon on the Mount and the parable of the Sower*, übersetzt ins Franco-Normannische etc. Guille-Allès-Bibliothek, Guernsey, nicht datiert, ca. 1882

Midlane, A[lbert]: *Brief Report of the Bournemouth Conference*, W. Walters, London 1885

Miller, Andrew: *The History of the Brethren (commonly so-called) A Brief Sketch of their Origin, Progress and Testimony*, George Morrish, London, 1. Aufl., nicht datiert

Murray, I. H.: *Letters of C. H. Spurgeon* (9. Mai 1890), Banner of Truth, Edinburgh 1992

Mudie-Smith, Richard: *The Religious Life of London.* [A detailed analysis of statistics of attendance at Brethren and other meeting places, based on the Census returns.], London 1904, 518 S.

Neatby, T. Mrs.: *The Life and Ministry of Thomas Neatby*, Pickering & Inglis, Glasgow, nicht datiert

Neatby, W. B.: *A History of the Plymouth Brethren*, Hodder and Stoughton, London 1901 (Mein Exemplar wurde von William Kelly mit Anmerkungen versehen und gibt einen umfangreichen Einblick in viele Abschnitte der Geschichte der „Brüder".)

Noel, N. L.: *The History of the Brethren*, 2 Bde., Chapter Two, London 1993

Noel, Louis: Private E-Mail über die Geschichte der Familie Noel und Blackheath an Edwin N. Cross, 29. Januar 2000

Ouweneel, W. J.: *Het verhaal van de „Broeders"*, aus *Het Woord der Waarheid*, Winschoten, Niederlande 1977

Pickering, H.: *Chief Men among the Brethren* (65 Brethren histories), Artikel von E. E. W., Pickering & Inglis, Glasgow, London & Edinburgh, 1. Aufl., nicht datiert (1918)

Pickering, H.: *Chief Men among the Brethren* (100 Brethren histories), Pickering & Inglis, Glasgow, London & Edinburgh, 2. Aufl., 1931

Pitt, E. W.: *Windows on the World, a Record of the Life of Dr. Al fred H. Burton*, Pickering & Inglis, London, nicht datiert (ca. 1938/39?)

Pontis, Henry W.: *Obituary – The late Mr. William Kelly*, in *„The Christian"*, Zeitung, 20. Mai 1906

von Poseck, J. A. E. W.: *The Word of God, or Private Revelations: Which? Are we to return to the old Romish doctrine: 'Hear the Church?'*, privat gedruckter Brief, Lewisham, Dezember 1881

von Poseck, J. A. E. W.: *Christus oder Park Street, Gottes Wort oder Menschenwort? Eine Stimme der Warnung an meine Brüder deutscher Zunge*, privat gedruckter Brief, Lewisham, September 1882

Race, F. E. & Hocking, W. J.: Verzeichnis der Zusammenkünfte, T. Cheverton, London 1897

Rees, A. A.: *Four Letters to the Christians called 'Brethren' on the subject of Ministry and Worship*, Passmore and Alabaster, 2. Aufl., London, nicht datiert, ca. 1871

Reid, William: *Literature and Mission of the so called Plymouth Brethren*, James Nisbet, London 1875, Reprint von Chapter Two, London 1995

Remmers, A. :*Gedenket eurer Führer*, CSV, Hückeswagen, 2. Aufl. 1990, S. 66-70

Rhind, Neil: *Blackheath Village and Environs 1790-1970*, 2 Bde., Bookshop Blackheath, London 1976

Ryan, D. P.: *Two Nineteenth Versions of the New Testament*, Present Truth Publishers, Morganville 1995

Rymer, George: *Is it either Bethesda or Park Street? or are we gathered to Christ's Name?*, private Veröffentlichung des Autors, Mansfield, Notts., nicht datiert

St. John, P. M.: *Harold St John, A Portrait by his daughter*, Pickering & Inglis, London 1961

Septima (Mrs. Grattan Guinness): *Peculiar People*, Heath Cranton Ltd, London 1935

Scrivener, F. H. A.: *Plain Introduction to the Criticism of the New Testament for the use of Biblical Students*, Deighton, Bell & Co., Cambridge 1861

Spurgeon, C. H.: *Commenting and Commentaries*, Banner of Truth Trust, London 1969

Stanley, C.: *A further reply to the Rev. Stanley Treanor*, Morrish, London, nicht datiert

Taylor, M. L.: *Born for the Universe: William Kelly and the Brethren mind in Victorian England*, Thesis, Juli 1993

Tennent, P.: Private Briefe an Edwin N. Cross, 3. u. 28. Oktober 1996

Tomkins, S.: *A Warning Word* (zur privaten Verbreitung), März 1907

Turner, W. G.: *Brief Sketch of the Life and labours of John Nelson Darby*, T. Weston, London 1901

Turner, W. G.: *F E Race, A Character Sketch (with portrait)*, C A Hammond Publishing Depôt, London 1921

Turner, W. G.: *William Kelly: A Reminiscent Appreciation*, Unveröffentlichte Arbeit, 1956

Turner, W. G.: *William Kelly as I knew him*, C. A. Hammond, London, nicht datiert

Wallace, F.: *History of the Little Flock Hymn Book*, Chapter Two, London [ebenso auf CD-Rom von STEM Publishing Publishing, Ramsgate 2001]

Wallace, F.: *Spiritual Songsters*, Artikel über Kelly, S. 109-110, Chapter Two, London 2000

Wesley, John: *John Wesley's Journal*, 19. Mai 1739

Whitfield, E. E.: siehe Pickering, H., *Chief Men among the Brethren*

Wreford, H.: Memories of the life and last days of William Kelly, T. Weston, London 1906

Wreford, H.: *A Message from God*, Book Depôt, Exeter 1884 u. 1935

W., W[alters]: *Letters of Dr. Mackern: with an account of his conver sion*, W. B. Horner, London, nicht datiert, ca. 1875

Andere Quellen:

Privates Archiv von Edwin Cross, Woolwich, das nahezu alle Bücher und Traktate enthält, die William Kelly geschrieben hat

C. B. A., John-Rylands-Universitätsbibliothek, Universität Manchester

Aufzeichnungen der Volkszählung von Sark, Guernsey und Blackheath

Örtliche Geschichtsbibliothek (Lokal History Library), Woodlands, Mycenae Road, Kidbrooke, London, SE. (LBG). Jetzt umgezogen nach Building 41 Royal Arsenal, Woolwich. Die Mitarbeiter, insbesondere Mr. Julian Watson, waren immer hilfsbereit und zuvorkommend.

Die stellvertretende Chefbibliothekarin, Amanda Bennett BA (Hons), MA MCLIP bei der Priaulx-Bibliothek, St. Peter Port, Guernsey, lieferte wertvolle Hilfe und Informationen und fertigte Kopien verschiedener Dokumente an.

William Kellys Testament, 9. Januar 1906, Nachlassregister, London
Express and Echo (Exeter), Zeitung, 1. Januar 1935

Western Morning News (Ausgabe für Plymouth and Exeter), Zeitung, 4. Januar 1935

Bilder

Danksagungen

Mrs. Thompson gab mir einen mündlichen Bericht über historische Begebenheiten. Sie wohnte früher in Plumstead, wo sie die Inverness-Place-Zusammenkünfte besuchte, später in Little Stones, Grafschaft Kent (ca. 1975). Ich bin auch Mr. Geoffrey Edward Saye Oakley aus Blackheath zu Dank verpflichtet. Er gab mir eine Pastellzeichnung, die sein Vater von William Kelly angefertigt hatte, und lieferte nützliche Hintergrundinformationen (ca. 1980). Auch Miss Fay Mitchell und Miss Margery Mitchell aus Eltham Park, London SE, die vor 1965 die Plum-Lane- und die Lewisham-Zusammenkünfte besuchten, gaben mir nützliche historische Informationen. Ich hatte auch Gelegenheit, mit Miss Ruth Harrison (gest. 1995) zu sprechen, die früher die Ashford-Zusammenkünfte (in Middlesex) besuchte. Sie und ihr Vater kannten Mr. Samuel Tomkins gut. Ich erinnere mich ebenfalls an einen Bericht über einen Besuch von Mr. Harry Dudley bei William Kelly, der mir von seinem Sohn Mr. Henry Dudley weitergegeben wurde. Mrs. Susan Robinson aus Braintree half mir mit Erinnerungen aus ihren Zusammenkünften. Mr. John Weston bin ich außerordentlich dankbar. Er erlaubte mir sehr freundlich, eine Sammlung von Originalbriefen und -postkarten mit Briefen von William Kelly an Thomas Weston sowie Briefen von C. H. Mackintosh, J. N. Darby, C. A. Binney und W. Reid zu verwenden. Sie waren eine Quelle vieler wertvoller Informationen.

Ich bin Miss Turner, der Tochter von W. G. Turner, zu Dank verpflichtet, die mir freundlicherweise erlaubte, alle Schriften ihres Vaters zu benutzen, insbesondere seine unveröffentlichten *Reminiscences of William Kelly*.

In meiner Kindheit besuchte ich ungefähr von 1952 bis 1965 die Lewisham-Zusammenkünfte in Granville Park. Als kleines Kind lebte ich mit meiner Mutter während der Zeit, als mein Vater in Korea war, in dem Haus der Familie Hocking in Eliot Vale, Blackheath. Von 1965 an besuchten wir die Plumstead-Common-Zusammenkünfte. Die stellvertretende Bibliothekarin Jane Maxwell in der Manuskriptabteilung der Bibliothek des Trinity-College in Dublin war sehr hilfsbereit und versorgte mich mit nützlichen Informationen.

Mehrere Freunde lasen das Manuskript vor der Veröffentlichung. Die größte Hilfe dabei war mir Timothy C. F. Stunt, der freundlicherweise das gesamte Manuskript gelesen sowie etliche hilfreiche Bemerkungen und zahlreiche wertvolle Anregungen gemacht hat. Einem anderen Freund, der anonym bleiben möchte, danke ich, dass er mich mit nützlichen Fotos von Guernsey versorgt hat und mir half, das Werk zum Abschluss zu bringen.

Ich bin allen sehr zu Dank verpflichtet, die bei der Vorbereitung zu diesem Buch geholfen haben, und danke Gott für ihre freundliche Mitarbeit. Das kritische abschließende Lesen von meiner Frau Marylon war in jeder Hinsicht ein wirklicher Gewinn, und ich darf nicht vergessen, ihr meinen Dank für all ihre Hilfe und Geduld in diesem umfangreichen Projekt auszusprechen.

Index